SÖREN SIEG

OH, WIE SCHÖN IST
AFRIKA ...

MEINE COUCHSURFING-ABENTEUER
IN SECHS LÄNDERN BEI 18 HOSTS

GOLDMANN

Dieses Sachbuch schildert meine persönliche Geschichte
und beruht auf Erfahrungen, Erlebnissen und Aufzeichnungen.
Ich gebe hier meine persönliche Sicht wieder, die keinen Anspruch auf
Vollständigkeit hat. Alle Informationen und Angaben in diesem Buch
wurden vom Autor sorgfältig erwogen und geprüft.

Sollte diese Publikation Links auf Webseiten Dritter enthalten,
so übernehmen wir für deren Inhalte keine Haftung,
da wir uns diese nicht zu eigen machen, sondern lediglich auf deren Stand
zum Zeitpunkt der Erstveröffentlichung verweisen.

Penguin Random House Verlagsgruppe FSC® N001967

1. Auflage
Originalausgabe Juli 2022
Copyright © 2022 by Wilhelm Goldmann Verlag, München,
ein Unternehmen der Penguin Random House Verlagsgruppe GmbH
Neumarkter Straße 28, 81673 München
Copyright © 2022 by Sören Sieg
Umschlaggestaltung: UNO Werbeagentur, München,
unter Verwendung von Fotos von © Sören Sieg
und Motiven von © FinePic®, München
MP · Herstellung: CF
Satz: Buch-Werkstatt GmbH, Bad Aibling
Druck und Bindung: CPI books GmbH, Leck
Printed in Germany
978-3-442-31632-8

www.goldmann-verlag.de

INHALT

Vorwort 7

Der andere Planet 10

1. Der weiße Wurm 18

2. Nairobbery 34

3. »Dann lassen sie die Leute nachts
   verschwinden.« 42

4. Der Wille des Schöpfers 53

5. Picasso und Sane Wadu 61

6. Der Preis des Brautpreises 77

7. »Möchtest du eine Frau? Oder zwei?« 86

8. Hunger 94

9. Der geschiedene Vater 98

10. Im Haus des Friedens und im Dorfmuseum 107

11. Die Ngoni, die kein Ngoni spricht 127

12. Die Künstlerkolonie 136

13. Indisches Karma 144

14. Kimmys Geburtstag 154

15. Nummer einundzwanzig 160

16. Karaoke in der Matwiga Bar 192

17. Sieben Schläge für ein Vergehen 203

18. Auf Gras gebaut 222

19. »Du hast keine Ahnung, wie das
    für mich war!« 230

20. Virtual reality und die
    37-Stundenkilometer-Bahn 236

21. Schweinefleisch mit Banane und ein
    zerquetschter Lastwagen 245

22. Marathon ohne Masken 253

23. Zuckerrohrschnaps im *Europa Afrikas* 258

24. Albtraum Fernbus 273

25. Wunderschön ist die Insel 278

26. Maui in der Hölle 290

27. Die Schildkrötenretterin 296

28. »Mehr kann ich nicht tun.« 308

Nachwort: Was Afrika für mich ist 315

Danksagung 317

VORWORT

Als ich im Januar und Februar 2016 durch Äthiopien, Uganda, Südafrika und Ghana reiste, hatte ich keine Ahnung, dass ich einmal dieses Buch schreiben würde. Ich führte aber damals schon minutiös Tagebuch, fotografierte und machte Videos in dem sicheren Gefühl, etwas Einmaliges zu erleben, besonders wegen meiner gewählten Reisemethode: dem Couchsurfing. Auch als ich im August 2018 mit meinem Sohn Uganda bereiste und im Oktober erneut dorthin flog, wusste ich noch nichts von diesem Buchprojekt. Aber als ich zu Hause von diesen Reisen und meinen Gastgebern erzählte, wollten alle hören, wie es mir in Afrika ergangen war. So auch Nina, meine Agentin, die mich nachdrücklich darum bat, ein Buch darüber zu schreiben. Und so machte ich weiter mit dem Couchsurfing: im Mai 2019 in Kenia und im Februar und März 2021 in Tansania. Ich wollte noch weiter nach Sambia, Ruanda, Burundi und Malawi, aber im Zuge der Corona-Pandemie waren die Grenzen geschlossen worden. Aus meinen Aufzeichnungen ist dieses Buch entstanden. Es geht darin um meine Reisen, meine Eindrücke, vor allem aber um meine wunderbaren afrikanischen Gastgeber: ihr Leben, ihren Alltag, ihre Geschichten, ihre Sicht auf die Welt. Ich gebe sie so genau und wahrheitsgetreu wie möglich wieder. Es ist mir eine Ehre, ihre Geschichten erzählen zu dürfen.

Ich verzichte explizit darauf, ihre Erzählungen zu bewerten, einzuordnen, zu überprüfen oder zu korrigieren. Ich möchte nicht der Weiße sein, der es »besser weiß« – und dabei vielleicht nur wieder eigenen Vorurteilen oder Wunschdenken zum Opfer fällt. Ich hörte zu und gebe nun wieder – so unvoreingenommen wie möglich, ein teilnehmender Beobachter. Ich übernehme auch die Wortwahl meiner Gastgeber. Dabei ist es manchmal herausfordernd, eine sinnvolle und korrekte Übersetzung zu finden: *Tribe* beispielsweise kann man mit Stamm, Volksgruppe, Ethnie oder Volk übersetzen – und jeder dieser Begriffe lädt zu Missverständnissen ein. Daher habe ich es beim Originalbegriff belassen. Dasselbe gilt für *Chief of Tribe*: »Häuptling« klingt nach Karl May, »politischer Führer einer ethnischen Minderheit« nach einer Parodie. Auch das Wort *Muzungu* lässt sich kaum übersetzen. So werden Weiße in Ostafrika von Einheimischen auf der Straße angesprochen (in Äthiopien als *ferengi*, in Ghana als *obroni*). Ursprünglich heißt Muzungu »sinnloser Wanderer« – weil die Afrikaner sich darüber wunderten, was die weißen Forschungsreisenden eigentlich in ihre Gegend verschlug.

Und obwohl es in Afrika Tausende von Sprachen und Tribes gibt, haben meine afrikanischen Gesprächspartner durchgehend von *Africa* gesprochen und darüber philosophiert. Man kann das als Verallgemeinerung kritisieren, und die Kritik ist berechtigt. Aber man kann nicht in Abrede stellen, dass sich die Menschen vor Ort als Afrikaner verstehen. *All models are wrong but some are useful*, sagen die Engländer.

Ich möchte an dieser Stelle betonen, trotz meines Soziologie- und Geschichtsstudiums und der Lektüre vieler Bücher über Afrika: Dies ist keine wissenschaftliche Forschungsarbeit! Ich bin nicht nach Afrika gereist, um bestimmte Hypothesen zu überprüfen oder zu beweisen. Sondern weil ich neugierig war, weil ich die Musik liebe, die Menschen und ihre Mentalität. Deswegen habe ich mich auch für Couchsurfing entschieden. Auf keine andere Weise komme ich Menschen und ihrer Kultur so nahe. Dabei habe ich Außerordentliches erfahren, mehr als auf jedem anderen Kontinent: Schönes und Trauriges, Lustiges und Schreckliches, Skurriles und Bewegendes. Ich habe nicht nur andere Länder und Menschen kennengelernt – sondern auch mich selbst. Ich sah mich plötzlich von außen und begriff, wie sehr ich doch bin, was ich vielleicht gar nicht sein möchte: ein Muzungu. Und zwar ein Muzungu, der Afrika liebt, aber manchmal auch unter Afrika leidet. Beides gehört unauflöslich zusammen.

DER ANDERE PLANET

Ich bin ein geborener Angsthase. Gerade mal 1,68 Meter groß, schmächtig und unsportlich, als Kind immer einen Kopf kleiner als meine Mitschüler, die mich zu ihrem Vergnügen schon mal in den Papierkorb steckten. Ich hatte Angst vor Hunden und Einbrechern, habe keinen Kampfsport gelernt, kann nicht mit Waffen umgehen, fürchte Schmerzen und gehe körperlichen Konflikten aus dem Weg. Ich bin sozusagen Pazifist aus Alternativlosigkeit. Aus Angst, jemanden zu verletzen, habe ich nie einen Führerschein gemacht und bin seit meinem achtzehnten Geburtstag Vegetarier. Die Wahrscheinlichkeit, dass ich einmal in der Weltgegend landen würde, die die meisten Deutschen vor allem mit Gefahr verbinden, mit katastrophalen Straßen, geringer Lebenserwartung, unheimlichen Krankheiten, mit Moskitos und Malaria, wo Straßenbeleuchtung und fließendes Wasser eine Seltenheit sind, wo von Polizisten und Soldaten fast schon erwartet wird, dass sie sich unter Verweis auf ihre Bewaffnung etwas dazuverdienen, die Wahrscheinlichkeit also, dass ich mich dorthin trauen würde, für längere Zeit und abseits aller touristisch-westlichen Infrastruktur, war in etwa so gering wie, dass jener zu klein geratene Sohn eines Polizisten und einer Kellnerin aus einem bayerisch-österreichischen Grenzdorf 2005 der erste deutsche Papst seit 500 Jahren wurde. Wie konnte es nur dazu kommen?

Diese Geschichte beginnt 1984 mit der CD *African Marketplace* von Dollar Brand, einem schwarzen Pianisten aus Südafrika. Ich spiele Klavier und komponiere, seit ich fünf bin, ich liebe die Melancholie Chopins, das Pathos Beethovens und Schuberts Wehmut, aber diese Musik, Dollar Brand, hat mich mitten ins Herz getroffen. Diese unbedingte Energie, dieses Ja zum Leben, dieser Enthusiasmus, darin habe ich mich wiedererkannt. Hier war endlich Musik, die meinem Lebensgefühl entsprach: wild, emotional, hemmungslos positiv, vor Freude übersprudelnd. Meine Liebe zu Afrika begann also als Fernbeziehung: Ich hörte afrikanische Musik und begann wenige Jahre später, Musik für klassische Ensembles zu komponieren, die von diesem Geist inspiriert war. Aber im Traum wäre ich nicht auf die Idee gekommen, selbst dorthin zu reisen.

Und dann kam Couchsurfing. Eine klassische Subkultur: Obwohl die meisten noch nie davon gehört haben, sind allein in Deutschland über 1,2 Millionen Gastgeber bei *Couchsurfing.com* registriert. Sie nehmen kostenlos Reisende bei sich zu Hause auf – für eine Nacht, eine Woche oder sogar länger. »Wir hatten diesen Christoph, er kam auch aus Deutschland, so wie du«, erzählt Ruth, meine Gastgeberin in Naivasha, Kenia. »Er wollte nur einen Monat bleiben. Am Ende blieb er zwei Jahre – und heiratete ein Mädchen hier aus dem Dorf. Inzwischen leben die beiden in Deutschland.«

Ich selbst begann 2012 damit, Couchsurfer aus aller Welt in meiner Hamburger Wohnung aufzunehmen: einen Opernsänger aus Sydney, ein Filmemacherpärchen aus Sankt Petersburg, eine wanderlustige Chinesin, eine Konzertpianistin aus Südkorea, eine nach Indien ausgewanderte französische Fotografin, eine ehrgeizige Geigerin aus Spanien, eine türkische Liedermacherin, eine vor Energie sprühende Körpertherapeutin aus der Schweiz.

Und viele, viele mehr. Und dann war da Douglas, ein amerikanischer Christ, der über zehn Jahre Entwicklungshilfe in Afrika geleistet hatte. Wir tranken Kaffee, liefen um die Alster, aßen Kaiserschmarrn im *Cliff*, und Douglas erzählte mir von seiner Zeit in Tansania. Das ist dieser magische Moment beim Couchsurfing: Zwei Wildfremde begegnen sich, öffnen einander ihr Herz, erzählen sich ihr Leben. Als hätte man beim Schicksal ein Los gezogen. Der Zauber funktioniert fast immer: Man hat sich einander anvertraut. Also vertraut man einander. Und gibt sich preis. Das ist etwas anderes als ein Smalltalk mit einem Kellner, einem Tourguide oder einem Sitznachbarn im Zug. Es geht immer ums Ganze.

Zehn Jahre hatte Douglas in einer abgelegenen Gegend Tansanias verbracht. Ein Engländer spendete seinem Dorf eine ganze Bibliothek und eröffnete sie feierlich. »Das war bestimmt gut gemeint«, erzählt Douglas. »Aber es waren lauter englische Bücher. Und dort kann niemand Englisch. Wenn überhaupt, dann Kiswahili.« Douglas zeigte den lokalen Künstlern, welche Art von Kunst die Touristen mögen und wie man sie im Netz präsentieren könnte. Er hatte einen Waisenjungen von der Straße aufgelesen und adoptiert und ein Musik- und Tanzfestival ins Leben gerufen, das zu internationaler Berühmtheit gelangte und sich vor Besuchern nicht retten konnte. Leider ging das Festival ein, sobald er in die USA zurückgekehrt war.

Und während Douglas erzählte und erzählte, pflanzte er in mein Herz den Traum, endlich den Kontinent zu bereisen, auf den ich mich nie getraut hatte. Denn obwohl er zehn Jahre dort gelebt hatte, saß er jetzt vor mir und aß Kaiserschmarrn, ohne Narben, Prothesen und Augenklappe. In dem Moment wusste ich: Die Zeit der Ausreden und Ängste ist vorbei. Ich muss nach Afrika.

Und so machte ich mich – trotz der panikartigen Warnungen meiner Freunde und meiner Familie – auf meine erste, große Afrikareise im Januar und Februar 2017. Sie führte mich durch Äthiopien, Uganda, Südafrika und Ghana. In Addis Abeba, Kampala und Accra meldeten sich über fünfzig Couchsurfing-Gastgeber, die mich unbedingt eine Woche bei sich aufnehmen wollten. »Ich habe noch nie mit einem Weißen gesprochen«, schrieb mir ein Gastgeber in Kampala, »ich möchte dich unbedingt hosten!« Was ich davon zu Hause erzählte, beeindruckte meinen Sohn so sehr, dass wir 2018 zusammen vier Wochen durch Uganda reisten. 2019 couchsurfte ich durch Kenia und 2021, mitten in der Pandemie, fünf Wochen durchs restriktionsfreie Tansania, eine fast surreale Erfahrung.

Ich bin also Wiederholungstäter. Mich zieht es immer wieder auf den Kontinent. Das hat zum einen mit mir persönlich zu tun. Für mitteleuropäische Verhältnisse rede ich nämlich zu laut und zu hektisch, lache zu wild und umarme Menschen zu schnell. In Afrika bin ich damit eher etwas unter dem Durchschnitt. Dort fällt dieses Verhalten nicht weiter auf: Wenn ich Afrikanern diese Geschichte erzähle, lachen sie überrascht. Sie rechnen nicht damit, dass ein Weißer etwas Selbstironisches erzählt. Aus ihrer Sicht sind wir Menschen, die nicht zu leben verstehen: kein Spaß, kein Tanz, keine Party, kein Sex, keine Religion, keine Tradition, keine Kinder. Nur Geld und Karriere. Armer Muzungu!

Nach Afrika zu reisen ist auch eine Art Reality Check. Ein anderer Planet. Bei uns zahlt man sechzig Euro Strafe, wenn man bei einer leeren Straße über eine rote Ampel geht. Dort gibt es kaum Ampeln. Wir beklagen uns über die Verspätungen der Deutschen Bahn. Dort gibt es fast keine Züge. Bei uns kann man fast kostenlos studieren, dort nehmen sogar die Grundschulen Gebühren (die sich keineswegs alle leisten können). Dort stellen sich die Menschen, die ich treffe, mit ihrem Namen und ihrem Tribe vor, und beim Einchecken im Hotel muss ich angeben, zu welchem Tribe ich gehöre. Bei uns bringen Eltern ihre Kinder zum Ballett, zum Fechten und zum Klavierunterricht, dort laufen die meisten Kinder in großen Gruppen durch die Gegend, ohne einen Erwachsenen in Sichtweite. Bei uns hat der Pfarrer Mühe, die wenigen Gottesdienstbesucher zum Singen zu motivieren, dort kann ein überfüllter Gottesdienst nach fünf Stunden wegen Lärmbelästigung von der Polizei beendet werden. Bei uns kosten fünfzehn Minuten Taxifahren fünfundzwanzig Euro, dort zahle ich für eine ähnliche Strecke auf dem Motorradtaxi dreißig Cent, und der Fahrer gestikuliert mit einer Hand oder sogar beiden Händen, während er im Stockdunkeln ohne Helm eine Schotterpiste entlangrast. Bei uns wird der Müll getrennt und zwei Mal die Woche abgeholt, dort sammelt er sich am Strand, am Stadtwald, neben Häusern oder auch mitten auf dem Gemüsemarkt in spontanen Haufen, die niemand wegräumt. Bei uns heiratet man, weil man sich dazu entschieden hat, dort muss man der Familie der Frau einen Brautpreis zahlen – in Höhe von mehreren Jahreseinkommen. Bei uns bekommt man für einen Ladendiebstahl eine kleine Bewährungsstrafe, dort kann man mit ein wenig Pech für ein geklautes Huhn zehn Jahre ins Gefängnis wandern. Wir verdienen im Schnitt ein paar Tausend Euro im Monat, Ugander und Tansanier verdienen zwischen 400 und 600 Dollar im Jahr. Das ist für sie völlig normal. Und meistens tragen sie trotzdem schickere Schuhe als wir.

Das Improvisationstalent kennt keine Grenzen. Holzbrettbuden dienen als Läden, Wellblechhütten als Kirchen, Wassereimer als Dusche, ein Loch im Boden als Toilette, eine nackte, schwache Glühbirne als Wohnzimmerbeleuchtung und zerbeulte, uralte Kleinbusse (»Matatus«) als Hauptverkehrsmittel. Es sind Lebensumstände, die viele von uns als widrig und deprimierend empfinden – und wenn zwei Muzungus in Afrika aufeinandertreffen, reden sie sehr bald darüber, wie man die Dinge dort verbessern könnte. Aber dann gibt es eben das, was ich das afrikanische Paradox nenne: Wir sind diejenigen, die eher Grau und Schwarz tragen, ihre Kleider sind bunt. Unsere Lieder sind traurig, ihre fröhlich; wir leiden unter Depressionen und schlechter Laune, sie sprühen vor Energie und Selbstironie; wir sehen das Ende der Welt nahen, sie bersten vor Optimismus. Man verzeihe mir diese fürchterlichen Verallgemeinerungen. Aber der Kontrast ist so offenkundig, so spürbar, so allgegenwärtig wie der zwischen europäischem Einzelkind und afrikanischer Großfamilie, zwischen hochmodernem ICE und zerbeultem Matatu, zwischen ekstatischem Gesang und leise gemurmeltem Vaterunser. Ich liebe diese Energie. Ich versuche, sie in meiner Musik einzufangen. Ich wünsche mir mehr davon bei uns.

Es geht in diesem Buch, vielleicht sollte ich das gleich zu Beginn betonen, nicht um die Serengeti, die Big Five, den Regenwald und die Wüste. Safari-Tourismus ist teuer. Ich hatte gar nicht das Geld für Naturparks, Lodges und Guides. Es geht weder um Tiere noch um Hilfsprojekte, und erst recht nicht darum, wie man »Afrika entwickeln« kann, was auch immer das heißen mag.

Es geht um Joy aus Nairobi und Sandeep aus Daressalam, um Racheal aus Mbale und Sophie aus Accra, um Steven aus Moshi und Mutalemo aus Arusha, um die Polizistin Tinna, die Anwältin Xaveria, den Pastor Geoffrey, den Kunstmaler Sane Wadu und die Katzenretterin Shara Khamis, um all die wunderbaren Gastgeber und Gastgeberinnen, die mich in Äthiopien, Kenia, Uganda, Tansania und Ghana aufgenommen, die ihr Leben und ihre Lebensgeschichten mit mir geteilt haben.

Afrika ist für viele vor allem ein Spiegel ihrer Wünsche. Entweder suchen wir jemanden, dem wir helfen, den wir retten können: das schwarze Kind mit den großen, traurigen

Augen. Oder wir sehnen uns nach dem unverfälschten, ursprünglichen Leben, dem Paradies auf Erden, den Jägern im Urwald. Was dabei unter den Tisch fällt, ist Afrika selbst. Die Menschen, ihre Geschichten, ihre Ideen, ihre Kultur. Davon möchte ich hier erzählen.

1.

DER WEISSE WURM

Nairobi ist die Hauptstadt von Kenia und hat fünf Millionen Einwohner – aber vermutlich viel mehr. Schon vor vier Millionen Jahren siedelten hier, am ostafrikanischen Grabenbruch, die ersten Menschen. Heute ist Kenia die sechstgrößte Wirtschaft südlich der Sahara und hat die viertmeisten Touristen Afrikas – nach Südafrika, Simbabwe und der Elfenbeinküste. Tansania ist deswegen neidisch auf Kenia, aber dazu später. Im Schnitt bekommen kenianische Frauen heute vier Kinder, zweiundvierzig Prozent der Bevölkerung sind jünger als fünfzehn Jahre alt.

Von 1895 bis 1963 war Kenia von den Briten besetzt, die den Bewohnern das Land raubten, sie in Reservate abdrängten, später in großem Umfang internierten und den Mau-Mau-Aufstand blutig niederschlugen. 1963 wurde Jomo Kenyatta erster Präsident des unabhängigen Kenia, seine Familie wurde in den Folgejahren zur reichsten des Landes, politische Gegner ließ er einsperren und töten. Heute prangt Kenyatta auf jeder Münze und jedem Geldschein, jede zweite Straße ist nach ihm benannt, und sein Sohn Uhuru Kenyatta ist der vierte Präsident des Landes. TIA sagen meine Gastgeber dazu, das geläufige Kürzel für: This is Africa!

Joy war eine der Ersten, die sich auf meine Anfrage für Nairobi auf Couchsurfing meldete. Sie ist alleinerziehende Mutter von drei Kindern, hat dunkelbraune Haut, offene, freundliche Augen und eine angenehme Stimme. Sie trägt dichte, in der Mitte gescheitelte, lockige Haare, ist vierundvierzig Jahre alt, sieht aber eher aus wie Mitte dreißig, und wohnt in Umoja, einem östlichen Vorort von Nairobi, in dem es seit Monaten kein fließendes Wasser gibt, selbst jetzt nicht, wo die heftigen Regenfälle eingesetzt haben. Ich treffe sie mittags vor ihrem Haus, direkt gegenüber dem weitläufigen Gelände der *Deliverance Church* – einer Kirche, von der ich noch nie gehört habe, die hier aber eine große Sache ist. Sowohl die Kirche als auch Joys Apartmenthaus sind mit schweren, hohen Eisengittern und bewaffneter Security geschützt. Das Wohngebäude hat einen fast lichtlosen, dreieckigen Innenhof. Hier spannen Mütter lange Wäscheleinen, unter denen ihre Kinder spielen.

»It's a simple house if you don't mind«, hatte Joy geschrieben. Wir betreten die Wohnung durch die schwer und mehrfach gesicherte Tür und stehen sofort im Wohnzimmer, das Joy mit viel Liebe hergerichtet hat: Zwei Sofas gruppieren sich um einen Flachbildfernseher an der Wand, eingerahmt von zwei schwarzen, afrikanischen Masken und einem bunten Wandteppich. In zwei Vitrinenschränken bewahrt sie das feine Geschirr auf. An der Stirnseite vier Spiegel mit Bildern ihrer siebenjährigen Tochter Lisa, die sie Princess nennt:

Lisa als Kleinkind, bei der feierlichen Einschulung, in Groß-
aufnahme. Von ihren anderen Kindern Maryam und Faraja
gibt es keine Bilder.

Joy hat aufgeräumt, absolut nichts liegt herum. Leider ist
das Wohnzimmer ebenso lichtlos wie das danebenliegende
Schlafzimmer, in dem Joy mit Maryam, Faraja und Lisa
schlafen wird, denn beide Zimmer gehen auf den dunklen
Innenhof hinaus. Im Gegensatz zum Wohnzimmer stapeln
sich im Schlafzimmer Wäsche und Krimskrams in riesigen
Haufen auf Boden und Betten, es sieht aus wie nach einer
Explosion. Möglicherweise hat Joy einfach vor meiner Ankunft alle Sachen aus dem Wohnzimmer hier reingeworfen.
Ich bekomme das Zimmer daneben, das einzige mit Tages-
licht; normalerweise schlafen hier Faraja und Lisa. Die Fenster meines Schlafzimmers sind wie in einer Gefängniszelle
sehr hoch angebracht und lassen sich nicht öffnen. Es müf-
felt. Drei der Wände werden durch jeweils einen Gegenstand
verziert: ein zehn Jahre altes, unscharfes Foto von Joy, ein
rotes, an einem Nagel hängendes Käppi und ein zerbrochener
Spiegel. Im Gegensatz zum braun und orange gestrichenen
Wohnzimmer sind die Wände hier nur verputzt, nicht gestrichen. Die Toilette hat keine Brille und keine Spülung, es
gibt keine Dusche und keinen Wasserhahn. Überall stehen
bunte Wasserkanister herum. Es gibt ein Waschbecken, in
dem man sich die Hände waschen oder die Zähne putzen
kann, das Wasser läuft dann direkt durch ein Rohr in einen
Eimer. Mit dem kalten und gebrauchten Wasser aus diesem
Eimer kann man sich dann mit einer Schöpfkelle duschen –
oder das Klo spülen. In der Küche gibt es einen niedrigen

Herd mit zwei Flammen, auf dem ein großer, grauer Blechtopf steht mit undefinierbaren grünen Speiseresten, vermutlich Spinat vom vorigen Abend. Joy geht erst mal duschen, ich höre, wie sie sich ein paar Mal mit dem Wasser aus dem Eimer übergießt, dann kommt sie raus, nur ein knappes Handtuch um den Körper geschlungen, und sucht seelenruhig im Kleiderschrank meines Zimmers nach Klamotten, während ich dort auf dem Bett liege und lese. Ist das hier üblich, frage ich mich in diesem Moment, oder will sie mit mir flirten?

Es riecht nicht gut, ich möchte raus und schlage vor, sie zum Mittagessen einzuladen. Wir laufen die Straße vor ihrem Haus herunter. Morgens war ich noch zum Sightseeing im Zentrum von Nairobi – asphaltierte Straßen, Fußgängerwege, Straßenlaternen, moderne Autos und Hochhäuser, Cafés, Restaurants, alte Kolonialbauten, fast wie eine westliche Stadt. Hier, nur wenige Kilometer weiter östlich, ist alles so, wie ich es aus Äthiopien und Uganda kenne: Sandpisten, übersät mit Geröll, Steinen, Müll und Kot von den herumstreifenden Ziegen und Hühnern, sehr viele Kinder auf der Straße, ab und zu ein Motorradtaxi (»Boda Boda«) oder ein uraltes Fahrrad mit absurd großer Ladung auf dem Gepäckträger, am Straßenrand lauter Mini-Shops in improvisierten Hütten, *Safaricom*, *Family Butchery*, Friseur und Kosmetik, Gemüse und Obst. Sofas, Bettgestelle und Matratzen werden auf die Straße gestellt und verkauft, daneben Abwasserkanäle voll stinkendem Müll. Ein Mann stellt sich an den Kanal und pinkelt hinein. An einer Hauswand steht: »Bitte hier nicht pinkeln.« An einer größeren

Straßenkreuzung besteigen wir ein zerbeultes *Matatu*. Gerade morgens hatte ich in *The Nation* einen Bericht darüber gelesen, wie ein Matatu in Nairobi von vier Fahrgästen gekapert wurde, die übrigen Fahrgäste mussten Portemonnaies und Handys abgeben. Danach fuhr das Matatu in buschartiges Gelände, die Männer wurden verprügelt, die Frauen vergewaltigt, bis heute wurde niemand gefasst.

Uns passiert nichts dergleichen. Die Sitze sind knallgrün, die Lederverkleidung an der Decke ist zerschlissen, die Fenster sind beschmiert, verdreckt und zerkratzt, die Musik – davor wurde ich schon gewarnt – spielt laut wie in einem Club. Macht nichts, ich liebe afrikanische Popmusik. Joy bezahlt mit ein paar Münzen, wir steigen aus und wandern noch zwei Kilometer, vorbei an wilden Müllkippen und weiteren Barackenshops zur kleinsten Mall Nairobis. Joy möchte direkt ins *Java House*, die teuerste Café-Kette Kenias, die Hälfte der Besucher sind Muzungus, die Preise europäisch: Für zwei Gerichte, zwei Limonaden und zwei Kaffee zahle ich 3000 Shilling (achtundzwanzig Euro). Die Gehälter sind freilich nicht europäisch: Ein Kellner hier verdient 15 000 Shilling, also 140 Euro im Monat.

Es stellt sich heraus, dass eine Verwandte von ihr dieses Restaurant managt – sie hat aber heute frei – und dass ihre Tochter auch in einem Java House arbeitet. Ich wundere mich, dass die Speisekarte fast dieselbe ist wie die vom *Café Javas* in Uganda. Ist es dieselbe Kette? Oder haben die Kenianer von den Ugandern geklaut? Im Gegenteil, entrüstet sich Joy, das *Java House* gibt es seit vielen Jahrzehnten in Kenia, das *Café Javas* habe das erfolgreiche Konzept hemmungslos abgekupfert.

Joy hat achtunddreißig Referenzen von Gästen aus aller Welt: aus Japan, Russland, Schottland, Iran, Dubai, Saudi-Arabien, Serbien, Argentinien, Nigeria, Frankreich, Spanien, USA, Deutschland. Ich frage sie, wie es war, achtunddreißig Couchsurfer aus über zwanzig Ländern zu beherbergen. Sie lacht. In Wirklichkeit, erzählt sie, waren es über zweihundert. Aber die meisten würden keine Referenzen schreiben. Es wird auch schnell klar, warum sie das Ganze macht: Sie ist freiberuflicher Tourguide. Schon früh im Chat fragt sie die Surfer, wozu sie nach Kenia kämen. Die meisten kommen wegen der Tiere und Nationalparks. Denen verkauft sie dann ihre Touren.

Wie denn die Surfer aus Saudi-Arabien gewesen waren, will ich wissen. Total nette Jungs. Aber was deren Verhältnis zu Frauen angehe – das Schlimmste sei, dass sie da überhaupt kein Problem erkennen. Es sei völlig normal für sie, dass Frauen keine Verträge unterschreiben und nicht ohne Mann aus dem Haus gehen könnten. Besonders angetan war sie von den Gästen aus dem Iran (»so bescheiden!«) und von dem Trio aus Deutschland, das über Monate durch Afrika geradelt ist.

Irgendwelche schlechten Erfahrungen? Ja, überlegt sie, zwei Mal. Ein Russe, der nie gelächelt hat, unfreundlich zu ihren Kindern war und kein Wort Englisch konnte. Er war auf Google-Translator angewiesen, aber zu dem Zeitpunkt gab es noch kein Wifi in ihrer Wohnung. Das verschlechterte seine Stimmung noch weiter. Und ein junger Pakistani. Ihre beiden jüngeren Kinder waren in jener Nacht bei ihrer Tante, die ältere Tochter schlief im Schlafzimmer, sie selbst im Wohnzimmer auf der Couch. Um zwei Uhr nachts stand er plötzlich nackt vor ihrem Bett und wollte Sex. Sie zischte ihm zu, er solle sich verziehen, aber er wiederholte immer nur, er wolle Sex. Sie wollte schon schreien, aber da wurde ihr bewusst, dass dann ihre Tochter reinkommen und den nackten Pakistani sehen würde. Also forderte sie ihn flüsternd auf zu gehen, morgen Früh werde man weitersehen. Stoisch fragt er nochmals nach Sex. »Wie kann man nur so dreist sein«, regt sie sich auf. »In einem fremden Land! In einer fremden Wohnung! Ich hätte die Polizei holen können, er wäre für Jahre in den Knast gewandert!«

Morgens um fünf schmeißt sie ihn samt Gepäck raus. Als sie ihm um neun Uhr morgens eine negative Referenz schreiben will, hat er sie schon blockiert. Sein Profil sei immer noch aktiv.

Nach diesem Schock nahm sie sechs Monate lang nur noch Frauen oder Paare auf. Und fragte jeden, was er denn in Kenia wolle. Ein Ägypter habe geschrieben: *Clubbing, Dating, Sex*. Bislang habe er in jedem Land, in dem er gesurft sei, mit einer Gastgeberin geschlafen. Sie zeigt mir sein Profil. Er ist Mitte zwanzig, stämmig-muskulös und praktisch auf jedem Bild mit nacktem Oberkörper zu sehen, mal am Strand, mal auf einer Liege, mal mit einem Drink, mal mit einem gebratenen Hähnchen. Immer trägt er Sonnenbrille und strahlt. Ein Playboy. So wie auch der portugiesische Gast, der vor Joy damit prahlte, er habe in Kenia schon mit fünfzehn Frauen geschlafen. »Und«, habe sie ihn gefragt,

»bist du stolz darauf?« Nun, das sei eben so, erklärt Joy. Kenianische Frauen träumten von einem Muzungu, von einem weißen Freund. Wenn dann ein Weißer nach Sex frage, überlegten sie nicht zweimal.

Sie selbst war siebzehn Jahre lang unglücklich verheiratet. Obwohl ihr Vater sogar auf den Brautpreis, die sogenannte *Dowery*, verzichtete, denn sie war die jüngste, zehnte Tochter, habe ihr Mann sie von Anfang an geschlagen. Immer wieder, und immer habe er es auf den Alkohol geschoben. Als sie das zweite Mal schwanger wurde, mit Zwillingen, forderte er sie auf abzutreiben. Sie lehnte ab, er war stinksauer und wollte sich trennen. Als sie im siebten Monat war, kam er betrunken nach Hause und verprügelte sie so heftig, dass sie Wehen bekam und ins Krankenhaus musste. Die Zwillinge kamen. Der erste starb nach fünf Tagen. Der zweite war halbseitig gelähmt und kaum lebensfähig. Fünf Monate musste sie mit ihm im Krankenhaus bleiben. Sie nannte ihn *Faraja*, das heißt Trost. Mit ihrem Mann habe sie danach sechs Jahre wie Bruder und Schwester gelebt. Dann wurde sie wieder schwanger, mit Lisa. Nach der Geburt trennte er sich endgültig von ihr und lehnt seither jede finanzielle Verantwortung ab. Sie musste dem Krankenhaus 7000 Shilling zahlen, außerdem Behandlung und Medikamente für Faraja, obwohl sie keinerlei Job oder Einkommen hatte. Letzten Sonntag habe ihre Tochter zum ersten Mal ihren Vater gesehen – an einer Bushaltestelle, für zehn Minuten. Er sei sehr in Eile gewesen.

Inzwischen arbeitet sie als freiberufliche Fremdenführerin, aber im Moment ist Nebensaison. Und dann, so berichtet sie mir, gebe es da noch das Problem mit Tansania. Dort sei man nämlich neidisch auf den Muzungu-Tourismus in Kenia: Die Hauptattraktion Kenias ist die *Big Migration*, die große Wanderung. Von Juli bis September strömen Hunderttausende von Wildtieren aus der Serengeti in Tansania nach *Masai Mara* in Kenia. Dort wächst in der Regenzeit von März bis Juni das Gras einen Meter hoch, und das fressen die Wildtiere bis auf englische Rasenlänge ab. Früher konnte sie mit ihren Reisenden Touren machen von Masai Mara zur Serengeti und zurück. Inzwischen aber habe Tansania den kenianischen Fremdenführern verboten, tansanisches Land zu betreten. Und um den Kenianern noch mehr zu schaden, hätten die Tansanier letztes Jahr das hohe Gras in der Serengeti in Brand gesetzt. Die Tiere konnten sich nicht nach Kenia durchfressen, die große Wanderung blieb aus, Zehntausende Touristen in teuren Hotels warteten vergeblich auf ihr Fotomotiv.

Eine große Migration von Menschen gebe es auch, nämlich aus dem Südsudan, Somalia und dem Kongo, so Joy. Aber die Migranten aus dem Südsudan seien undankbar und unerträglich. Statt sich für die Aufnahme zu bedanken, würden sie jeden kenianischen Mann umbringen, der es wage, eine südsudanesische Freundin zu haben.

Wir holen ihre Tochter von der Schule ab. Schüchtern schmiegt sich die zarte, siebenjährige Lisa an den Busen ihrer Mutter, als sie mich sieht. Dann kommen nacheinander Maryam und Faraja nach Hause. Maryam ist dreiundzwanzig und im siebten Monat schwanger. Bald will ihr Freund sie heiraten. Den Brautpreis wird ihr Vater bekommen, der nie für seine Kinder gezahlt hat. Faraja ist dreizehn Jahre alt, halbseitig gelähmt, sehr dünn und schaut düster. Er lächelt nicht ein einziges Mal während meines Aufenthaltes. »He is too serious for life!«, lacht Lisa. Stumm macht Faraja seine Hausaufgaben und blickt mich ab und zu ungerührt aus seinen schmalen Augen an. Hasst er alle Couchsurfer, weil sie sein Kinderzimmer belegen, oder speziell mich, weil ich nicht aufhöre, ihn anzulächeln? Maryam schaut sehr laut fern: Disney-Kinderfilme.

Joy und ich kaufen Gemüse an der Holzbude um die Ecke: ein Pfund Tomaten, ein Pfund Zwiebeln, ein Kilo Kartoffeln, eine Avocado, zwei Paprika für 210 Shilling, zwei Euro. Im Innenhof daneben steht ein Wagen mit vier platten Reifen. Es sieht aus, als stünde er hier seit Maryams Geburt. Wieder zu Hause schäle ich die Kartoffeln, während Maryam umgeschaltet hat, Nachrichten auf Swahili. Joy kocht ein indisches Reisgericht: Sie brät rote Zwiebeln an, fügt indische Gewürze hinzu, Knoblauch und Ingwer, dann Kartoffeln und Reis. Direkt neben diesem Currytopf steht immer noch der Topf mit den grünen Essensresten von heute Morgen, und ich sehe plötzlich, wie ein großer, weißer, fingernageldicker Wurm darin herumkriecht und frisst. Mir wird übel. Ich kann es gar nicht glauben. Aber Joy scheint ihn nicht zu sehen. Da kommt Lisa hereingestürmt, zeigt auf den Wurm im Topf und gibt ihrem Ekel auf Swahili Ausdruck. Joy schickt sie unwirsch aus der Küche, schmeißt aber den Wurm und die Essensreste immer noch nicht weg. Stattdessen beginnt sie, über Uhuru Kenyatta zu schimpfen, den Präsidenten, während der Wurm immer noch ihre Essensreste verzehrt. Es gebe nur eine Ursache dafür, dass Kenia nicht vorankomme, nämlich die Korruption. Und was tue Kenyatta dagegen? Gar nichts. Wie auch, wo sein Innenminister im Zentrum der Korruption stehe? Je länger ich den Wurm beobachte, der sich am Spinatgericht von gestern labt, desto weniger Appetit habe ich. Mühsam zwinge ich mich zehn Minuten später, das fertige Curry aus dem Nachbartopf zu essen. Ein noch so unbestechlicher Präsident, denke ich, könnte nicht durch jede kenianische Küche laufen, um verrottetes Essen zu entsorgen.

Maryam redet so wenig wie Faraja. Auch Lisa sagt mir nur, dass sie die Tafel *Ritter Sport* nicht mochte, die ich ihr geschenkt habe. Viel lieber hätte sie die andere gehabt, die Joy bekommen hat. Aber beide haben ihre Tafeln schon aufgegessen. Ich komme aus einer Familie, in der viel geredet wird. Immer wieder versuche ich, ein Gespräch in Gang zu bringen.

»How was school?«, frage ich Faraja.

»Good«, sagt er und sieht mich feindselig an.

Maryam hat inzwischen auf eine schlecht ins Englische synchronisierte Bollywood-Serie umgeschaltet. Fast unwirklich gutaussehende, perfekt geschminkte und ausgeleuchtete Menschen hangeln sich von einem Familienzwist zum nächsten. Um 21 Uhr ziehe ich mich in mein Zimmer zurück, um Tagebuch zu schreiben. Dann möchte ich schlafen. Aber obwohl es schon elf ist, lässt Joy den Fernseher auf voller Lautstärke laufen. Um zwanzig nach elf gehe ich noch mal ins Wohnzimmer. »Ich gehe jetzt schlafen«, sage ich, »Gute Nacht!« Sie lächelt nur kurz und lässt den Fernseher laut. Faraja und Lisa liegen auf dem Sofa und sind eingeschlafen. Maryam schläft im Nebenzimmer. Anscheinend haben sich alle außer mir schon an den Fernsehlärm gewöhnt.

Kurz nach Mitternacht stellt Joy den Fernseher aus. Aber schlafen kann ich immer noch nicht. Die Luft ist stickig und riecht unangenehm. Die Fenster lassen sich nicht öffnen. Über meinem Kopf kreisen aufdringlich sirrend Moskitos, ein Netz gibt es nicht. Ich schalte das Licht an, um sie zu jagen, vergeblich. Da sehe ich, wie eine große Wanze über mein Bett kriecht. Eine andere Wanze klebt über mir an der Wand. Ich erschlage sie mit der Tageszeitung *The Nation*, die ich heute Morgen gekauft habe, knipse das Licht wieder aus und versuche zu schlafen. Keine Chance. Überall juckt es von Moskitostichen. Ich besprühe Arme, Beine und Gesicht mit Anti-Moskito-Spray und schlucke eine Malarone, ein Anti-Malaria-Medikament. Mein Hals zieht sich zu, meine Nase verstopft, ich werde krank. Auf keinen Fall werde ich hier noch einmal übernachten. Joy hat mich für zwei Nächte aufgenommen, aber ich buche noch in derselben Nacht über mein Smartphone ein günstiges Hotelzimmer in Nairobi. Schlafen kann ich immer noch nicht. Ich frage mich, mit welcher Ausrede ich Joy absagen kann. Um fünf Uhr beginnen die Vögel neben meinem Fenster einen Riesenkrach, um Viertel vor sechs steht Faraja auf, er hat einen sehr langen Schulweg. Um sechs dämmere ich endlich weg und bekomme noch zwei Stunden Schlaf.

Mein Wecker klingelt um acht, und ich bin heilfroh, dass ich aufstehen kann. Auf die Dusche mit dem gebrauchten Wasser aus dem blauen Plastikeimer verzichte ich, Deo und Gel müssen reichen. Vermutlich ist es alles eine Frage der Gewohnheit, aber leider komme ich schneller an meine Grenzen, als ich gehofft habe. Joy und ich besuchen ihre Verwandten, die nur zehn Minuten entfernt wohnen, in einer ebenfalls sehr dunklen Wohnung. Es stellt sich heraus, dass Joy nicht nur ihre eigenen drei Kinder großgezogen hat, sondern auch die drei Kinder ihrer verstorbenen Schwester, darunter die sehr korpulente Ada, die mittlerweile eine zweijährige Tochter hat, Shina. Mit ihr hat Joy gestern Abend schon eine Viertelstunde lang geskypt. Dann ist da noch die gertenschlanke Cousine Welma und ein lässig lächelnder, hochgeschossener junger Mann, der jüngste Sohn ihrer verstorbenen Schwester. »Hey, ich bin Mike«, begrüßt er mich. »Aber du kannst mich *Magic* nennen.« Wir bleiben nur fünfzehn Minuten, denn wir wollen zu *David Sheldricks Elephant Orphanage,* das nur eine Stunde am Tag geöffnet hat, von elf bis zwölf, wohin ich Joy einlade. Im Uber dorthin verrät mir Joy, dass *Magic* das Sorgenkind der Familie ist. Die Universität von Nairobi hat ihn mit ein paar Freunden beim Kiffen erwischt und ein Jahr lang der Uni verwiesen. »Und da hat er noch Glück«, erklärt Joy. »Sie hätten ihn auch locker zwei Jahre suspendieren können!«

Im Elefantenwaisengehege sammeln sich ungefähr zur Hälfte weiße Touristen und schwarze Schulklassen in Schuluniformen um eine Absperrung, ehe um fünf nach elf zehn junge Elefanten hierhertraben, um von den Wärtern aus riesigen Flaschen mit Milch gefüttert zu werden. Sie führen sie so nah an die Absperrung, dass die Schulkinder ihr Fell anfassen können. Ich strecke auch meine Hand aus. Eine harte, haarige Kruste. Dieses Waisenhaus ist einmalig. Hier leben Babyelefanten aus ganz Kenia, die ihre Mütter verloren haben und von Wildhütern gefunden wurden. Wenn sie erwachsen sind, werden sie in die Freiheit entlassen. Abends lese ich in *The Nation*, dass Botswana, wo 135 000 Elefanten in Freiheit leben, das Jagdverbot für Elefanten aufgehoben hat. Westliche Naturschützer protestieren entsetzt, aber die Regierung weist darauf hin, wie zerstörerisch die Elefanten sein können, wenn sie Felder und Ernten zertrampeln und in Dörfer eindringen.

Wir gehen etwas früher, um als Erste im Giraffenzentrum zu sein, das 1500 Shilling Eintritt kostet (14 Euro). Es sind nur zwei Giraffen. Man bekommt von den Wärtern Futter, das aussieht wie kleine Holzpellets, und diese legt man dann auf die sehr langen Zungen, die die Giraffen aus ihrem Mund herausfahren. Eine Giraffenzunge wird bis zu einem halben Meter lang. Überhaupt sind Giraffen faszinierende Tiere. Kein Landtier ist höher gewachsen, es gibt sie schon seit 300 Millionen Jahren, sie rennen bis zu sechzig Stundenkilometer schnell und sind bei ihrer Geburt schon einen halben Meter hoch, sonst könnten sie die Zitzen ihrer Mutter nicht erreichen. Trotz ihres langen Halses haben sie genauso viele Halswirbel wie wir, nämlich sieben.

Danach gehen wir einen *Nature Trail* hinunter und machen wunderbare Fotos. Joy ist extrem fotogen, eine lebendige Frau mit einem großen Herzen. Nach dem Spaziergang lotst sie mich in einem Uber nach Karen, den reichen Vorort im Westen von Nairobi, wo die legendäre Karen Blixen aus *Out of Africa* ihre Farm hatte. *The Karen Hub* ist das luxurioseste Einkaufszentrum, das ich auf meinen Afrikareisen gesehen habe; Joy läuft mit mir schnurstracks in das indische Restaurant *Maharadscha*, wo sie noch nie war. Ich bin perplex über die Preise. Das billigste Hauptgericht kostet zwanzig Euro. Zum Glück ist auch Joy perplex. Wir suchen uns das nächste *Java House*, und Joy erzählt von den Unruhen 2008 nach den Wahlen. »Weißt du, wir haben siebenundvierzig *Tribes* in Kenia. Präsident Mwai Kibaki war Kikuyu. Nur weil er nicht wie versprochen freiwillig gehen wollte, waren plötzlich alle Kikuyu die Bösen. Ich bin Luo, aber mein Exmann war Kikuyu. Wenn ich meine Eltern in Kisumu besucht habe, meinem Heimatort, fragten die Leute Maryam nach ihrem Nachnamen. Und sie trägt den Namen ihres Vaters, ein Kikuyu-Name. Das allein war Grund genug, dass sie Maryam umbringen wollten. Kannst du dir das vorstellen? Wegen eines Nachnamens. Ein kleines Mädchen. Das ist Tribalismus. Ich konnte sie hier nicht auf die Schule geben, sie wäre gelyncht worden. Ich musste sie auf eine Boarding-School in Meru geben, 230 Kilometer nordöstlich von Nairobi, fünf Autostunden entfernt. Überhaupt, die Tribes«, klagt Joy. Die Samburu im Norden würden ihre achtjährigen Mädchen beschneiden und verheiraten. Immer noch. An Männer, die vierzig, fünfzig, manchmal sechzig wären oder älter. Und niemand könne etwas dagegen unternehmen. »Sie leben als Nomaden, sie bleiben unter sich. Die Männer heiraten so viele Frauen, wie sie können.«

Es fängt an zu regnen, wir fahren zurück, brauchen für die dreißig Kilometer über eine Stunde. »Es ist merkwürdig«, sagt Joy, »sobald es regnet, steht Nairobi im Stau.«

Der Schlafmangel macht sich bemerkbar, mir fallen ständig die Augen zu. Wir sammeln ihre Tochter und zwei Freundinnen an ihrer Schule ein und kommen zu ihr nach Hause. Der Topf mit den grünen Essensresten steht immer noch auf dem Herd. Ich bringe es nicht übers Herz, ihr die Wahrheit zu sagen, und erfinde stattdessen die Geschichte von einem Freund, der sich gemeldet habe und nur heute Abend in Nairobi sei, daher müsse ich jetzt leider schon los, es tue mir sehr leid. Sie ist geschockt, bleibt aber freundlich. Ich fühle mich schrecklich: weil ich es nicht geschafft habe, eine weitere Nacht zu bleiben, und weil ich es nicht hinbekommen habe, ihr ehrlich zu sagen, warum ich schon gehe. Trotzdem bin ich erleichtert, als ich mit meinem Koffer ins nächste Matatu steige.

Joy. Sie bleibt mir ein Rätsel. Sechs Kinder hat sie allein großgezogen. Sie spricht lebhaft, ihre Augen strahlen, eine so warmherzige wie attraktive Frau. Aber in ihrer Wohnung hätte ich es keine zweite Nacht ausgehalten. Und so wie ihre Gäste aus Saudi-Arabien hat sie vermutlich keine Idee davon, was mich hier überhaupt stören könnte.

1.

NAIROBBERY

»Gefährlich? Nairobi ist doch nicht gefährlich!«, beruhigte mich Joy im Chat vor unserer Reise. »Ich bin hier erst zwei Mal überfallen worden!«

Geradezu ungläubig reagieren Kenianer auf meinen Hinweis, ihr Land gelte bei uns als gefährlich. Mein Lonely-Planet-Reiseführer bittet mich eindringlich, einsame Strände zu meiden, Schmuck in Deutschland zu lassen, Geld und Pass verdeckt am Körper zu tragen, Uhren, Kameras, Taschen und Rucksäcke im Hotel einzuschließen und nach Dämmerung nicht mehr durch Nairobi zu spazieren, das nicht umsonst *Nairobbery* heiße. Am besten buche man eine Pauschalreise und verlasse das Hotelgelände nur in organisierten Touren. In den Reise- und Sicherheitswarnungen des Auswärtigen Amtes – ja, ich lese sie, und meine Mutter liest sie auch! – klingt es noch dramatischer: »Die Gefahr, Opfer von bewaffneten Überfällen zu werden, besteht in allen Landesteilen. Die Innenstädte Nairobis und Mombasas sollten nachts generell gemieden werden. Es besteht in beiden Städten die erhöhte Gefahr, Opfer eines Raubüberfalles (Fußgänger und Autofahrer) zu werden. Teilweise sind diese verbunden mit der Wegnahme des Fahrzeugs (›Car-Jacking‹). Ärmere Wohngegenden, Slums sowie Busbahnhöfe und -haltestellen sollten möglichst auch bei Tag nicht besucht werden. Auch bei organisierten ›Slum-Touren‹ ist es in der Vergangenheit zu gewalttätigen Übergriffen auf Besuchergruppen gekommen. Die Altstadt von Mombasa sollte nur mit ortskundigen Personen besucht werden. Ebenso besteht bei Spaziergängen an Stränden nach Einbruch der Dunkelheit und außerhalb der Hotelanlagen eine erhöhte Gefahr, überfallen zu werden. Es wird geraten, selbst kürzeste Entfernungen mit einem Taxi zurückzulegen.«

Joy hält das alles für Quatsch.»Brasilien«, sagt sie,»das ist gefährlich. Mexiko. Aber da fahren die Leute doch trotzdem hin! Wen stört das?«

In gewisser Weise hat sie recht: Von den vierzig gefährlichsten Städten der Welt liegt nur eine in Afrika, nämlich Kapstadt (Platz elf), alle übrigen in Süd- und Mittelamerika und der Karibik. Auch die USA sind gefährlicher als Kenia. Andererseits rechnen die Afrikaner vielerorts selbst ständig mit Übergriffen. Als ich abends im Dunkeln in einem Kleinbus durch Nairobi fahre und auf meinem Handy chatte, während wir an einer Ampel halten, höre ich plötzlich die raue, tiefe Stimme meines Sitznachbarn:»Pass auf, Mann. Pack das Handy weg. An jeder Kreuzung könnte jemand die Scheibe einschlagen und es dir aus der Hand reißen.«Jeder Uber-Fahrer weist mich auf diese Gefahr hin. Und tatsächlich werden Taxis, Uber-Wagen und Kleinbusse an Kreuzungen oft von großen Gruppen junger Männer umringt. Wohnsiedlungen werden regelmäßig durch hohe Mauern geschützt, oft noch verstärkt mit Stacheldraht oder eingemauerten Glasscherben, große, eiserne Tore werden bewacht von Sicherheitspersonal mit Pistolen und Gewehren. Wohlhabendere Afrikaner haben rund um die Uhr Wachleute am Eingangstor ihres eingemauerten Grundstücks. An jedem Museum muss man seinen Reisepass abgeben, vor jedem Hotel und jedem Einkaufszentrum wird man gescannt, die Taschen werden durchsucht. In Kenia kommen zur Kriminalität die Terroranschläge der Al-Shabaab-Milizen aus Somalia dazu. Sie üben Vergeltung dafür, dass Kenia Truppen nach Somalia geschickt hat. Erst im Januar 2019 töteten fünf Al-Shabaab-Angreifer einundzwanzig Zivilisten in einem Hotel- und Bürokomplex im Touristen-Stadtteil Westlands mit Bomben und Maschinengewehren, ehe sie selbst von der Polizei erschossen wurden. Als ich Joy frage, was man gegen die schrecklichen Terroranschläge der Al-Shabaab unternehmen könne, schaut sie mich mitleidig an. »Was man dagegen tun kann? Was soll man gegen Muslime und ihren Hass tun?«

Öffentliche Gebäude darf man in Kenia überhaupt nicht fotografieren, weder das Parlament noch die Uni, nicht mal die Musikhochschule. Leider erfahre ich, dass es selbst bei privaten Gebäuden sehr schwierig ist. In Nairobi möchte ich die spektakulären Zwillingstürme von *The Nation* fotografieren, der großen englischsprachigen Tageszeitung Kenias. Sofort kommen Sicherheitskräfte auf mich zu.

»Why do you do this? Why do you take photos?«

»I am a tourist«, erläutere ich möglichst unbefangen, »it's for Facebook, Instagram!«

»But you didn't take a selfie«, wendet der Wachmann ein.

»I hate selfies!«, lache ich, »I don't want to be on all of my photos!« Der Wachmann sieht mir ungerührt in die Augen: »Don't do it. It's no good. Don't do it again.«

Ein Sicherheitsgefühl stellt sich trotzdem nicht ein. Zum einen sind die Sicherheitskontrollen vor Einkaufszentren und Hotels eine Farce. Es läuft immer so ab: Ich gehe durch den Scanner, er piepst, ich sage, »Entschuldigung, das muss wohl mein Gürtel sein«, der Wachmann winkt ab, lächelt müde, verlangt, dass ich den Rucksack öffne. Ich öffne das vorderste der drei Fächer und zeige auf das Buch: »Sehen Sie, mein Reiseführer!« Wieder ein angedeutetes Lächeln, und ich werde durchgewunken.

Gleichzeitig hört und liest man viel. Jeden Tag. Als ich bei der Polizeianwältin Tinna in Nairobi zu Gast bin, wird eine Kollegin von ihr nur ein paar Straßen weiter in ihrer Wohnung umgebracht. In derselben Woche wird im Norden Kenias eine Frau ermordet in einem Maisfeld aufgefunden, die als Zeugin in einem Landstreit aussagen sollte; der siebenjährige Erstklässler Mailik Moi wird hinter seinem Haus erschlagen, während seine Eltern in der Moschee beten; zwei Hirten im Norden werden von zwanzig Banditen schwer verletzt; zwei Bauern werden auf ihren Feldern von Unbekannten erschossen; ein fünfzehnjähriger Dieb wird von einer aufgebrachten Menge gelyncht; ein Mann wird zu dreißig Jahren Gefängnis verurteilt, weil er seine Frau mit einer Machete töten wollte; ein Pfarrer muss fünfundzwanzig Jahre ins Gefängnis, weil er eine Siebzehnjährige erst geschwängert und dann erstochen hat; zwei Gefängniswärter aus Nakuru, die ihre Kollegin getötet haben sollen, kommen gegen zwei Millionen Shilling Kaution frei; eine Geschäftsfrau in Nyeri ersticht den Mann, der in ihren Kiosk eingebrochen war; die Lehrergewerkschaft fordert ihre Mitglieder auf, den Schulen im Keriotal fernzubleiben, solange die Banditenüberfälle dort anhielten; der Polizeioffizier Collins Onyango wird angeklagt, einen neunzehnjährigen Studenten so schwer verletzt zu haben, dass ihm die Hoden amputiert werden mussten; in Pstounu wird ein Polizist ermordet. Meldungen aus einer einzigen Woche. Meldungen, die es niemals in eine deutsche Zeitung schaffen.

Und so habe ich fest damit gerechnet, auf meinen monatelangen Reisen durch Afrika mein Smartphone, mein Portemonnaie oder meinen Laptop loszuwerden. Ich habe mir eine Sicherheitsbauchtasche gekauft, dazu einen Sicherheitsgürtel, in dem eine eiserne Geldreserve und eine Reisepasskopie in einem Geheimfach versteckt sind, sowie einen speziell verschließbaren Sicherheitsrucksack. Aber ich scheine einen Schutzengel zu haben. Ich bin nachts kilometerweit durch unbeleuchtete Straßen in Addis Abeba, Nairobi, Daressalam, Accra und Kampala gelaufen, ich war mit Smartphone und Portemonnaie in den Hosentaschen auf dem größten Markt Afrikas und in der überfülltesten S-Bahn meines Lebens (beide in Addis Abeba), ich war sogar nach Mitternacht in Kapstadt unterwegs, und mir ist absolut nichts passiert.

Aber auf einer späteren Reise passierte es doch. Ausgerechnet am ersten Abend, als ich mit meinem Sohn in Entebbe gelandet war, am 4. August 2018. Auf dem Weg in die Stadt, wo wir Geld tauschen wollen, fotografiere ich ein paar Bäume in einem prächtigen Garten. Plötzlich kommen zwei

Soldaten mit Gewehren im Laufschritt auf uns zu. Schreiende Kinder haben sie auf mein Vergehen aufmerksam gemacht.

»Give me your camera!«, befiehlt mir der eine. »Give me your fucking camera! And your passport! Quick!«

Dies hier sei der Garten einer Residenz des Präsidenten. Fotografieren und Filmen seien strengstens verboten. Entweder zahle ich jetzt eine Strafe, oder er müsse uns auf die Polizeiwache nehmen, wo wir erst mal in Untersuchungshaft kämen.

Es ist heikel. Ich habe all mein Bargeld dabei, über 2000 Euro in Fünfzig-Euro-Scheinen. Das bekommt der Soldat besser nicht zu Gesicht.

»Moment«, sage ich, »lassen Sie mich meinen Gastgeber anrufen, der wird das alles klären können«, und zücke mein Telefon.

»No calls! No phone calls!«, schnauzt mich der Soldat an. »You pay money! Or you go to jail!« Er hat meine 1200-Euro-Kamera und meinen Reisepass. Neben mir steht bleich mein achtzehnjähriger Sohn. Es ist sein erster Tag in Uganda, in Afrika.

»Look, this is my son«, versuche ich es versöhnlich, »it's his first day in Africa. This journey was my present for his 18th birthday.«

»No time for talk!«, bestimmt er. »You give money or you go to jail!«

Da gibt mein Sohn ihm den kleinsten Schein, den er dabeihat, fünfzig Euro. Es ist das Taschengeld, das seine Omi ihm für die Reise mitgegeben hat. Der Soldat sieht ungläubig auf den Schein, blickt seinen Kollegen an, gibt mir Pass und Kamera zurück und winkt unwirsch, ich solle verschwinden. Fünfzig Euro, das sind 210 000 ugandische Shilling. In Uganda ein durchschnittlicher Monatslohn. Später erfahre ich, dass 10 000 Shilling das übliche Bestechungsgeld gewesen wäre. Also 2,39 Euro. Ich stelle auch fest, dass die Kamera gar nicht ausgelöst hat; es gab gar kein strafwürdiges Foto. »Du hättest mit auf die Wache gehen sollen!«, schimpft meine Gastgeberin Racheal später mit mir. »Uganda ist ein freies Land, ein Rechtsstaat! Der Polizeipräsident hätte sich wahrscheinlich bei dir entschuldigt und die Soldaten ordentlich zusammengefaltet. So geht man nicht mit einem Muzungu um. Ihr seid es doch, die Geld in dieses Land bringen!«

That's Africa: Mit vorgehaltener Waffe beraubt wurde ich nur ein einziges Mal, nämlich von zwei Leibgardisten von Yoweri Museveni, seit fünfunddreißig Jahren Präsident von Uganda. Und ich werde leider nie erfahren, was der Polizeipräsident gesagt hätte.

Unsere Hosts können ganz andere Geschichten erzählen. Diana aus Nakuru wuchs in einer sehr rauen Gegend auf: »Nach sechs konntest du da nicht auf die Straße.« Warum nicht? »Dann wurdest du sofort abgezogen. Da kommen so sechs, sieben Jungs auf dich zu, du kriegst mit einem Baseballschläger eine volle Breitseite in den Bauch oder auf die Brust, bist halb ohnmächtig und darfst Portemonnaie und Handy abgeben. Nach Einbruch der Dunkelheit bin ich dort nie vor die Tür gegangen.«

Lydia in Kampala wurde beim Herunterlaufen der breiten und belebten Kampala Road von einem vorüberfahrenden Boda-Fahrer die Handtasche aus der Hand gerissen. Als sie hinterher wollte, habe ein Passant sie zurückgehalten: »Let it go. They will hurt you.« Smartphone, Portemonnaie, alles weg. Sie habe Wochen gebraucht, um darüber hinwegzukommen.

Oder Nyanzi, unser einundzwanzigjähriger Couchsurfing-Host in Kampala, ein junger Fußballer. Im Jahr zuvor chillte er am Strand von Entebbe, als jemand ihm das Smartphone aus der Tasche zog und wegrannte. Wutentbrannt rannte Nyanzi hinterher, da schlug ihm jemand mit voller Wucht von hinten eine Bierflasche auf den Kopf. Unzählige Scherben im Kopf, Blut überall. Zum Glück war sein Freund Kenny dabei, um ihn sofort ins Krankenhaus zu bringen.

Die schlimmste Geschichte höre ich von meiner Gastgeberin Gladys in Accra, der Hauptstadt Ghanas. Im Januar desselben Jahres war sie mit einer Freundin bei einem Jazzkonzert. Auf dem kurzen Weg vom Jazzclub zum Taxi riss jemand ihrer Freundin die Tasche aus der Hand. Gladys stürzte sich auf den Räuber, um sich die Handtasche zurückzuholen, und dieser stach drei Mal zu, Gesicht, Hals, Schulter. Zwei große Narben trug sie davon, an Gesicht und Hals. Am Verlauf der Narbe sieht man, wie knapp sie am Verlust des Augenlichts vorbeigeschrammt ist. Gladys, eine sechzigjährige würdevolle, Lady, gebürtig aus Nigeria. Sie lächelt, aber diese großen Narben wird sie nie wieder loswerden. Am ersten Abend meiner Ankunft erzählt sie mir die Geschichte. Am liebsten hätte ich Ghana sofort wieder verlassen. Das sind die Momente, in denen einem Afrika unheimlich wird.

3.
»DANN LASSEN SIE DIE LEUTE NACHTS VERSCHWINDEN.«

Ich treffe Tinna im *Thorn Tree Café* in der Innenstadt von Nairobi, wo schon der Abenteurer, Afrikaliebhaber und Literaturnobelpreisträger Ernest Hemingway in den Dreißigerjahren gefrühstückt hat. Das erste Café meines Lebens, in dem der Kellner mir einen Kleiderständer bringt, den er neben dem Tisch aufstellt, damit ich meine Jacke dort aufhängen kann. In der Mitte des weitläufigen Cafés wächst ein Baum. Und daneben ist das legendäre Schwarze Brett, auf dem sich Afrikareisende seit neunzig Jahren Nachrichten hinterlassen.

Tinna ist ein Sonnenschein: Was auch immer passiert, Tinna strahlt. Sie ist 38, Single, kinderlos, kompakt und hat ein extrem ungewöhnliches Couchsurfing-Profil. Während fast alle meine afrikanischen Gastgeber und Gesprächspartner Afrika noch nie verlassen haben, zeigt Tinna auf ihrem Profil Fotos von sich in Finnland, Shanghai, Shenzen und Paris. Tinna liebt es zu reisen, und sie kann es sich leisten. Sie gehört zu den fünfzehn Prozent Frauen in der kenianischen Polizei und verteidigt als Anwältin Polizisten, die sich im Dienst strafbar machen – meist der Korruption. Gerade heute Morgen ist wieder einer aufgeflogen. Sie zeigt mir die SMS auf ihrem Handy: Ein Polizist in Kisumu hatte grundlos die Kühe eines Bauern konfisziert und wollte sie nur gegen 100 000 Shilling (900 Euro) wieder hergeben. Der Bauer versprach, das Geld zu besorgen, wandte sich aber stattdessen an die *Ethics and Anti-Corruption Commission (EACC)*. Die Beamten präparierten Scheine im Wert von 30 000 Shilling und schickten einen Undercover-Beamten mit dem Bauern auf die Wache. In dem Moment, als sie sich auf 29 000 Shilling geeinigt hatten und der erpressende Polizist das Geld entgegennahm, wurde er verhaftet. Am selben Tag wurde er allerdings gegen eine Geldstrafe von 30 000 Shilling (!) wieder freigelassen.

Wir gehen über einen großen, bunten Andenken- und Kleidermarkt. Ich suche nach Souvenirs für meine Kinder und finde ein wunderbar buntes Hemd für meinen Sohn Jakob. Es soll 1200 Shilling kosten, ist aber leider etwas zu klein. Größe M ist nicht vorrätig. Wir suchen weiter und finden bei einem anderen Händler ein ähnliches Hemd in der richtigen Größe. Der Verkäufer verlangt 5000 Shilling. Fast fünfzig Euro. Ich winke ab, wir gehen weiter. Der Händler steht wenige Sekunden später wieder vor uns.

»3000!«, sagt er.

»1000!«, halte ich dagegen.

»Machst du Witze?«, klagt der Händler.

»Nur weil ich ein Muzungu bin, bin ich noch lange kein Millionär«, entgegne ich.

»Du?«, sagt er abfällig. »Du bist überhaupt kein Muzungu! Wenn du keine 3000 zahlen kannst, bist du kein Muzungu.«

»Wieso das denn nicht?«

Er sieht mich mit großen Augen an. »Muzungu wird man nicht durch die Farbe seiner Haut«, erklärt er. »Sondern durch die Größe seines Portemonnaies!«

Da muss auch Tinna lachen. Sie handelt ihn auf 1200 Shilling runter, ich kaufe das Hemd.

Ich gehe mit ihr zum 105 Meter hohen Turm des *Kenyatta International Conference Center* (KICC), das einen spektakulären Ausblick über die Skyline von Nairobi bietet. Leider fängt es an zu schütten, als wir oben ankommen. Es stellt sich heraus, dass sie noch nie hier war. Unten vor dem Kongresscenter hat sich eine riesige Menschenmenge versammelt. Heute war ein Marathon, bei dem Geld für krebskranke Kinder gesammelt wurde. Halb Nairobi ist mitgelaufen. Kenia hat die besten Langstreckenläufer der Welt. Ich frage Tinna, ob sie auch läuft. »Nein«, lacht sie. »Die Läufer sind die Samburu!« Da fällt mir ein, dass Corinne Hofmann, die mit ihrem Weltbestseller »Die weiße Massai« berühmt wurde, in Wirklichkeit mit einem Samburu verheiratet war. Aber vermutlich wäre »Die weiße Samburu« kein Weltbestseller geworden, weil niemand weiß, wer oder was Samburu sind.

Wir wollen die *Art Safari* aus meinem Reiseführer machen. Die erste Adresse, die *Foundation Watatu*, existiert schon seit Jahren nicht mehr. Die *Nairobi Gallery* einen Kilometer weiter zeigt eine Ausstellung über Kenias ersten Außenminister Joseph Murumbi, einen leidenschaftlichen Sammler afrikanischer Kunst. Wir sind die einzigen Gäste. Der Mann, der die Besucher kostenlos durch die Ausstellung führen soll, ist dauerhaft in Mittagspause. Wir sehen historisches Kochgeschirr aus Somalia, Nigeria und Kenia, ein Daumenklavier aus Tansania, den Schreibtisch von Joseph Murumbi, Massai-Speere und -Schilde, alte kenianische Briefmarken, Bücher von Exsklaven gegen die Sklaverei von 1783 und 1814, die königlichen Steinlöwen von Dahomey, repräsentative Kostüme, Federkleider, Goldschmuck und natürlich jede Menge afrikanischer Plastiken und Bilder.

Wir bleiben vor einem Bild stehen, das sich mir nicht erschließt, das Tinna aber sofort durchschaut. »Schau mal«, erklärt sie, »das links unten ist der Ehemann, das erkennst du an der langen Mütze. Daneben seine erste Ehefrau. Und über den beiden thront die neue Ehefrau. Auf die ist die erste natürlich eifersüchtig!«

Das Uber zu Tinna braucht über eine Stunde, wir landen wieder im Osten der Stadt. Ihre Apartment-Anlage ist eingemauert und mit Security gesichert wie die von Joy, aber ihre Wohnung ist groß, modern und sauber. Die Toilette hat auch keine Spülung, aber es gibt eine Dusche. Gott sei Dank! Das Wohnzimmer hat ringsum an der Decke rosa Plüschvorhänge wie im Zimmer eines kleinen Mädchens, wieder ist alles um den Fernseher herumgruppiert, der in der Mitte einer verzweigten Schrankwand steht.

Tinna hat in einem Jahr schon über dreißig Couchsurfer beherbergt. »Ich sage dir, nie wieder nehme ich Surfer unter zwanzig. Ich hatte diese Brasilianerin, die hat mich in den Wahnsinn getrieben. Kam mitten in der Nacht von ihren Abenteuern wieder, um zwei, um drei, einmal erst morgens früh. Ist hier durch die Clubs gezogen, hat Jungs aufgerissen. Auch die letzte Nacht verbrachte sie mit einem Jungen. Dadurch kam sie erst am Flughafen an, als ihr Rückflug bereits gestartet war. Hast du so was schon mal gehört?«

Dann bewarb sich ein Araber bei ihr, der schon eingangs erklärte, er wolle bei ihr im Bett schlafen. Sie daraufhin: Das mache sie nicht. Ob er ihre Beschreibung nicht gelesen hätte? Ihre Gäste hätten ein eigenes Zimmer. – Nein, nein, er würde immer mit dem Host in einem Bett schlafen. – Nicht bei ihr! Was er denn überhaupt vorhabe? – Man müsse sich doch gegenseitig wärmen. Er wolle ihr Bett anwärmen. – Woher er denn wisse, dass ihr Bett kalt sei? – O.k., antwortete er. Aber dann wolle er zumindest auf dem Boden *neben* ihrem Bett schlafen. Sie sagte ihm ab.

Sie kocht für mich Basmatireis mit Erbsen und Kartoffeln. Es schmeckt wieder sehr indisch, wie bei Joy. Ja, erklärt sie, Idi Amin vertrieb doch 1976 alle Inder aus Uganda. Seitdem gebe es sehr viele Inder in Kenia. Und die hätten die Küche geprägt.

Dann trinken wir zusammen Kräutertee, während im Innenhof des Apartmenthauses der Chor und die Band der *Born Again Church* für den morgigen Gottesdienst probt, in voller Lautstärke. Es ist sehr mühsam, Tinna zu verstehen, die ihrerseits den religiösen Lärm anscheinend völlig ausblendet.

Tinna hat neunzehn Geschwister. Ihr Vater hatte mit ihrer Mutter zwölf Kinder, mit seiner Zweitfrau acht. Insgesamt acht Jungs und zwölf Mädchen. Ich frage sie, wie und wo sie mit insgesamt dreiundzwanzig (!) Leuten gewohnt hätten, daran würde es in Deutschland ja schon scheitern.

Tinna lacht.»Wo ist das Problem? Die Jungs haben in zwei Hütten im Garten geschlafen, vier und vier, wir Mädchen in sechs Betten, immer zwei in einem Bett. Während der Schulzeit haben wir alle im Haus meiner Mom in der Stadt gelebt, während der Ferien im Haus meiner Stiefmutter auf dem Land. Meine Mutter arbeitete, meine Stiefmutter hat für uns alle gekocht.« Für mich als Deutschen mit nur zwei Geschwistern ist das Erstaunlichste: Alle Kinder haben es zu etwas gebracht. Vier unterrichten an einer Grundschule, vier an einer High School, ihre Schwester bekam ein Stipendium in Schweden und ist nun Professorin für Nuklearphysik an der Nairobi University, dann gibt es noch einen Arzt, einen Apotheker, eine AIDS-Beraterin, eine Schwester hat ein Musikstudio aufgemacht, Tinna selbst ging zur Polizei. Und natürlich haben alle wiederum Familien gegründet. Ihr Vater hat von den zwanzig Kindern bereits siebenundzwanzig Enkel. Und jedes Jahr werden es mehr. Ich kann mir nicht helfen, ich werde neidisch.

»Es war alles so einfach«, schwärmt sie. Sie schrieb ihre Abschlussarbeit über Frauenförderung bei der Polizei, und jedermann habe ihr gesagt, es sei völlig aussichtslos, sich dort zu bewerben. Sie bewarb sich – und wurde sofort genommen.

Ich erzähle ihr von den Schwierigkeiten der deutschen Polizei – vom G20-Gipfel in meiner Stadt, bei dem die Polizei stundenlang zusah, wie Autonome aus ganz Europa ein Stadtviertel plünderten und zerstörten und die Polizei sich nicht traute einzugreifen, aus Angst, von den Dächern mit Betonplatten beworfen zu werden. Und von einem

Fall, der sich am Tag unseres Treffens in Berlin ereignete: Zwei Streifenpolizisten wurden von zwei jungen Deutschtürken verprügelt, auf den Boden geworfen und dort weiter getreten, weil diese sie wegen eines riskanten Ausparkmanövers gerügt hatten. Die Polizistin und der Polizist kamen mit Hämatomen, Prellungen und Quetschungen in eine Klinik. Die Mutter der Brüder hatte das Ganze noch gefilmt.

Wieder lacht Tinna. »Na, das hätten die hier in Kenia mal probieren sollen! Nehmen wir an, jemand widersetzt sich der Festnahme oder verprügelt Polizisten. Nehmen wir auch an, da sind Schaulustige, die das filmen, sodass die Polizei nicht direkt zurückschlagen kann. Dann merken sich die Polizisten das Nummernschild, den Namen, nehmen die Spur auf. Nachts holen sie die Person ab, verschleppen und töten sie und lassen die Leiche verschwinden. Wenn die Angehörigen nachfragen, sagen sie, sie wüssten von nichts.« Die Einstellung sei einfach eine andere: Kriminelle umzubringen werde in der Polizei als gute Sache angesehen. Also bringe man sie einfach um. »Wenn die Leute sich aufregen, sagen wir ihnen, wir haben den schuldigen Polizisten verhaftet, er kommt vor Gericht, er wird entlassen und darf nie wieder arbeiten! In Wirklichkeit wird er nur in einen anderen Distrikt versetzt.« Tinna strahlt und isst einen Keks. »Und all das sorgt eben dafür, dass die Leute in Kenia ziemlichen Respekt vor der Polizei haben.«

Familiengröße und Polizeigewalt – manchmal erscheinen Subsahara-Afrika und Europa wie die extremen Enden eines Kontinuums. Und ich frage mich, ob es nicht einen Mittelweg gibt zwischen einem Kind und zwanzig Kindern, zwi-

48

schen Von-jugendlichen-Straftätern-verprügelt-Werden und Sie-nachts-verschwinden-Lassen.

Tinnas Mitbewohnerin Linda kommt vom Friseur wieder, sie hat sich die Haare glätten lassen. Sie ist Mitte zwanzig und studiert *Gender and Development*.

»Das Problem mit den Frauen in unserer Polizei liegt inzwischen bei den Frauen selbst«, erklärt Tinna. »Früher gab es Begrenzungen bezüglich Größe und Gewicht, da durfte man nicht zu klein oder zu fett sein. Das haben wir schon aufgehoben. Heute kommen viele Frauen, aber viele hören genauso schnell wieder auf. Da müssen wir was unternehmen. *Gender Mainstreaming* steht bei uns erst ganz am Anfang.«

Sie fläzt sich auf den Boden, schiebt sich ein Kissen unter den Kopf und schaut fern. Eine afrikanische Soap. Ich gebe ihr mein Gastgeschenk, eine große Packung *Merci*, und gehe ins Bett.

Am nächsten Morgen muss ich früh aufbrechen, um rechtzeitig in Naivasha zu sein. Zum Frühstück serviert mir Tinna Toast mit Marmelade und Ingwertee und spricht über ein Lieblingsthema vieler Afrikaner: Korruption. Die großen Drogenkartelle hätten die Polizei unterwandert. »Es gibt ja noch ehrliche Polizisten, unbestechliche Ermittler. Aber die können richtig Ärger kriegen. Einen haben sie einfach mit einem Laster überrollt. Dem anderen haben sie den abgeschnittenen Kopf seines Sohnes vor die Tür gelegt mit einem Zettel daneben: *Leg dich nicht mit uns an!* Am Nachmittag hat er seinen Kollegen gesagt, dass er den Fall abgibt.«

Es sei unheimlich lukrativ, Kommissar zu werden und sich

dann von den Leuten bezahlen zu lassen, gegen die man ermittelt. Plötzlich fahre so ein einfacher Polizeibeamter einen Porsche. »Kenia selbst ist kein Drogenland«, erläutert Tinna, »aber es gibt große, mächtige Drogenkartelle, die Ladungen von Drogen von den Häfen Kenias nach Westafrika bringen, nach Ghana und Nigeria. Und die haben alle möglichen Leute gekauft, Polizisten, Beamte, Politiker.« Sie strahlt wieder. Tinna mit ihren neunzehn Geschwistern und siebenundzwanzig Nichten und Neffen kann nichts aus der Ruhe bringen.

Die Nachrichtensendung im Fernsehen, das ununterbrochen nebenbei läuft, berichtet von den Wahlen zum EU-Parlament. Ich erzähle Tinna, wie sehr das Thema Immigration die Europäer spaltet.

»Ja, da müsst ihr aufpassen«, sagt sie. »Ich war letzten Sommer in Finnland. Dort gibt es schon so viele Somalis. Und die kriegen alle acht, neun Kinder. Die Finnen bekommen nur ein oder zwei Kinder. Langfristig wird das zu riesigen Problemen führen.« Und mit den Muslimen sei ihrer Erfahrung nach nicht gut Kirschen essen. Sie sei schon öfter zu Untersuchungen in den muslimischen Nordosten gefahren. Da könne sie nicht einfach mit den Frauen oder Mädchen reden, die Opfer von Vergewaltigung oder Missbrauch geworden seien. Sie müsse erst auf Knien den Ehemann oder Vater um Erlaubnis bitten. Die meisten sagten, wir wollen keine Polizei, wir regeln das unter uns, wir bekommen ein Kamel von der Familie des Täters, oder er heiratet sie, und damit ist gut. Es sei wahnsinnig schwer, die Opfer auch nur zu untersuchen. Manchmal müsse man sie mit einem Hubschrauber nach Nairobi ausfliegen.

»Ihr müsst die Einwanderung regulieren und be-
schränken«, warnt sie. »Oder ihr werdet langfristig euer
Land verlieren. Wir in Afrika legen sehr viel Wert darauf,
die eigene Kultur zu behalten. Da könnt ihr einiges von uns
lernen.«

Ich bestelle ein Uber nach Naivasha, es soll 3200 Shilling
kosten; aber der Fahrer weigert sich, mich dorthin zu fahren.
Dann müsste er ja danach die ganzen zwei Stunden wieder
zurückfahren. Wer zahle ihm das? Niemand. Er fährt weg.
Auch der nächste Uber-Fahrer winkt ab. Tinna grinst und
bringt mich zum Busbahnhof im Zentrum und setzt mich
dort in ein *Matatu* nach Naivasha. Noch am selben Abend
schreibt sie mir eine Bewertung auf *Couchsurfing.com*:

»Sören war ein großartiger Gast. Obwohl ich nicht sein
erster Gastgeber in Nairobi war, brachte er mir ein Geschenk aus Deutschland mit! So wunderbare Schokoladen, die leckersten, die ich je gegessen habe. Er hatte absolut richtig geraten, denn ich liebe Schokolade! Er ist erst
der zweite Gast, der mir ein Geschenk mitbrachte, der andere kam auch aus Deutschland. Ich habe den Eindruck,
Deutschland hat die besten Surfer, sie bringen Geschenke
aus ihrem Heimatland, das ist so nett, rücksichtsvoll und
lobenswert. Sören sagte, er habe Geschenke für alle Gastgeber in seinem Koffer! Das müssen viele Geschenke sein,
weil er ja noch eine Weile unterwegs ist. Möge Gott ihn seg-
nen. *Gesegnet sind die Hände, die geben, denn sie werden am
Ende auch empfangen.* Außerdem ist er sehr kinderfreund-
lich, als er ankam, sang er ein Geburtstagslied für ein Nach-
barkind, das Geburtstag hatte. Wir verbrachten den Nachmittag miteinander, und er bestand darauf, alle Rechnungen

zu bezahlen, von Eintrittskarten bis zum Essen. Bitte behalte diese Einstellung bei, Sören! Danke, dass du mir die Gelegenheit gegeben hast, Orte in meiner Stadt kennenzulernen, die ich vorher noch nie gesehen hatte. Möge Gott dich hüten und beschützen.«

Und möge Tinna zur Stelle sein, falls ich mal Ärger mit der kenianischen Polizei haben sollte.

4.

DER WILLE DES SCHÖPFERS

Es gibt Dinge auf meiner Afrikareise, die ich nicht verstehe. Zum Beispiel die Sicht auf Homosexualität: In 34 von 54 afrikanischen Ländern ist sie verboten. In Mauretanien, Nordnigeria, Somalia und im Südsudan droht Schwulen und Lesben die Todesstrafe, in Tansania, Uganda und Sambia lebenslange Haft. In Kenia wurde die Höchststrafe erst vor wenigen Jahren von sieben auf vierzehn Jahre Gefängnis erhöht; das ist auch die Höchststrafe in Gambia und Malawi. Selbst in Südafrika, dem einzigen afrikanischen Land, wo gleichgeschlechtliche Ehen erlaubt sind, gibt es viele Hassverbrechen gegen Homosexuelle. In Uganda wollte Präsident Museveni 2013 die Todesstrafe gegen Homosexuelle verhängen, USA und EU protestierten und drohten, Entwicklungshilfegelder zu streichen. Museveni milderte die Strafe auf »lebenslänglich« ab. Da waren EU und USA wieder zufrieden.

»Die Schwulen haben es enorm schwer hier«, erzählt Louis, ein junger Hüne mit sehr tiefer Stimme, der gemeinsam mit seiner holländischen Freundin Zinzi das *Zebra bed and breakfast* in Entebbe betreibt. »Ein Pastor hat gesagt, in seiner Kirche seien auch Schwule willkommen. Darauf-

hin hat ein aufgebrachter Mob ihm die ganze Kirche nieder-
gebrannt.«

Und doch erzählt mir Ronald aus Holland, dass seine *Yel-
low Haven Lodge*, die er am Victoria Lake mit seiner irischen
Frau Joan betreibt, ein beliebter Schwulentreff sei. Und
Tinna erzählt mir, Mombasa sei *das* Schwulenparadies –
Schwule aus Europa und den USA kämen dorthin, um mit
jungen schwarzen Männern zu schlafen.

Auch über das Couchsurfing-Portal werde ich freimütig
von Schwulen angeschrieben. John aus Nairobi bietet mir
an, mich ausgiebig zu massieren – danach könne ich ganz
entspannt mit ihm in seinem Bett schlafen. Ich lese seine
Referenzen, lauter gutaussehende junge Männer, viele aus
Nordafrika, alle begeistert von John.

Und in einem schmuddeligen indischen Restaurant in
Entebbe entspann sich folgender Dialog zwischen dem jungen schwarzen Kellner und mir:

»Magst du Uganda?«, fragt er mich.

»Ich liebe Uganda!«, antworte ich.

»Hast du eine Freundin hier?«

»Nein.«

»Oder ... einen Freund?«

»Auch nicht.«

»Warum nimmst du nicht mich? Ich liebe dich!«

Er blitzt mich mit seinen tiefbraunen Augen an.

Ich habe jahrelang einen schwulen Komiker am Klavier
begleitet, ich habe auf dem dreißigsten Geburtstag von Ralf
König Klavier gespielt und bei der Eröffnung des schwulen
Schmidt-Theaters in Hamburg. Aber so frontal bin ich noch
nie von einem Schwulen angebaggert worden.

Anscheinend ist das Verhältnis von Recht und Realität hier nicht ganz so eindeutig, wie ich erwartet hätte. Kiffen ist verboten, aber viele junge Studenten kiffen. Abtreibung ist verboten, aber Tausende Frauen lassen abtreiben. »Defilement«, also Sex mit Mädchen unter achtzehn, ist strengstens verboten. Und natürlich haben viele siebzehnjährige Mädchen in Kenia Sex. »Schon weil sie sich langweilen«, erklärt mir Evelyn, mit der ich mich im Java House in Nairobi treffe. »Auf dem Dorf. Was willst du da sonst machen?«

Als ich im Mai 2019 Nairobi besuche, passiert etwas Historisches. Erstmals in der Geschichte Afrikas verhandelt ein Oberstes Gericht über die Frage, ob das Verbot von Homosexualität verfassungswidrig ist. David Oginde, Bischof und Präsident der Christ-is-the-answer-Church, kommentiert das Urteil am 26.5.2019 in der großen kenianischen Zeitung *Sunday Standard*: »Es ist schon sehr unglücklich, dass diese Angelegenheit überhaupt vors Oberste Gericht kam. Die Ordnung der Natur, der sich selbst die primitivsten Tiere beugen, zeigt unzweifelhaft, dass der Schöpfer niemals Homosexualität wollte. Sonst wären die Instrumente des Geschlechtsverkehrs ganz anders gestaltet; und aus solchen Verbindungen könnten Kinder entstehen, wie dies bei sexuellen Verbindungen immer der Fall ist, ob zwischen Tieren oder Menschen. Doch die traurige Realität ist, dass der Kampf um Menschenrechte heute weit darüber hinausgeht, was rechtens ist – oft massiv unterstützt von ausländischen Spendern, die diese abstoßenden Praktiken in unserem Land legalisieren wollen. Umso größer war unsere Erleichterung, dass das Oberste Gericht sich geweigert hat, Kenia in ein Homosexuellenparadies zu verwandeln.«

Zwei Tage nach dem Urteil treffe ich Diana in Nakuru, der viertgrößten Stadt Kenias. Sie ist zwanzig, studiert Recht an der Universität von Nakuru und ist als Gesprächspartnerin in ihrer Persönlichkeit auf meinen Reisen durch Afrika ein Unikum: Sie ist Feministin, glaubt nicht an Gott und möchte keine Kinder haben. Selbst unter ihren Altersgenossen sieht sie sich damit allein auf weiter Flur.

»Dieses Urteil ist so unendlich frustrierend«, sagt sie, ihr Gesicht voller Resignation. »Es war eine Jahrhundertchance. Aber so ticken wir eben nicht. Abtreibung und Homosexualität werden auch die nächsten fünfzig Jahre noch verboten bleiben. Afrika ist einfach zu konservativ.«

So konservativ wie Bischof Oginde, der die Argumente der Gegenseite durchaus kennt: »Immer wieder nimmt die LGBTQ-Gemeinschaft für sich in Anspruch, diskriminiert und stigmatisiert zu werden. Die Wahrheit ist: Sexuelle Beziehungen sind privat, solange sie nicht publik gemacht werden. Warum Homosexuelle darauf bestehen, sich als solche zu bekennen, ist logisch nicht zu erklären – es sei denn, man versteht die dahinterliegende Strategie, das Opfer zu spielen, um daraus Unterstützung zu gewinnen und die eigene Weltanschauung zu verbreiten.«

Im Flugzeug nach Nairobi spreche ich mit David über das Thema. Er wuchs in Nairobi auf, bekam ein Stipendium in den USA, studierte dort Ingenieurwissenschaften und arbeitet nun schon fünfzehn Jahre in der Ölindustrie von Houston. Er liebt die Stadt, sie sei ein Schmelztiegel der Kulturen, genau wie Nairobi. Er fliegt den langen Weg aus Texas, um an der Beerdigung seiner Großmutter in einem kleinen Dorf im Norden Kenias teilzunehmen.

David trägt eine gemusterte, schicke Brille, ist klein, korpulent und spricht so lebhaft, wie ich es aus Afrika kenne, vor allem über Politik. »Glaube mir, es gibt Abtreibungen, auch in Kenia. Nur redet niemand darüber. Denn dann bist du unten durch. Aber es existiert! Es passiert. Auch kenianische Frauen treiben ab. Das Verbot ist wirkungslos. Und dann die Homosexualität. Warum ist sie überhaupt verboten? In Kenia, in Uganda. Völlig überflüssig. Sollen die Leute doch machen, was sie wollen – solange sie es für sich behalten! Und niemand anders damit behelligen. In seinem Schlafzimmer kann doch jeder machen, was er will! Sie müssen es ja nicht überall rumerzählen!«

Man hört, er steht zwischen den Kulturen, zwischen den USA und seinem Herkunftskontinent. Bischof Oginde dagegen sieht Kenia in einem heroischen Abwehrkampf: »Es gibt Momente in der Geschichte, da stehen Nationen am Kreuzweg. Sie müssen sich entscheiden, ob sie den richtigen oder falschen Weg gehen. In diesen Momenten braucht es Menschen, die die Nation gegen das Böse, gegen die Kräfte der Zerstörung verteidigen. So war es, als unser Präsident Uhuru Kenyatta vor einigen Jahren Barack Obama empfing, der ihn öffentlich aufforderte, seine Haltung zur Homosexualität zu erläutern. Was für ein Dilemma für Kenyatta! Aber statt dem mächtigen Obama nach dem Mund zu reden, stand er für die Werte seines eigenen Volkes ein. Wenn man bedenkt, was auf dem Spiel stand, für Kenyatta und für uns, erkennt man, wie stolz wir sein können auf seinen Mut und seine Weisheit. In einem Land, in einem Kontinent, der auf Geber und Hilfe angewiesen ist, zeigte uns Kenyatta, dass Nachgeben gegenüber äußeren Mächten die schlechteste Ausrede ist, um seine eigenen Prinzipien zu verraten. Wenn man nun bedenkt, welch ungeheurer internationaler Druck auf unseren Richtern lastete, ein homosexuellenfreundliches Urteil zu fällen, erkennt man, wie viel Rückgrat sie damit bewiesen haben, die Strafbarkeit von Sodomie aufrechtzuerhalten. Sie haben uns gezeigt, dass es besser ist, für seine Überzeugungen zu kämpfen und zu sterben, als sich fremdem Willen zu beugen und sich selbst zu verraten.«

Pathetische Worte. Aber stimmen sie auch? Welche Überzeugungen hegt denn das von Oginde bemühte »Volk« in Kenia und Uganda zu gleichgeschlechtlichen Beziehungen? Das weiß ich natürlich nicht. Aber ich habe zumindest versucht, mir ein Bild zu machen.

Nancy Nansamba habe ich ausnahmsweise nicht über Couchsurfing kennengelernt, sondern über die Lebensgefährtin eines alten Freundes, die aus Khayelitsha stammt, einem Township bei Kapstadt. Nancy ist Mitte vierzig, alleinstehend, kinderlos, korpulent und eine Frau des Glaubens. Sie hat versprochen, mir Chormusik in Kampala zu zeigen, in Wirklichkeit fährt sie mich von einer Kirchenveranstaltung zur nächsten. Chormusik lerne ich keine kennen, dafür afrikanische Gottesdienste. Und hier, dieser Eindruck drängt sich mir auf, schlägt das Herz Afrikas. Während Nancy mich morgens in ihrem Wagen zum Gottesdienst der

God of Love anointed Church fährt, frage ich sie, wie sie zur Homosexualität stehe. Ihr bleibt beinahe das Herz stehen.

»Bist du schwul?«, fragt sie mich aufgebracht. »Bist du schwul? Sag mir ins Gesicht, dass du schwul bist, ich will es wissen! Bist du schwul?«

Ich bin so fassungslos, dass ich gar nicht antworten kann.

»Denn wenn du schwul bist, dann schnappe ich mir deinen Kopf und schlage ihn gegen die Wand. Ich schlage deinen Kopf gegen die Wand, verstehst du, ich zerschlage ihn an der Wand, wenn du schwul bist! Hast du verstanden?«

Ich mache mir Sorgen, dass der Wagen ihrer Kontrolle entgleitet, so erregt ist sie. Soll ich ihr erzählen, dass meine Schwester seit über dreißig Jahren lesbisch lebt?

Am Ende dieses Tages lerne ich doch noch einen Chor in Kampala kennen, dort sind aber nur weiße Engländer, und sie singen englische Chormusik des siebzehnten Jahrhunderts. Netterweise holen mich Cathy und Nathy, meine beiden nächsten CS-Gastgeber, nach der Probe ab; und Nancy bietet an, uns drei zum Haus der beiden zu fahren. Ich vermute, Nancy ist sehr stolz, dass sie ein Auto hat, außerdem möchte sie, dass ich ihr eine weitere Volltankung bezahle. Cathy und Nathy, zwei hübsche junge Frauen Anfang zwanzig, sitzen auf dem Rücksitz, ich vorne auf dem Beifahrersitz, Nancy fährt. Cathy und Nathy scherzen, giggeln, kichern, lachen, schäkern. Sie können sich gar nicht einkriegen.

»Heute Abend kochst du aber, du faule Socke«, sagt Nathy.

»Ich, wieso ich?«, sagt Cathy.

»Weil ich die letzten sieben Tage gekocht habe«, antwortet Nathy.

»Fuck you!«, lacht Cathy, »Du weißt, dass ich nicht kochen kann. Und nicht kochen mag. Fuck you! Fuck you!«

»Sag das nicht zu oft«, droht Nathy lachend. »Du weißt, wie gern ich das habe, wenn du das machst ... Ich kann gar nicht genug davon kriegen!«

Riesengelächter. Ich blicke Nancy neben mir an. Sie sagt nichts. Sie verzieht keine Miene.

Übrigens: Das oberste Gericht in Botswana hob im selben Jahr das Verbot von Homosexualität auf.

5.

PICASSO UND SANE WADU

Als Pablo Picasso in der Pariser Weltausstellung im Jahr 1900 afrikanische Masken, Textilien und Artefakte sieht, hält er sie für die »schönsten und machtvollsten Dinge, die die menschliche Einbildungskraft je ersonnen hat«. Für Picasso haben die afrikanischen Künstler etwas geleistet, woran europäische Künstler seit Jahrhunderten gescheitert waren: eine Kunst zu erschaffen, die Form und Funktion mit Sinn auflädt. »Afrikanische Künstler«, schreiben die Kuratoren der *Nairobi Art Gallery* stolz, »befreiten europäische Künstler vom jahrhundertealten Joch des Naturalismus. Afrikanische Kunst veränderte die Richtung westlicher Kunst für immer – hin zu Abstraktion und Kubismus, den Säulen moderner Kunst.«

Sane Wadu und seine Frau Eunice sind Kunstmaler – und Couchsurfing-Gastgeber in Naivasha. Wie lebt wohl ein Künstlerpaar auf jenem Kontinent, der Picasso zufolge die perfektesten aller Kunstwerke hervorgebracht hat? Auf keinen Host war ich so gespannt wie auf die Familie Wadu.

Naivasha liegt zwei Stunden nördlich von Nairobi und ist bekannt für seinen 1800 Meter hoch gelegenen Süßwassersee, an dem auch das einzige Weinanbaugebiet Kenias liegt, die *Rift Valley Winery*. »Der Ort Naivasha selbst«, so mein Reiseführer, »besitzt keine Sehenswürdigkeiten.« Vom Busbahnhof nehme ich ein Motorradtaxi für gerade mal fünfzig Shilling (vierzig Cent). Der Fahrer schnallt meinen Koffer mit einem Gummiband hinten auf sein Motorrad und telefoniert drei Mal mit Sanes Tochter Ruth, die ihm immer wieder erklären muss, wo wir das Anwesen der Wadus finden. Straßen, Straßennamen oder Hausnummern gibt es hier nicht; namenlose Sandpisten führen an gleichförmig eingemauerten Grundstücken vorbei, übersät mit Steinen, Sträuchern und Müll. Dazwischen grasen einheimische Ziegen.

Ruth erwartet mich und öffnet das Tor zum schmalen Innenhof, von dem links ein Eingang in den Wohnbereich führt: zwei große, dunkle Räume mit niedrigen Decken, schmutzigem Steinboden, vollgestellt mit Sofas, die wiederum mit Haufen von Kleidern und Krimskrams bedeckt sind. An den Wänden hängen abwechselnd Bilder von Sane und Eunice und zahllose große Plüschtiere, Hunde, Bären, Hasen, Schafe und Mäuse in Braun, Beige, Gelb und Weiß, sogar ein blauer Elefant – hat es Benjamin Blümchen bis nach Naivasha geschafft? Über allem hängt ein vermoderter Geruch.

Ruth erzählt mir stolz, dass sie die erste Boda-Fahrerin überhaupt in Naivasha war: Es gab sogar einen Zeitungsartikel über sie in *The Nation*. »Es hat mir Spaß gemacht«, sagt sie. »Tatsächlich habe ich es hauptsächlich aus Spaß gemacht. Die Geschwindigkeit – ich liebe es! Außerdem wollte ich den Leuten etwas beweisen. Alle denken, Bodafahren wäre ein harter Job, riskant und erschöpfend, und uns wird beigebracht, dass Frauen solche Jobs nicht können. Die Wahrheit ist: Dieser Job erfordert nicht viel körperliche Kraft. Eher Konzentration. Du musst mit deinen Gedanken immer auf der Fahrbahn sein. Und da hatte ich Probleme. Zweimal waren meine Gedanken woanders, zweimal hatte ich schwere Unfälle, zum Glück ohne Fahrgast. Daher habe ich den Job aufgegeben.«

Eine Zeitlang arbeitete sie dann in der AIDS-Beratung, aber das sei zu schlecht bezahlt.»AIDS ist auf der ganzen Welt ein Problem, nicht nur in Kenia«, sagt sie.»Aber manchmal hat die Verbreitung eben auch kulturelle Ursachen. Zum Beispiel bei den Luo. Da heiratet ein Mann immer die Witwe seines Bruders. Ist der Bruder aber schon an AIDS gestorben, bekommt der neue Ehemann den Virus von der Witwe und gibt ihn gleich an seine Frau weiter.« Aber solche Sitten seien schwer auszurotten.

Sam kommt herein. Er ist Mitte dreißig, trägt ein Käppi und hat eine leichte Behinderung, was man an seiner Art zu sprechen, zu gehen und zu lächeln merkt. Inwiefern er zur Familie gehört, wird mir nicht erklärt. Sam nötigt mich, Seite für Seite aus den Gästebüchern vorzulesen, in die sich seit 2011 (!) Hunderte von Couchsurfern eingetragen haben. Bulgarien. USA. Finnland. Georgien. Iran. Deutschland.»Aus Deutschland kamen die meisten«, berichtet Ruth.»Und alle sind sie immer länger geblieben, als sie eigentlich wollten!« Ein tauber Amerikaner blieb drei Monate. Für ihn habe sie extra Gebärdensprache gelernt. Dann gab es einen hünenhaften Mexikaner, dessen Essen absolut ungenießbar gewesen sei, so viel Pfeffer und Chili. Beim Essen der von ihm selbst gekochten Mahlzeiten habe er immer total geschwitzt und sich dann direkt auf den Boden neben dem Esstisch schlafen gelegt und laut geschnarcht. Der beste Gast sei ein veganer Pole gewesen, der seit Jahren mit dem Rad durch die Welt fährt. Im Moment ist er wohl in Georgien. Er habe sich nur für eine Nacht beworben, sei dann aber zwei Wochen geblieben.

Einziges Ärgernis: ein Chinese. Er habe nie gelächelt und nie kochen wollen. Einmal habe er zehn andere Chinesen aus der Stadt mitgebracht. Die habe sie dann alle bewirten sollen. Als sie sich weigerte, habe er sie beschimpft. Einmal habe er sich sogar bei der Polizei über sie beschwert, aber er konnte so schlecht Englisch, die hätten ihn gleich wieder weggeschickt. Einen ganzen Monat sei er geblieben. Chinesen, so ihre Schlussfolgerung, seien wahnsinnig unhöflich. Nie wieder würde sie einen Chinesen nehmen! Ach ja, und dann gab es die Russin mit der Pistole. Niemand wusste von der Pistole. Aber dann habe sie sich am See von jemandem bedroht gefühlt und die Pistole gezückt. Der Bedrohte ging zur Polizei, die tauchte dann bei ihnen auf. »Das hätte sie uns doch sagen müssen, dass sie eine Pistole hat!«, regt Ruth sich auf. Ich staune. Wenn das stimmt – wie um Gottes willen hat die Russin die Pistole durch die Flughafenkontrolle bekommen? Oder hat sie sie hier gekauft?

Dann kommt Elizabeth, die zweite Tochter, mit ihren Kindern Sammy (sieben) und Mary-Ann (fünf) vom Gottesdienst. Sammy freundet sich sofort wortlos mit mir an, strahlt, neckt mich, will von mir gekitzelt und gejagt werden. »Aber du hast ja das Atelier noch gar nicht gesehen!«, sagt Ruth, und führt mich über eine Außentreppe in den ersten Stock. Von einem großen Flur gehen vier Türen ab. *Fotografieren verboten* warnt ein Schild. Hier ist alles hell und weiß gestrichen, überall hängen Sanes Bilder. In einem kleinen, offen stehenden Nebenraum stapeln sich ungeordnet Zeichnungen, Drucke und Aquarelle von Sane und Eunice. Vom Hausherrn ist nichts zu sehen und zu hören. Ich steige eine weitere Treppe hoch in den zweiten Stock, der ganz von einem großen Atelier ausgefüllt wird. Auf einem riesigen Tisch liegen dreißig oder vierzig zu Stummeln heruntergemalte Buntstifte. Und alles hängt voller Wäsche. Heimlich knipse ich doch ein paar Bilder, ist ja niemand da. Dann steige ich leise die Treppen wieder hinunter. Plötzlich steht der große Sam mit seinem Käppi da und grinst.

»Du musst an diese Tür klopfen, dahinter ist er!«

Ich klopfe. Ich klopfe lauter. »Herein!«, höre ich schließlich. Ich stehe in einem großen, hellen Raum, der ebenfalls voller Bilder hängt. Auf einem Stuhl der Hausherr, Sane Wadu, fünfundsechzig. Mit seinem großen, grauen Bart, seiner Halbglatze, seinen funkelnden, dunkelbraunen Augen und seinem umfangreichen Bauch sieht er sehr würdevoll aus. Weniger würdevoll wirken sein braunes Sportshirt und wie er fast horizontal in seinem Sessel hängt und während des folgenden Gesprächs in dieser Lage verharrt. Weltweit gibt es nur wenige Sprichwörter, die nicht Fleiß, sondern Faulheit preisen. Eines davon stammt aus Südafrika und lautet: »Entspanne dich wie eine Banane.« An dieses Sprichwort muss ich jetzt denken, beim Anblick des im Sitzen liegenden Sane Wadu.

»Guck dich ruhig um«, murmelt er. »Für ein paar Euro kannst du dir hier ein Bild mitnehmen.«

Er scheint sich nicht sonderlich für mich zu interessieren. Aber ein Bild soll ich schon kaufen. Andererseits muss ich mir eingestehen, dass mir die Bilder gefallen, manche erinnern an Marc Chagall.

Ich zeige auf ein kleines Bild hoch oben an der Wand, das einen Jungen zeigt, dem seine barbusige Mutter eine große Kokosnuss in die Hand drückt, Öl auf Leinwand, mit dicken Pinselstrichen in kräftigen Farben gemalt, braun, grün, gelb, violett. Ich frage Sane, was es kosten würde.

»Dieses?« Er dreht sich ein ganz klein wenig um. »Was das kosten würde?« Irgendetwas an der Frage scheint ihn zu ärgern.

»Hast du eigentlich eine Ahnung davon, was meine Bilder kosten?« Ich schüttele den Kopf.

»Dann guck mal in den Katalog da«, er zeigt auf einen Katalog, der auf einem kleinen Beistelltisch liegt. »Das war eine Auktion mit ostafrikanischer Kunst letztes Jahr. 3000 Dollar!«

Ich blättere den Katalog durch, finde aber kein Bild von Sane Wadu.

»Weil es der falsche Katalog ist«, grummelt er. »Der von 2018.« Jetzt steht er doch auf, kramt einen anderen Katalog hervor, drückt ihn mir in die Hand. »Hier. 2019. Da sind Eunice und ich drin.« Tatsächlich. Sane ist mit einem Bild vertreten. Der Katalog schlägt einen Preis von 2800 bis 3200 Dollar vor. Ob er das Bild tatsächlich für diesen Preis verkauft hat, ob er es überhaupt verkauft hat, verrät Sane nicht.

»Siehst du – so viel sind meine Bilder wert!«

Er fläzt sich wieder auf seinen Stuhl. Warum nur hat er dann erst angeboten, ich könne mir für ein paar Euro irgendein Bild mitnehmen?

Sam kommt herein, das steife Bein im großen Kreis an sich vorbeischwingend. »Das ist ja nicht nur ein Atelier und eine Galerie hier«, erklärt Sane Wadu. »Nein, wir machen hier auch Kunsttherapie und Kunstunterricht. Jeden Samstag kommen die Kinder aus der Nachbarschaft und malen. Kostenlos.«

Ob die Eltern denn gar nichts beisteuern, frage ich, zumindest für die Farben. Da schaltet Sam sich ein: Wenn man Geld nehmen würde, würde ja niemand mehr kommen. Sane Wadu ärgert sich über die Erklärung und widerspricht. »Ganz falsch«, sagt er. »Nähmen wir Geld, würden wir viel damit verdienen. Sogar sehr viel! Wir würden reich werden damit! Aber dieses Geld wäre nutzlos. Nein, uns geht es um etwas anderes. Wir wollen etwas an die Gemeinschaft zurückgeben.«

Sam nickt und humpelt wieder nach unten.

Ich erzählte, dass ich gestern mit Tinna die *Art Safari* aus meinem Reiseführer machen wollte, aber die *Foundation Watatu* geschlossen vorfand. Zum ersten Mal werde ich für ihn ein klein wenig interessant, er spricht plötzlich lebhafter. Das sei eben das Problem, sagt er.

Die Menschen in Kenia hätten überhaupt keinen Sinn für Kunst. Es gebe viel zu wenig Sammler. Und gar keine Galerien. Überhaupt keinen Markt. Wie solle man davon leben?

Es sei schwer. Sehr schwer. Eine Künstlergruppe habe er gegründet in den Neunzigern, aber dann sei er berühmt geworden, die anderen wurden neidisch, da habe er die Gruppe wieder verlassen. Die *Foundation Watatu* habe sich leider auch erledigt. Ruth Schäffler, eine fantastische Frau, eine Deutsche, die habe die Galerie damals gegründet und internationale Sammler nach Kenia gebracht und ihn ausgestellt. Ihr zu Ehren habe er seine Tochter Ruth genannt. Aber dann sei erst Ruth Schäffler gestorben, dann ihr Mann, nun stritten sich die Kinder um das Erbe, dabei sei die Galerie zugrunde gegangen. Ghana und Nigeria, die hätten viel früher angefangen. Seien ja auch viel früher dekolonisiert worden. Ghana schon 1954. Aber hier in Kenia? »We make a lot of noise«, sagt er. »But nobody listens.«

Ich sage ihm, dass ich den Autorinnen des Reisebuchs eine Mail schreiben werde, in der ich ihnen erkläre, dass es die *Foundation Watatu* schon lange nicht mehr gibt. Dafür aber diese Galerie hier in Naivasha, der Stadt, die angeblich »keine Sehenswürdigkeiten« hat. Langsam kommt Leben in Sane. Ich schlage vor, dass wir ein Foto machen für meine Mail, und schieße mehrere Portraits von ihm, vor zwei verschiedenen Bilderwänden, schließlich oben im Atelier, neben dem sehr professionell produzierten Banner. Ernst und würdevoll posiert Sane Wadu neben dem Transparent mit der Aufschrift: *Sane Wadu Atelier. Ausstellungen. Weiterbildung. Kunsttherapie. Internationale Begegnungsstätte.* Ich fotografiere es so, dass man die vielen Wäscheleinen nicht sieht. Sane ist wichtig, dass man das Banner ganz lesen kann. Dabei gibt es hier weder Galeriebesucher noch Kunsttherapie noch internationale Begegnungen. Das war einmal der Traum gewesen.

»Und wenn du denen mailst«, schärft mir Sane ein, »vergiss nicht die Adresse anzugeben: *Off Kenyatta Avenue.*«

Also: In der Nähe der Kenyatta Avenue. Ich bezweifle, dass bei der Ortsbeschreibung ein Leser des Reiseführers hierher fände. Zumal draußen an der Mauer kein Schild darauf hinweist, was sich hinter dem Tor verbirgt.

Als ich ihm erzähle, dass ich elf Bücher veröffentlicht habe, wird er plötzlich hellwach. »Ich wollte selbst mal Schriftsteller werden, bevor ich anfing zu malen. Warte ...« Er holt einen verstaubten Laptop hervor, der noch aus den Neunzigerjahren stammen muss. »Da habe ich auch einen Roman geschrieben.« Er öffnet den Laptop und schaltet ihn ein. »Hier – *What is the secret?* So heißt er. Es geht um einen jungen, ehrgeizigen Künstler. Also genau genommen um mich. Aber weißt du, in Kenia ist es nahezu unmöglich, einen Verlag zu finden. Wenn man nicht schon berühmt ist. Deswegen habe ich das damals aufgegeben. Würdest du das für mich Korrektur lesen? Du bist doch Schriftsteller!« Hoffnung flackert in seinen Augen auf. Ich erkläre ihm, da sein Buch auf Englisch sei, stehe ihm der angloamerikanische Buchmarkt offen. Aber für den Zugang zu diesem Buchmarkt brauche man einen Literaturagenten.

»Interessant!« Sane wiegt seinen Kopf hin und her. »Und wie komme ich an diesen Agenten?«

Ich erkläre ihm, er brauche ein Exposee, das pointiert auf einer Seite zusammenfasse, was es mit dem Buch auf sich habe. Das würde ich auch Korrektur lesen. Und das müsse er dann an verschiedene Literaturagenten verschicken. Sane ist baff. Er hat nicht damit gerechnet, von dem zweihundertsten westlichen Couchsurfer einen brauchbaren Rat zu erhalten.

»Ich danke dir«, sagt er. »Wirklich. Durch dich habe ich etwas gelernt.« Er steht auf und überlegt. »Ich werde also als Nächstes nach Agenten recherchieren ... das ist es, was ich zu tun habe.« Nachdenklich schlendert er zu seinem Sessel zurück und nimmt wieder seine liegende Position ein.

Irgendetwas in seiner Stimme und Körperhaltung sagt mir, dass es niemals ein Exposee zu *What ist the secret?* geben wird und kein Agent je von dem Buch erfährt. Sane ist ein alter Mann mit grauem Bart, dessen Träume sich nicht erfüllt haben. Einer von Millionen enttäuschten Künstlern auf dieser Welt.

Ruth ruft mich zum Essen. Sie hat *Ugali* für uns alle gekocht, einen dicken, gelben Maisfladen mit Bohnen, ein typisches Kikuyu-Gericht. Dann frage ich, ob wir nicht alle zusammen auf dem *Lake Naivasha* eine Bootsfahrt machen wollen. Die Kinder sind begeistert, Elizabeth auch. Also, Boot fahren werde sie auf keinen Fall, sagt Ruth. Aber sie würde uns in ihrem Auto an den See fahren. Als unsere Chauffeurin. Wie ein Taxi. Ob ich denn bereit sei, wenigstens die Kosten für das Taxi zu tragen. Den Sprit. Natürlich bin ich dazu bereit. Ich bin der weiße Gast, in ihren Augen ein Millionär. Ich zahle die Volltankung für 1200 Shilling.

Dann fahren wir los: Vorn sitzen Ruth und ich, auf der Rückbank quetschen sich sechs Leute: Sam mit dem Käppi, die sehr hübsche und schlanke Lucy, von der ich nicht weiß, mit wem sie eigentlich verwandt ist, Elizabeth mit Sammy und Mary-Ann, und der kleine, quakige Joe, fünfzehn Monate alt. Auch bei ihm weiß ich nicht, wessen Baby er ist. Wir liefern Sam an einer Bar ab und fahren dann zum See, wo Ruth in ihrer ruppigen Art den Bootsmann von 2000 auf 1500 Shilling runterhandelt für eine halbe Stunde Bootsfahrt. Lucy kann nicht mitkommen, sie muss im Auto bleiben, um auf den gerade eingeschlafenen Joe aufzupassen. Wir Übrigen bekommen rosa Schwimmwesten und klettern auf das schmale, lange Motorboot in Form eines Kanus.

Ein Gefühl von Glück und Freiheit durchflutet mich, als wir losfahren. Der See von Naivasha. Was für eine Idylle. Wir sehen verwunschene Lodges, die über 300 Dollar die Nacht kosten, wir sehen Störche, Flamingos, eine Horde Hippos im Wasser, Gazellen und eine Giraffe. Unendlich viele Vögel. Meist zu weit weg zum Fotografieren. Sammy hat sich auf meinen Schoß gekuschelt, Mary-Ann und er wollen gekitzelt und mit Wasser bespritzt werden, Sammys Lachen ist unwiderstehlich. Der Fährmann nimmt es nicht so genau, er fährt uns eine Stunde lang um den See. Wieder angekommen, laufe ich um eine Schlammpfütze herum, um einen Riesenvogel zu fotografieren. Mary-Ann sieht mich, will zu mir laufen, nimmt aber den direkten Weg durch die Schlammpfütze und bleibt mit Schuhen und Füßen im Schlamm stecken, kommt weder vorwärts noch rückwärts. Schockiert fängt sie an zu weinen und zu schreien. Ruth zieht ihre Schuhe aus und watet zu ihr, zieht erst Mary-Ann aus dem Schlamm, dann ihre kleinen rosa Schuhe. Sammy beobachtet das Ganze und lacht sich kaputt. Er ist einfach nur glücklich an diesem Nachmittag.

Auf dem Rückweg halten wir an Sams Bar. Elizabeth ruft ihn mehrfach an, er kommt nicht heraus. Ich steige aus, um ihn zu holen. Die Bar ist ein mittelgroßer, sehr dunkler Raum.

In der Ecke sieht man ein Paar knutschen, am Eingang sitzt eine knapp bekleidete Frau, die mich hektisch heranwinkt, kaum hat sie mich entdeckt, als habe sie auf mich gewartet – eine Prostituierte? Ich taumele rückwärts wieder raus, aber weil Sam immer noch nicht kommt, gehe ich noch mal rein. Wieder kann ich Sam nicht entdecken, es ist viel zu dunkel, man erkennt die Gäste nur schemenhaft. Wieder winkt die Frau, diesmal folgt sie mir, als ich wieder rausgehe, und fragt, was los ist. Ich sage, dass ich Sam suche. Und da kommt er auch schon angewankt. Besoffen. Er muss die ganze Zeit getrunken haben, will aber noch nicht weg. Es sei ja noch viel zu früh. Er geht Pommes frites an einer Holzbude holen. Zwanzig Shilling kosten sie pro Tüte. Ich kaufe mir auch eine Tüte. Sie sind lauwarm, fade und labbrig. Ich schenke meine Tüte Lucy, die sich wahnsinnig darüber freut. Dann fahren wir ohne Sam nach Hause. Ich fürchte mich davor, den gesamten restlichen Abend in dem dunklen, niedrigen, schlecht riechenden Wohnzimmer zu verbringen, und schlage Lucy vor, noch ein bisschen spazieren zu gehen. Mary-Ann und Sammy springen hinterher, ich kaufe ihnen an einem dunklen, vergitterten Kiosk an der Hauptstraße zwei Lollipops. Wieder zurück ist der Innenhof plötzlich voller Ziegen, und Lucy zeigt mir die Ställe hinterm Haus für die Ziegen und die Hühner und den Kräutergarten neben dem Atelier. Sie studiert *Human Resources Management* in Naivasha und fragt mich, wie es mit dem Studieren in Deutschland sei. Auch wenn das noch so unglaublich klinge, sage ich, in Deutschland sei Studieren kostenlos.

»Wow!« Sie ist begeistert.

Und dann lerne ich endlich Eunice kennen, die Frau von

Sane, eine würdevolle alte Dame in einem feinen Kleid. Sie bittet mich, sie zu einem Einkauf zu begleiten.

Wir wandern im Dunkeln zum Ende der Sandpiste, wo sich in einem Haus ein Kiosk verbirgt hinter einem vergitterten Fenster mit einem Loch zum Durchreichen. Um mit der Verkäuferin sprechen zu können, muss Eunice sich auf einen großen Stein stellen. Sie lässt sich Brot, Tomaten, Zwiebeln und Kartoffeln geben, ich zahle 400 Shilling. In Hamburg habe ich meine Couchsurfing-Gäste zu allem eingeladen; hier lade ich meine Couchsurfing-Hosts zu allem ein. Ich denke gar nicht darüber nach. Als Straßenbeleuchtung fungiert das Mondlicht. Auch Eunice beklagt sich, dass in Afrika niemand Sinn für Kunst habe, sie gelte als nutzlos. Eunice berät in ihrer Kirche junge Mädchen, die missbraucht und vergewaltigt wurden. Und engagiert sich gegen Teenagerschwangerschaften.

»Also, Sie bringen den Mädchen bei, wie man verhütet?«, frage ich. Nein, Verhütung sei keine Lösung. Sie sei gegen Verhütung. Die jungen Mädchen sollten lernen, mit dem Sex zu warten, bis sie verheiratet seien. Das sei die Lösung. Auch wenn es leider oft nicht funktioniere. Zumal die Mädchen ja oft missbraucht würden. Ich lobe sie dafür, wie wichtig ihr Job sei.

»Das ist kein Job!«, ärgert sie sich. »Das ist ehrenamtlich, damit verdiene ich keinen Cent!«

Zu Hause zeigt sie mir auf dem Computer Bilder von ihrer Frauenorganisation: Frauen in blauen Kleidern, sie nennen sich auch die *Blue Ladies*, außerdem Bilder einer Zeremonie, bei der Sane und sie in einem großen Zelt ein Ritual abhalten. Worum es geht, erfahre ich nicht, aber es ist sehr viel Familie da, alle sind feierlich angezogen, und danach gibt es sehr viel Hühnchen mit Reis.

Sane kommentiert: »You see? We have a lot of respect for each other.« Er liegt waagerecht auf seinem Sessel im Wohnzimmer. Im Hintergrund läuft laut eine Nachrichtensendung auf Swahili im Fernsehen. Auf den Bildern der Zeremonie ist zwischendurch ein junger, dürrer, unbeholfener Weißer zu sehen, der filmt. Das ist Christoph, der Couchsurfer, der zwei Jahre blieb und eine Frau von hier heiratete. Ich wandere hin und her zwischen Lucy und Elizabeth, die in der Küche kochen und denen ich Hilfe anbiete, Eunice am Computer und Sane in seinem Sessel.

»Was ist mit dir los?«, fragt Sane mich irritiert. »Du wirkst so unentspannt!«

Zum Abendessen taucht der betrunkene Sam wieder auf. Während des Essens behält er sein Käppi auf und tippt unentwegt Nachrichten in sein Handy. Es gibt *Mukimo,* ein weiteres typisches Kikuyu-Gericht aus Erbsen, Kichererbsen, Kürbisblättern, Bohnen, Kartoffeln und Mais, dazu Spinat. Danach machen Elizabeth und Lucy den Abwasch. Der Fernseher beschallt ununterbrochen die Szenerie. Niemand unterhält sich, nicht anders als in Joys Familie.

Um neun gehe ich auf mein Zimmer, schreibe Tagebuch und versuche zu schlafen. Das Zimmer ist klein, kahl und fensterlos, mit dem Bett ist es schon ausgefüllt. Es gibt wieder kein Moskitonetz, aber Moskitos, die Luft ist stickig, es riecht schlecht, es ist genau wie bei Joy. Nachts wache ich auf, weil ich keine Luft mehr kriege. Je später die Nacht, umso düsterer meine Gedanken. Ich überlege, die Tour abzubrechen, weil ich weder das brütig heiße Klima noch die hygienischen Umstände bei meinen Gastgebern ertrage. Fehlt mir das nötige Heldentum? Ich hatte meine Toleranz immer für grenzenlos gehalten. Immerhin hat die Toilette eine Wasserspülung.

Am nächsten Morgen hat Eunice *Mandazi* für uns vorbereitet, frittierte Weizenmehlkrapfen, die nach Zimt schmecken. Sammy trägt eine Schuluniform: rosa Hemd, hellbrauner Pullover, kurze hellbeige Hosen, schwarze Schuhe. Er strahlt mich an und will gekitzelt werden. Ich begleite ihn und Elizabeth zu seiner Schule, die nur drei Straßen entfernt liegt, die *AIMS Nursery School*. Sammys zwanzig Klassenkameraden sind ganz aufgeregt, als sie mich sehen »Muzungu! Muzungu!«, rufen sie. An den Wänden hängen große Tafeln mit dem Alphabet auf Swahili und Englisch. Im Innenhof gibt es große Bilder zum Vokabellernen: wilde Tiere, Haustiere, Früchte, Farben, Formen.

Auf dem Nachhauseweg verrät mir Elizabeth, dass Sammy nicht der Sohn von Sam ist. Der leibliche Vater habe sie immer verprügelt, irgendwann ist er verschwunden, sie weiß nicht, wo er lebt. Den Kontakt zu Sammy hat er abgebrochen und zahlt auch nichts. Vor einem halben Jahr hat sie dann Sam kennengelernt. Sie ist so froh und glücklich darüber. Er könne nicht arbeiten und sei »differently abled«, aber er behandele sie so gut. Jeden Tag bete sie, dass Gott ihr ein Kind mit Sam schenkt.

Zum Abschied beklagt sich Sane Wadu über die kenianischen Politiker. Das seien alles Verbrecher. In der Kolonialzeit hätten die Weißen den Schwarzen das Land weggenommen. Nachdem die Kenianer die Engländer vertrieben hatten, 1963, erwarteten natürlich alle, ihr Land wiederzubekommen. Stattdessen habe Präsident Kenyatta den Löwenanteil des Landes an sich, seine eigene Familie und seine engsten Freunde verteilt. Und daran habe sich bis heute nichts geändert. Bis heute gehöre den Kenyattas das halbe Land.

Bevor Ruth mich abholt, um mich zum Busbahnhof zu bringen, zeigt Elizabeth mir noch stolz die Felder, die sie links und rechts neben dem Haus bepflanzt hat: Kartoffeln, Spinat, Bohnen, Kohl, Salat, Kräuter. Und ich frage mich, wovon die Familie Wadu lebt. Sane und Euncie verkaufen kaum Bilder, der Kunstunterricht kostet nichts, für die Kirche arbeitet Eunice ehrenamtlich, Sam verdient nichts, und die Couchsurfer zahlen auch keine Miete. Sind es diese Kartoffeln und Kohlköpfe? Und die Hühner und Ziegen im Innenhof?

6.

DER PREIS DES BRAUTPREISES

In der Rubrik *Leser fragen, Harry antwortet*, erscheint im *Sunday Standard* am 26.05.2019 folgende Anfrage:

»Lieber Harry, ich habe lange nachgedacht, ehe ich mich entschied, über mein Dilemma zu berichten, das mein Ansehen wohl für immer eintrüben wird. Als Mann der Kirche habe ich mich in ein Verhältnis mit einem Schaf meiner Herde locken lassen, einer ehrenwerten Ehefrau, deren Gatte im Ausland arbeitet. Kürzlich berichtete sie mir vom Ausbleiben ihrer Periode, und meine Befürchtungen bestätigten sich nun in drei Schwangerschaftstests. Meine Sorge gilt nun sowohl meinem Ansehen als auch der Tatsache, dass ich als steter Abtreibungsgegner ihr kaum eine Abtreibung nahelegen kann. Vermutlich habe ich auch ihre Ehe ruiniert, da ihr Mann nun 14 Monate im Ausland weilt und daher sicher sein kann, dass ihre Schwangerschaft auf einen Ehebruch zurückgeht. Was kann ich tun? Ich möchte auf keinen Fall, dass dieser Vorfall mein Ansehen für immer ruiniert!

Anonymus, Nairobi«

Wie sagte Woody Allen? *Die Ehe löst alle Probleme, die man ohne sie nicht hätte.* Das Verhältnis der Geschlechter ist südlich der Sahara nicht weniger verzwickt als überall sonst auf der Welt. Nur eben auf etwas andere Art und Weise. Wer nachts einen Club in Nairobi, Kampala oder Daressalam besucht, könnte zur Auffassung gelangen, in Afrika herrsche freier Sex und ein libertäres Jeder-mit-jedem. Nichts könnte weiter von der Realität entfernt sein. Tatsächlich ist das Verhältnis der Geschlechter in afrikanischen Gesellschaften streng reguliert, von Gesetz, Religion und Tradition, und diese Regeln geben ständig Anlass zu Diskussionen.

Es beginnt mit dem Straftatbestand »Defilement«: Wer mit einer Siebzehnjährigen schläft, kann in Uganda, Kenia oder Tansania dafür viele Jahre ins Gefängnis wandern, selbst wenn der Sex freiwillig war, vom Mädchen ausging und der Junge selbst erst siebzehn war.

»Es ist so unglaublich unfair«, erregt sich Nyanzi, der meinen Sohn Jakob und mich im August 2018 in Kampala beherbergt. »Wenn du als Siebzehnjähriger mit einer Siebzehnjährigen schläfst, gehst du in den Knast. Wenn du als Achtzehnjähriger mit einer Achtzehnjährigen schläfst, gehst du auch in den Knast – wenn sie erst vor einem Monat achtzehn geworden ist oder noch zur Schule geht. Selbst wenn du als Neunzehnjähriger mit einer Neunzehnjährigen schläfst, kannst du in den Knast gehen – wenn nämlich die Mutter plötzlich behauptet, in Wirklichkeit sei ihre Tochter erst siebzehn. Oder jünger. Es gibt kein vernünftiges Meldewesen bei uns. Und wer wüsste besser, wann ein Mädchen geboren wurde, als ihre Mutter?«

Nyanzi ist einundzwanzig, hat kurzgeschorene schwarze Locken, braune Knopfaugen und möchte Fußballspieler werden. Auf Youtube gibt es ein Video, in dem ein schwarzer Sportprofi aus den USA ihn eine Stunde lang interviewt. Leider hatte Nyanzi vor Kurzem einen schweren Verkehrsunfall mit einem Boda, dessen Bremsen defekt waren. Das Boda knallte auf einen Wagen, Nyanzi wurde auf die Straße geschleudert und brach sich die Beine, der Boda-Fahrer flüchtete. Zusammen mit seinem Freund Kenny wohnt Nyanzi in einer Ein-Zimmer-Wohnung in einem Slum-Vorort von Kampala. »Wobei«, fährt er fort, »meistens wollen sie einen ja nur erpressen. Erst die Eltern, dann die Polizei. Oder beide. Es geht ihnen nicht um die Unschuld ihrer Tochter, sondern um dein Geld!«

Tinna bestätigt das Problem. »*Defilement* ist ja strafbar, auch wenn alles freiwillig ist. Das nutzen viele Eltern aus. Sie drängen ihre Tochter, einen Mann mit süßen Textnachrichten zu ihr nach Haus und in ihr Bett zu locken. Sobald der Sex im Gange ist, kommen die Eltern ins Zimmer, schlagen Alarm, drohen, die Polizei einzuschalten, und verlangen Geld. Eine übliche Masche.« 2018 hat das kenianische Parlament darüber debattiert, das *age of consent* von achtzehn auf sechzehn zu senken, aber die Mehrheit lehnte ab. So früh sollten Mädchen keinen Sex haben. »Aber natürlich haben sie trotzdem Sex!«, sagt Tinna und strahlt. »Ich meine – sie sind siebzehn!«

Die ganze Ordnung der Geschlechter, wie ich sie auf meinen Reisen durch Afrika kennengelernt habe, erinnert mich an eine andere Zeit – Beziehungen, die öffentlich und offen, aber dennoch formlos und ohne rechtliche Verpflichtungen mit einem Mädchen oder einer Frau geführt werden, bin ich nicht begegnet. Auch wenn das nicht für den ganzen Kontinent gelten muss.

Evelyn ist sechsunddreißig, Mutter von drei Kindern im Teenageralter, Kosmetikerin und hat über Couchsurfing viele Frauen aus dem Westen kennengelernt. »Und soll ich dir was sagen?«, fragt sie mich, als wir uns im Java House in Nairobi treffen. »Sie sind alle unglücklich!« Sie genießt das Hühnchen mit Reis, zu dem ich sie eingeladen habe. »Die erzählen immer: Gerade hat mein Freund mich verlassen ... aber ich date schon jemand anderen ... aber der ist noch in einer Beziehung ... aber dafür habe ich noch jemand anderen in Aussicht ... Das ist doch alles furchtbar. In Afrika hat man keinen Freund. Man hat einen Mann. Den heiratet man. Und bekommt Kinder mit ihm. Was daran ist so schwer zu verstehen? Weiß du, was ich denke?« Sie trinkt etwas von ihrem Passionsfruchtsaft mit Eis. »Dieser freie Lebensstil – Party, Reisen, Abenteuer, wechselnde Freunde – das macht süchtig. Dann kann man sich immer schlechter vorstellen, zu heiraten und eine Familie zu gründen. Aber als Erwachsener braucht man vor allem eins: Verantwortungsbewusstsein. Für die Kinder, den Mann, die Familie. Das ist es, was Erfüllung bringt. Spaß, Abenteuer, Vergnügen – das ist auf Dauer alles leer und hohl. Ohne Mann und Kinder ist man auf Dauer unglücklich!«

Vor der Heirat, die Evelyn so preist, stehen allerdings Hürden, über die fast alle Männer, denen ich in Afrika begegnet bin, klagen.

»Also erst mal muss man den Eltern der Braut jede Menge Geschenke bringen«, erklärt Nyanzi. »Das nennt sich *Introduction.* Da musst du auf einem großen Wagen im Dorf vom Haus deiner Eltern zum Haus der Brauteltern fahren, und auf dem Wagen sind die Geschenke: Mindestens zwei Kühe und zwei Ziegen, dazu große Mengen an Öl, Bier, Zucker, Süßigkeiten, aber auch elektronische Geräte wie ein Fernseher. Die Idee ist, dass du den Eltern alles zurückgibst, was das Mädchen in ihrer Kindheit verzehrt hat. Dann musst du das ganze Dorf zu einer großen Feier einladen, bis zu achthundert Leute. Und ein paar Monate später kommt die eigentliche Hochzeitsfeier, das wird noch mal richtig teuer!«

Natürlich variiere der Brautpreis nach Region. In Kampala seien es nur zwei Kühe und Ziegen. In viehreichen Regionen könnten es locker zehn Kühe sein.

»Natürlich musst du den Brautpreis zahlen«, verteidigt Evelyn diese Tradition. »Denn in Afrika ist es ganz klar: Als Frau dienst du deinem Mann. Du arbeitest für ihn. Und das muss der Mann natürlich irgendwie anerkennen, vergüten. Daher muss er dem Vater nicht nur Kühe und Ziegen und Geschenke bringen, sondern auch Geld in einem Umschlag. Der Vater prüft dann das Geld. Und sagt dann, dass es nicht genug ist.« Der zukünftige Ehemann muss dann noch ein paarmal kommen und immer wieder Geld in einem Umschlag bringen. Die meisten Männer zahlten am Ende aber nie so viel, wie der Vater verlange. Es gebe immer noch einen Rest.

Alles in allem summieren sich die Kosten für den Mann in Uganda auf mindestens dreißig Millionen ugandische Schilling. Das sind 7500 Euro. Dabei muss man aber bedenken, dass ein Ugander im Jahr im Schnitt nur um die 490 Euro verdient. Der Brautpreis beträgt also das Vielfache eines Jahresverdienstes. Nur um eine Ahnung von der Dimension zu bekommen: In Deutschland wären das viele Hunderttausend Euro.

»Das ist natürlich ungeheuer viel Geld«, erklärt mir James, ein Uber-Fahrer in Nairobi. »Deshalb schickst du eine ganze Delegation los, acht, neun Männer aus deiner Verwandtschaft verhandeln für dich mit der Sippe des Mädchens. Du selbst darfst während der Verhandlungen nichts sagen, dein Vater normalerweise auch nicht. Die Großväter und Onkel reden für dich. Und weißt du, was ich hasse? Ich war ja auch schon öfter dabei. Dann betonen die Eltern der Braut immer, wie viel Geld sie in die Ausbildung ihrer Tochter gesteckt hätten, Schule und Studium. Hallo? Haben sie das alles nur bezahlt, um das Geld nachher dem Bräutigam abzuknöpfen? Haben sie es gar nicht für ihre eigene Tochter getan? Aber«, endet er versöhnlich und etwas stolz, »das Gute bei den Kikuyu ist: Bei uns kann man das Geld in Raten zahlen!«

Bekanntlich ist es in vielen Gebieten Indiens umgekehrt: Dort muss die Familie der Braut die *Dowery* an die Familie des Bräutigams zahlen. Der Gedanke dahinter: Der Mann muss für alle Zukunft für die Ehefrau aufkommen, die Dowery ersetzt ihm diese Kosten – zumindest teilweise. Übrigens ist die Dowery inzwischen in Indien verboten (obwohl sie sehr oft noch bezahlt wird). In den afrikanischen Ländern, in denen der Mann zahlt, gilt die Pflicht unvermindert. »Und ist das nicht furchtbar?«, ärgert sich Diana, mein Host in Nakuru, die feministische Jurastudentin. »Das heißt doch nichts anderes, als dass der Mann sich die Frau kauft. Wie eine Sklavin!«

Die Männer sind über diesen »Kauf« allerdings alles andere als glücklich. Vor allem über den Preis. »Wer kann sich so was leisten?«, fragt Kenny, Nyanzis Freund, ein Modedesigner. Designt hat er schon viel, verkauft erst sehr wenig. Daher hat er auch noch keinen Heiratsantrag gemacht, obwohl er schon seit Jahren mit seiner Freundin zusammen ist. Ist sie das also doch – die »Beziehung«? Nein, denn irgendwann, das weiß auch Kenny, muss er sie heiraten und den Brautpreis zahlen. Und solange muss die Sache geheim bleiben. Und er muss unter allen Umständen vermeiden, jemanden aus ihrer Familie kennenzulernen. Sobald er ihren Vater oder einen ihrer Brüder treffen würde, müsste er um ihre Hand anhalten.

Racheal ist meine Gastgeberin in Mbale – eine füllige Frau von achtundzwanzig Jahren. Als Racheal schwanger wurde, einigte sich ihr Freund Moses mit ihren Eltern darauf, dass er die Hälfte des Brautpreises sofort zahlen würde und die andere Hälfte, wenn er sie zusammengespart hätte. Seitdem haben Moses und sie auf diese zweite Hälfte gespart. Nun sind zehn Jahre vergangen, aber sie haben das Geld immer noch nicht zusammen. Racheal betreibt einen Kleiderladen und eine NGO in Mbale, Moses hat zwei Tonstudios, eines hier, eines in Kampala. Mit dem Tonstudio in Mbale hatten sie unglaubliches Pech: Um das Gebäude, in dem es untergebracht war, stritten sich die Erben des verstorbenen Besitzers. Ein Erbe hat sie dann plötzlich rausgeworfen und vorher das Studioequipment weggenommen und verkauft. Sie mussten einen neuen Raum mieten und wieder bei null anfangen. Die Kinder der beiden bekommen wir nicht zu Gesicht, sie leben bei der Großmutter. Moses ist ein paar Jahre jünger als Racheal, kein Gramm zu viel, lässig und cool, und wie alle Popmusiker hofft er, irgendwann groß rauszukommen. Eine Reihe von Musikvideos hat er schon produziert unter dem Künstlernamen San Cee. Ein besonders aufwendig produziertes Video hat den Refrain: »If you got no money you not touch it / If you got no money you not test it.« Junge Männer stopfen in dem Video sexy jungen Frauen Geldscheinbündel in den tiefen Ausschnitt, dafür kreisen diese verheißungsvoll mit ihren Hüften. Aber die Videos werden nirgendwo gespielt. *If you got no money* hat bislang nur siebzig Likes auf Youtube.

Spontan nehmen Moses, Racheal, mein Sohn Jakob und ich in ihrem Studio ein Lied auf: *Welcome to Africa*. Moses hat ein Pattern vorbereitet, wir improvisieren Text und Gesang. Später rappt Moses noch dazu. In den Monaten danach schreiben Racheal und Moses mich immer wieder an, wann wir nach Uganda zurückkämen, um das Musikvideo zu dem Song zu drehen. Wir könnten zum Filmen eine Drohne mieten, schlägt Moses vor. Und wer weiß, mit uns Muzungus würde der Clip vielleicht sogar im Fernsehen gespielt werden? Die Erwartungen fliegen hoch. Es ist schmerzhaft, so viele unerfüllbare Hoffnungen auszulösen, wo auch immer man hinkommt als Muzungu.

Ein paar Monate später will Racheal nach Dubai auswandern, um dort endlich das nötige Geld zu verdienen. Aber dann bleibt sie doch in Mbale. Ob die beiden jemals die zweite Hälfte des Brautpreises an Racheals Eltern werden zahlen können? Ich weiß es nicht. Aber ich weiß: Die laute, impulsive, lebenslustige Racheal und der leise, zurückhaltende, spindeldürre, nachdenkliche Moses sind ein tolles Paar. Ich schaue ihnen gern zu. Ich sehe Liebe, Respekt, Freundschaft. Was auch passiert, sie werden es zusammen durchstehen.

So dachte ich, als ich wegfuhr nach unserem Besuch. Ein paar Monate später meldet sich Racheal bei mir. Moses hat sie betrogen und verlassen, jetzt hat er eine jüngere Freundin in Kampala, sie muss allein für die Kinder hier in Mbale aufkommen. Wie enttäuschend. Und was wird nun eigentlich aus der Hälfte des Brautpreises?

7.
»MÖCHTEST DU EINE FRAU?
ODER ZWEI?«

Uganda ist ein kleines, grünes Binnenland im Herzen Ostafrikas, das hauptsächlich für einen Mann weltberühmt ist: Idi Amin, der grausame und skurrile Diktator, der von 1971 bis 1979 an der Macht war. Winston Churchill hat Uganda 1907 bereist und in seinem Buch *African Journey* als »Perle Afrikas« bezeichnet, was einem jeder Ugander spätestens zwei Minuten nach dem Kennenlernen berichten wird. Und ja, Uganda ist unglaublich grün, hier wächst alles mühelos: Ananas, Guaven, Kokosnüsse, Kakao, Tee, Kaffee. Die Hauptstadt Kampala liegt auf sieben Hügeln in der Nähe des Victoriasees und dehnt sich unabsehbar ins Umland aus. Die Schätzungen der Einwohnerzahl schwanken zwischen 1,2 und zwölf Millionen. Berühmt ist Kampala für die Makerere-University, eine der drei besten Universitäten des Kontinents, die auf einem der sieben Hügel liegt, ein großer, weitläufiger, von den Briten erbauter Campus. Auf einem weiteren Hügel residiert der König von Luganda, dem Tribe, der in dieser Gegend zu Hause ist; auf einem weiteren Hügel Yoweri Museveni, der seit 1986 das Land regiert, nachdem er mit seiner von ihm so benannten »Busch-Armee« seinen Vorgänger Milton Obote aus dem Amt gejagt hat. Vor den Wahlen 2017 ließ er verlauten, er sei mit einem Gewehr in den Präsidentenpalast gekommen, er werde diesen sicher nicht aufgrund eines Stück Papiers wieder verlassen. Gern bezeichnet er sich selbst als den »alten Mann mit dem Hut«. Der alte Mann mit dem Hut lässt bis heute Oppositionelle und Journalisten verhaften, foltern und umbringen. Wieso der Westen diesen Mann seit 1986 nahezu vorbehaltlos unterstützt, ist mir ein Rätsel.

Meine erste Gastgeberin in Kampala ist Bobby Prosper, eine siebenundzwanzigjährige, elegante Geschäftsfrau, die fließend Deutsch, Russisch und Englisch spricht, mit dreißig begeisterten Referenzen. Aber ich lerne Bobby nicht kennen, sie ist in England, als ich ankomme. Hinter dem großen Eisentor empfangen mich stattdessen ihre Mutter Jane, eine fröhliche, ausladende Frau Ende vierzig, ihr lebhafter, fünfjähriger Enkel Nokia und Geoffrey, ein bulliger, großer Mann Mitte dreißig. Er ist der Freund von Jane, was ich daraus entnehme, dass er nackt aus ihrer Dusche kommt und in ihrem Schlafzimmer geschlafen hat. Geoffrey zeigt mir mein Zimmer. Ich habe ein ganzes Nebengebäude für mich, das mit einem uralten Schloss mehrfach verriegelt ist. Als Bett fungiert eine abgewetzte Matratze auf dem Boden, überall liegen Müll und gebrauchte Wäsche, mitten im Zimmer steht eine Toilette, deren Spülkasten zerbrochen ist und deren Spülung nicht funktioniert. »Macht nichts«, beruhigt mich Geoffrey, »kannst du trotzdem benutzen!«

Inmitten dieses Chaos' stehen auf einem flachen Bord

zwei schwarze, glänzende, frischgeputzte Lederschuhe. An Kleidung, Schuhen und Frisur spart man hier nicht. Wie oft bin ich mir bei meiner ersten Reise durch Äthiopien, Uganda, Südafrika und Ghana *underdressed* vorgekommen. Da wusste ich noch nicht, dass kurze Hosen, Sandalen und kurzärmelige T-Shirts hier im Prinzip als Kinderkleidung gelten. In der größten Hitze begegneten mir Männer in schwarzen Anzügen und Frauen in langen Kleidern.

Geoffrey wird mich den Tag über begleiten. In einem *Matatu* fahren wir in die Innenstadt. Unser Matatu ist besonders alt, nach wenigen Minuten Fahrt knallt es mehrfach im Motor, dann bleibt es stehen. Wir warten ein paar Minuten, der Fahrer telefoniert, ein anderes Matatu kommt und übernimmt uns. Dieses hier bleibt einfach am Straßenrand stehen. Kaputte Autos und Matatus am Straßenrand gehören zum Stadtbild in Subsahara-Afrika.

Wir gelangen an eine belebte Kreuzung, wo wir eine Weile an einer roten Ampel halten müssen. Es ist sehr heiß, die Fenster sind geöffnet. Ein Mann im Anzug predigt auf der Kreuzung. »Ihr werdet alle sterben! Alle werdet ihr sterben, es gibt kein Entkommen!« Dann entdeckt er mich. »Seht ihr den Weißen hier, den Muzungu? Auch er muss sterben! Ja, auch du, Muzungu! Du glaubst, du bist fein, du bist etwas Besseres ... Nein! Auch DU MUSST STERBEN!«
Endlich schaltet die Ampel auf Grün.

Geoffrey besucht mit mir den Nakasero-Markt, dem ich später ein Stück in meiner Suite *The Pearl of Africa* widme. Es ist ein unfassbar wuseliger, riesiger Markt. Geoffrey führt mich in ein Gebäude, das voller Textilgeschäfte ist, in denen Geoffreys Freunde und Verwandte arbeiten. Anscheinend ist halb Kampala mit Geoffrey verwandt. Und Geoffrey muss nun jedem zeigen, dass er einen Muzungu kennt. Alle wollen ein Foto mit mir machen, und Geoffrey schlägt immer wieder vor, ich solle diese oder jene Frau heiraten.

Ich möchte zum *National Theater*, wo am selben Abend eine englischsprachige Comedy-Show läuft. Ich kaufe eine Karte und lade Geoffrey zum Essen in ein Restaurant im Innenhof des Theaters ein, das traditionelle ugandische Küche serviert. Geoffrey bestellt sich eine riesige Portion und isst überglücklich. Ich bekomme das ugandische Nationalgericht, Bananenbrei, braune Bohnen und Kürbis. Für meinen Geschmack ist es relativ fade und ungewürzt. Dann schlendern wir durch die Straßen, und Geoffrey will mir seine Kirche zeigen. Ich wiegele ab, weil ich noch zum Nationalmuseum will, aber Geoffrey wiederholt hartnäckig seinen Vorschlag. Als ich zum dritten Mal höflich ablehne (»vielleicht später«), sagt er, es sei wirklich nur wenige Minuten entfernt, stoppt ein verrostetes, altes Boda und fordert mich auf, zwischen dem Fahrer und ihm selbst Platz zu nehmen. Ich bin schon in Thailand und Vietnam Motorradtaxi gefahren, aber ich habe noch nie so um mein Leben gefürchtet wie auf dieser Fahrt vom Zentrum Kampalas in einen namenlosen Vorort, die über eine Stunde dauert. Der Fahrer schlängelt sich zwischen Lastwagen und Matatus durch, fährt auf dem Bürgersteig, auf der Gegenfahrbahn, überholt rechts, links und in der Mitte, beschleunigt so rasant, wie er bremst, und das

Einzige, was mich beruhigt, ist, dass weder er noch Geoffrey einen Helm tragen und beide sehr übergewichtig sind. Im Falle eines Unfalles hätte ich hinten und vorne einen lebenden Airbag. Schließlich erreichen wir unser Ziel, und jetzt erst beginnen die Preisverhandlungen. Luganda, das in Kampala gesprochen wird, klingt oft rau und ruppig, aber die beiden hier beschimpfen sich fünf Minuten lang, ehe Geoffrey ihm schon im Weggehen ein paar Scheine zuwirft und mich zu seiner Kirche zieht.

In Europa sind Kirchen meist alte, hohe und architektonisch raffinierte bis imposante Gebäude, die innen kühl, still und leer sind. Es fällt schwer, dieses Wort für die Gebäude zu verwenden, in denen in Kampala, Accra, Addis Abeba, Daressalam oder Nairobi die meisten Gottesdienste abgehalten werden: Sie sind oft erst ein paar Jahre alt, haben niedrige Decken, sind klein, eng, kahl und schmucklos – und voll mit feiernden, singenden, tanzenden, trampelnden, laut betenden, sich gegenseitig freudig Halleluja zurufenden Menschen.

Geoffreys Kirche ist eine undekorierte Wellblechhütte. Wellblech ist ein überall anzutreffendes Baumaterial in Subsahara-Afrika, es wird sogar hier hergestellt, obwohl es für die Temperaturen denkbar ungeeignet ist. Es gibt ein schmales Podium, auf dem drei junge Frauen mit stoischen Gesichtern Tanzschritte üben und sich dabei wiegend von rechts nach links bewegen und zurück. Geoffrey stellt mir eine sorgfältig geschminkte junge Frau mit ebenmäßigen Gesichtszügen und mandelförmigen Augen in einem eleganten Kleid vor.

»This is my wife«, strahlt er. Sie reicht mir die Hand. Ich bin perplex. Weiß sie davon, dass Geoffrey erst heute Morgen bei Bobbys Mutter übernachtet hat?

Der Gottesdienst beginnt, und es stellt sich heraus, dass Geoffrey nicht irgendein Mitglied, sondern der Pastor dieser Born-Again-Gemeinde ist. Born Again bedeutet, dass man eines Tages erleuchtet aufwacht und sich wie neugeboren fühlt, weil man erkannt hat, dass Jesus Christus die Liebe und das Leben ist, und ihm fortan jede Minute seines Lebens widmet. Diese Form des Christentums ist besonders unter den Schwarzen in den USA sehr beliebt. So ist zum Beispiel Ben Carson, der schwarze Hirnchirurg, der 2016 republikanischer Präsidentschaftskandidat werden wollte, ein Born-Again-Christ. Die amerikanischen Gemeinden haben sehr viel Geld in die Missionierung Afrikas gesteckt. Seitdem gibt es auch hier immer mehr Born-Again-Gemeinden.

Geoffrey stellt mich stolz vor. Zum ersten Mal in der Geschichte dieser Gemeinde habe Gott einen Muzungu geschickt. Gott habe ihre Gebete erhört, ein Muzungu habe den weiten Weg aus Europa, aus Deutschland auf sich genommen, um heute hier in diese Kirche zu kommen. »Weißer Mann«, wendet sich Geoffrey an mich, »sprich zu uns!« Die Gemeinde sitzt auf weißen Plastikstühlen und langen Holzbänken, vielleicht sechzig Menschen in der kleinen Wellblechhütte. Gespannt starren sie mich an. Was wird der Muzungu sagen?

Mir zittern die Knie. Ich bin Atheist, das erwähne ich besser nicht, und ich habe noch nie in einem Gottesdienst gesprochen. Ich gehe nach vorn, bedanke mich, sage, wie sehr ich mich freue, hier zu sein, wie sehr ich Uganda liebe, Kampala und diese Gemeinde hier. Viel mehr fällt mir nicht ein.

»Übrigens«, übernimmt Geoffrey, »dieser Muzungu hat eine verrückte Eigenheit. Er isst kein Fleisch! Stellt euch das vor, kein Fleisch und auch keinen Fisch! Weißer Mann, erkläre uns, warum isst du kein Fleisch?«

Ich schaue etwas verlegen in die Menge. »Nun, ich möchte eben nicht, dass meinetwegen Tiere getötet werden.«

Die Gemeinde bricht in schallendes, ausgelassenes Gelächter aus. Geoffrey predigt noch etwas, ein paar Gospel werden gesungen, dann bittet Geoffrey die Gemeinde um Entschuldigung, er müsse mich jetzt noch zum Nationaltheater zurückbringen, das ich heute Abend besuchen werde. In der Tat ist es schon sehr knapp, aber wir können noch lange nicht los, weil jedes Gemeindemitglied ein Selfie mit mir schießen und sich meine Telefonnummer notieren möchte. Um sechs brechen wir endlich auf, die Vorstellung geht schon um halb acht los, aber Geoffrey lotst uns geschickt mit verschiedenen Matatus zurück ins Zentrum. Wir haben sogar noch Zeit, den Kunsthandwerksmarkt nebenan zu besuchen, wo er mir seine Nichte Mary vorstellt, mit der er mich offensichtlich verkuppeln will. Immer wieder erwähnt er, dass weder Mary noch er jemals im Theater waren, bis ich beiden eine Karte kaufe. So gehen wir zu dritt in die Show.

Die Comedy-Show ist auf Englisch, aber leider verstehe ich durch den starken ugandischen Akzent nur jedes zweite Wort. Geoffrey versteht alles und lacht sich kaputt, immer wieder schlägt er sich demonstrativ mit der Hand auf die

Schenkel und blickt mich an, um sich zu vergewissern, dass ich es auch rasend komisch finde, während Mary mir ihre Hand aufs Bein legt.

Im Theater sind nur Einheimische, es ist nicht mal halbvoll, obwohl es das einzige Theater der Millionenmetropole Kampala ist. Die größten Lachsalven erzielt die Figur eines somalischen Geschäftsmannes. Er trägt eine coole Sonnenbrille und spricht einen Akzent, über den das Publikum sich kaputtlacht. Anscheinend sind die Somalis die Ostfriesen Ostafrikas. Jedenfalls für die Ugander.

Nach der Vorstellung nimmt mich Geoffrey beiseite und fragt, ob ich Mary nicht mit zu mir nehmen wolle. Ich lehne freundlich ab, wir fahren sie in einem Taxi nach Hause, in einen entlegenen, stockdusteren Vorort, abenteuerliche Pisten fährt das Taxi entlang, engste, holprige, mit Geröll gefüllte Gassen, bis wir plötzlich vor ihrem Haus stehen, wo sie aussteigt, sich etwas enttäuscht von mir verabschiedet und nach wenigen Schritten von der Dunkelheit verschluckt wird. Dann fahren wir den ganzen Weg wieder zurück, unser Haus ist am anderen Ende Kampalas.

»Möchtest du nicht eine Frau heute Nacht?«, fragt mich Geoffrey unbekümmert. »Ich kann dir auch zwei besorgen!«

Ich denke an das schmutzige Zimmer, die Müllhaufen, die fleckige Matratze auf dem Boden, den zerbrochenen Spülkasten. Selbst wenn ich heute die Liebe meines Lebens kennengelernt hätte – würde ich sie in dieses Zimmer einladen?

8.

HUNGER

Bilder von hungernden Kindern in Afrika begleiten mich seit meiner Grundschulzeit. Es ist kaum zu glauben, dass 50 Jahre und unzählige Kampagnen später immer noch schätzungsweise 250 Millionen (!) Menschen in Afrika an Hunger oder Unterernährung leiden und etwa 44 Millionen davon dringend auf Lebensmittelhilfe angewiesen sind. Am ehesten versteht man es noch in den Bürgerkriegsländern Somalia, Südsudan, Äthiopien und der Demokratischen Republik Kongo, wo zusammen 29 Millionen Menschen Nahrungsmittelhilfe brauchen, um zu überleben. Aber auch im vergleichsweise wohlhabenden Kenia sollen es drei Millionen sein, die sich ohne fremde Hilfe nicht ernähren können. Ich hatte ehrlich gesagt nicht damit gerechnet, als ich 2019 zum ersten Mal nach Kenia kam. Auf Tripadvisor war ich auf der Suche nach Sehenswürdigkeiten in Nairobi auf den Beitrag eines Engländers gestoßen. Abends im Hotel in Nairobi habe er im Fernsehen einen Bericht über hungernde Kinder in Kenia gesehen. Das habe ihn so geschockt, dass er am nächsten Morgen zusammen mit einem Freund im nächsten Supermarkt eine Ladung Lebensmittel gekauft habe, die sie dann eigenhändig in abgelegenen Dörfern an hungernde Familien verteilt hätten. Das mache er jetzt regelmäßig. »Ein Tropfen auf den heißen Stein«, schloss er, »ich weiß ... aber immerhin etwas.«

Ich reagierte ungläubig. Hunger in Kenia? Schon in Uganda mochte ich nicht glauben, dass es dort Hunger gibt, in diesem grünen Paradies. Aber Kenia? Die sechstgrößte Volkswirtschaft südlich der Sahara?

»Doch, natürlich gibt es Hunger«, erzählt mir Karungi bei einem Essen in einem indischen Restaurant. »Besonders bei bestimmten Tribes, bei den Samburu, den Massai.«

Sie ist dreiundzwanzig und absolviert nach ihrem Studium an der Kenyatta-Universität ein Praktikum bei Coca-Cola. Die ersten drei Monate sind unbezahlt. Dann wird gesiebt. Jeder Zehnte darf bleiben und bekommt dann 25 000 Shilling im Monat. Das sind ungefähr 220 Euro.

»Die Landwirtschaft hängt so extrem vom Regen ab. Wenn es so wenig regnet wie in diesem Frühjahr, oder die Ernte wird durch irgendwelche Käfer vernichtet, dann hungern die Leute.«

Karungi heißt *beautiful*, und ich finde, der Name passt zu ihr: Sie hat ein sehr schmales Gesicht, fast zu schmal für die großen, tiefbraunen Augen und die vollen Lippen, ihre sorgfältig aufgemalten Augenbrauen und der dunkelviolette Lippenstift lassen sie wie eine Kunstfigur aussehen. Sie ist ein Waisenkind. Ihre Eltern sind schon vor Jahren gestorben. Geerbt hat sie als Tochter allerdings nichts, alles ging an die Brüder. Man geht in Kenia davon aus, dass die Tochter später vom Vermögen ihres Ehemannes profitieren werden.

»Außerdem lagert die Regierung in ihren Silos viel zu

wenig Getreide für Notfälle ein. Warum? Weil sie davon ausgehen, dass die USA und Europa sofort zur Stelle sind, wenn es eine Dürre gibt.«

»Aber es gibt doch auch in Afrika jede Menge Milliardäre«, wende ich ein. »Warum spenden die keine Lebensmittel an ihre Landsleute? Es muss ja nicht die Regierung sein.«

Unbezahltes Praktikum, keine Eltern, kein Stipendium. Ich frage mich, wovon in Gottes Namen Karungi lebt, diese gutgekleidete, politisch informierte, intelligente junge Frau.

»Also das Problem ist«, sagt sie, »dass die Hilfe bei den Leuten so gut wie nie ankommt. Erstens wegen der schlechten Straßen. In den Gebieten, wo die Leute hungern, gibt es praktisch keine Straßen.«

Mir fällt ein, was ich heute Morgen in *The Nation* gelesen habe: Im Taita-Taveta County sind die Straßen durch die heftigen Regenfälle unpassierbar geworden, für Matatus wie für Bodas. Die Bananen verfaulen den Farmern auf dem Hof, sie kriegen sie auf keinen Markt transportiert. Mir scheint, das Großprojekt der Chinesen, in Afrika endlich vernünftige Straßen zu bauen, ist noch wichtiger, als ich bisher geahnt habe – auch wenn China damit Geschäftsinteressen verfolgt.

»Zweitens«, fährt Karungi fort, »sobald die Lebensmittel von westlichen Regierungen oder NGOs an unsere Regierung übergeben werden, zweigt jeder etwas für sich ab und verkauft es weiter. Beamte, Fahrer, Sozialarbeiter, NGO-Mitarbeiter, jeder denkt: Die sollen was umsonst bekommen – und was ist mit mir? Mit meiner Familie? Man zweigt etwas ab und verkauft es. Von hundert Kilogramm Weizen kommen vielleicht fünf Kilo bei den Hungernden an. In meinem Supermarkt gab es Lebensmittel, da stand groß drauf: USAID – NOT FOR SALE! Und direkt daneben das Preisschild. Das ist einfach Normalität. Hilfsgüter werden verkauft.«

Ich schüttele ratlos den Kopf. »Gibt es denn gar nichts, was man machen kann?«

Karungi knabbert an einem Hühnerschenkel. Hühnchen mit Reis ist ihr Lieblingsgericht – wie bei gefühlt neunzig Prozent meiner CS-Bekannten. Plötzlich frage ich mich, wann sie eigentlich zum letzten Mal eine große Portion Hühnchen mit Reis bekommen hat. Und ob diese Einladung zum Essen vielleicht auch eine Art Hungerhilfe war.

»Ist doch nicht schlecht«, sagt sie. »Was dieser verrückte Engländer gemacht hat. Die Lebensmittel direkt hier kaufen und zu den Hungernden bringen. Ohne Mittelsmänner. Nur ein Tropfen auf den heißen Stein – aber immerhin.«

9.

DER GESCHIEDENE VATER

2050, sagen Demographen, wird jedes zweite Kind auf dieser Erde in dem Erdteil geboren werden, den wir inzwischen sperrig und etwas unglücklich »Subsahara-Afrika« nennen, eine Übersetzung aus dem Englischen – gemeint ist Afrika ohne den arabisch-muslimisch geprägten Norden. Selbst wenn nur ein kleiner Teil der dann 2,5 Milliarden Afrikaner nach Europa auswandert oder flüchtet, wird Europa bald ein schwarzer Kontinent sein. So schildert es der amerikanische Afrikaforscher Stephen Smith in seinem preisgekrönten Buch »Nach Europa! Das junge Afrika auf dem Weg zum alten Kontinent.«

Umso interessanter war es für mich, auf meinen Reisen durch Afrika mit den Weißen zu sprechen, die den umgekehrten Weg gegangen sind: die hierher ausgewandert sind.

Mein erster Gastgeber bei meiner ersten Afrikareise war Olaf aus Westberlin, im Januar 2016, in Addis Abeba. Olaf hatte nur zwei Referenzen, die aber schwärmten von einem geradezu verrückten Grad an Gastfreundschaft. Die Referenzen sind die Währung bei Couchsurfing. Und sie sind denkbar ungleich verteilt. Immer gibt es eine kleine Handvoll Gastgeber, deren Profil sich mit zwanzig, dreißig überschwänglichen Referenzen schmücken kann. Natürlich bewirbt sich jeder bei ihnen, sodass sie bald vierzig oder fünfzig Referenzen haben. Joy aus Nairobi und Ruth aus Naivasha haben über die Jahre mehr als zweihundert Gäste bei sich aufgenommen. Dann gibt es eine größere Gruppe, vielleicht fünfzig oder sechzig Gastgeber, die ein oder zwei Referenzen haben, so wie Olaf. Das ist die Couchsurfing-Mittelschicht. Und alle übrigen – Hunderte, Tausende von Profilen – haben gar keine Referenzen. Noch nie hat sie jemand besucht. Viele haben sich auch seit Monaten oder Jahren nicht mehr eingeloggt. Das Couchsurfing-Prekariat. Sie hatten mal eine Vision, eine Hoffnung, aber daraus ist nichts geworden. Ich bin ein ängstlicher Mensch, ich habe meistens bei der Couchsurfing-Oberschicht übernachtet, bei den Referenz-Millionären. Aber ich bin auch Vater von drei Kindern, und ein Gast von Olaf hatte davon geschwärmt, wie liebevoll Olaf mit seinen Töchtern umgegangen sei, deshalb wollte ich ihn unbedingt kennenlernen. Und überhaupt: Warum wandert ein Berliner nach Äthiopien aus? Und wie geht es ihm dort? Ich vereinbarte, den Tag mit ihm zu verbringen, aber buchte für die Nacht ein billiges Hotel.

Olaf besteht darauf, mich morgens um sechs vom Flughafen abzuholen. Den örtlichen Taxifahrern könne man nicht trauen, die würden einen *Ferengi,* einen Weißen, immer übers Ohr hauen. Ich bin über Nacht geflogen, habe lange für mein Visum angestanden, das 48 Euro kostet, und trete nun aus dem Flughafen ins Freie. Ein unbeschreibliches Glücksgefühl durchströmt mich. Das also ist Afrika! Es ist schon sehr warm, obwohl es noch so früh ist. Das Licht ist mild. Ich bin angekommen.

Olaf ist ein Hüne Mitte fünfzig und fährt einen uralten VW Käfer. Die ersten beiden Autos meiner Eltern waren VW-Käfer, Kindheitserinnerungen, Bokholt-Hanredder 1972, das Dorf in den Elbmarschen, wo ich aufgewachsen bin. Der winzige Kofferraum. Der enge Rücksitz. Wie war ich stolz, dass wir uns endlich ein Auto leisten konnten. Wieder durchrieseln mich Glücksgefühle. Aber sie halten nicht lange.

»Die Äthiopier sind wie Tiere«, sagt Olaf. Er ist Buddhist und glaubt an Wiedergeburt. Durch die Umweltverschmutzung würden ja viele Tiere getötet, und das sei ein Problem für die Wiedergeburt. »Viele Menschen mit schlechtem Karma, die eigentlich als Tiere hätten wiedergeboren werden müssen, werden nun aus Mangel an Tieren als Menschen wiedergeboren, die aber eigentlich Tiere sind. Eben Äthiopier.« Es tue ihm sehr leid, mir das gleich zu Anfang sagen zu müssen. Es ergebe aber keinen Sinn, vor der Wahrheit die Augen zu verschließen. Ich erfahre, dass die Regierung immer mit 99,7 Prozent gewählt wird und die Gerichte immer nur den Einheimischen recht geben. Eine echte Demokratie wäre aus Olafs Sicht aber auch eine ungeeignete Staatsform für Äthiopien, denn die Leute hier seien dumm. Das ist der Nachteil an Couchsurfing, denke ich. Wenn jemand anfängt, so fürchterliche Dinge von sich zu geben, kann man nicht einfach verschwinden, im Gegenteil, man weiß, dass man die nächsten Stunden noch ganz eng miteinander verbringen wird.

Ich blicke mich auf der Straße um. Das Bild gleicht der Filmkulisse von *Mad Max*. Verstaubte, verrostete, verbeulte, uralte Wagen. Später erfahre ich, dass die Regierung 200 Prozent Zoll auf Autoimporte erhebt. Gebrauchtwagen sind in Äthiopien um ein Vielfaches teurer als in Deutschland. Unter 5000 Dollar, so Olaf, kriege man hier überhaupt keinen Wagen. Das ist so, als bekäme man in Deutschland keinen Wagen unter 250 000 Euro.

Mitten auf der Stadtautobahn wird der Wagen immer langsamer, bis er absäuft und stehen bleibt. Olaf schimpft. Vermutlich sei Dreck in den Vergaser gekommen. Dabei habe er das Auto erst vor zwei Wochen für teures Geld reparieren lassen. Aber den Äthiopiern sei eben nicht zu trauen. Er versucht etwa fünfzigmal fluchend, den Wagen wieder anzulassen, dann lassen wir ihn einfach auf der Straße stehen, am rechten Rand einer mehrspurigen Stadtautobahn, überqueren die Fahrbahn mit meinem Gepäck, überklettern eine Absperrung und gehen zu Fuß zu ihm nach Hause. Ich bekomme das Gefühl, das Ganze könnte ein abgekartetes Spiel sein, ein Betrug, um mich zu beklauen, so absurd sind Olafs Erklärungen. Waren die beiden Referenzen gefälscht?

Wir gelangen über ein riesiges Sicherheitstor zu dem Innenhof, in dem sein Haus liegt. Zwei dunkle Zimmer, die Fenster verhängt mit Stoffen, uralte braune Sofas wie vom Sperrmüll, zwei alte Röhrenfernseher. Seine neue Frau bringt uns Tee und Brot. Ich habe ihm Emmentaler und Brie aus Deutschland mitgebracht, darum hatte er gebeten. Dankbar nimmt er sie entgegen, vernünftigen Käse gebe es hier nicht. Ich bekomme Vitam-R aufs Brot, diesen salzig-würzigen, braunen Brotaufstrich aus dem Reformhaus. Wieder Kindheitserinnerungen: Meine Mutter hat schon in den 70ern im Reformhaus eingekauft.

Olaf redet. Vielleicht ist er nur froh, mit jemandem Deutsch reden zu können. Aufgewachsen ist er in Westberlin, da ließ es sich leicht leben mit Berlinzulage und üppigen Sozialleistungen. Damit sei aber nach der Wende Schluss gewesen, er ging nach Norwegen. Dort habe er sich hochgearbeitet, vom Zeitungsausträger zum Führer der Zeitungsausträgerschicht. Er lernte seine äthiopische Frau kennen und bekam zwei Kinder mit ihr. In Norwegen ging noch alles gut. Das Elend habe erst nach dem Umzug nach Äthiopien begonnen. Schon bald nach der Ankunft habe seine Ehefrau ihn verlassen und die Kinder mitgenommen. Er sei überhaupt nur wegen der Kinder hiergeblieben, er müsse sicherstellen, dass sie nicht wie Tiere aufwüchsen. Die Schulen hier seien eine einzige Katastrophe. Es fällt mir schwer, mein Entsetzen über seine Gedankenwelt für mich zu behalten.

Seine neue Frau ist auch Äthiopierin, hübsch, freundlich, bescheiden. »Sie ist 23!« Er lächelt triumphierend. »Wenn man schon die ganzen Nachteile dieses Landes auf sich nehmen muss, dann kann man ja wohl auch die Vorteile mitnehmen!«, verteidigt er sich, ohne dass ich ihn überhaupt angegriffen hätte. »Also hab ich mir meine Haushälterin gegriffen. Aber weißt du – auch sexuell musste ich sie anlernen. Da sind die auch wie Tiere. Das sehe ich als so eine Art Entwicklungshilfe.«

Kann es noch schlimmer werden?, frage ich mich. Olaf

spricht fließend Amharisch, die äthiopische Landessprache. »Es ist die Sprache der Amharas«, klärt er mich auf. Insgesamt gebe es über neunzig Tribes in Äthiopien. Die Tigray, die nur sechs Prozent der Bevölkerung ausmachten, beherrschten Politik, Verwaltung und Militär. Die Amharas, immerhin 29,6 Prozent der Bevölkerung, stellten die Landessprache. Die Oromo, die über ein Drittel aller Einwohner ausmachen, hätten gar nichts. Deshalb rebellierten sie regelmäßig gegen die Regierung, die ihnen dafür den Strom abstelle, sie von Hilfslieferungen abschneide und Oppositionelle zu Tausenden verhaften lasse. Gleichwohl gelte die Regierung als gemäßigt, verglichen mit Mengistu Haile Mariam, dem kommunistischen Diktator, der zwischen 1977 und 1991 über 300 000 Menschen einsperren, foltern, umbringen ließ. Besiegt werden konnte er 1991 nur, weil die Opposition seine wichtigsten Generäle bestach.

Olaf ruft einen Freund an, der ihm etwas schuldet, und verspricht, uns gleich abzuholen und einen Kfz-Mechaniker aufzutreiben – es ist Sonntagmorgen. Während wir warten, erzählt Olaf weiter. Er darf seine beiden Mädchen nur noch einmal in der Woche sehen, unter Aufsicht. »Sie haben behauptet, ich hätte die Kinder entführen wollen. Entführen. Natürlich wollte ich das! Ich hatte die Flugtickets schon besorgt und alles eingefädelt. Und dann ruft meine eigene Schwester meine Exfrau an, um sie zu warnen! Kannst du dir das vorstellen?«

Der Freund trifft ein in Begleitung eines Mechanikers. Ich lasse mein Gepäck da, der Freund fährt uns und den

Mechaniker zu Olafs kaputtem Käfer. Leider hat Olaf den Schlüssel zu seinem Auto zu Hause vergessen. Er lässt den Freund zur Bewachung des Mechanikers da. »Die darf man keine Minute alleine lassen! Die klauen alle wertvollen Teile!«, schimpft er unverdrossen vor sich hin – und wir fahren mit dem Auto des Freundes zu ihm nach Hause, wobei er sich verfährt. Ich habe die Vision, dass mein Koffer weg ist, wenn wir wiederkommen. Er ist aber noch da. Wir kehren mit dem Schlüssel zum Käfer zurück, und der Mechaniker stellt fest, wonach es sich schon angehört hatte: Der Wagen hatte kein Benzin mehr. Wir müssen einen Kanister Benzin von der Tankstelle holen, dann wird um den Preis gefeilscht. Der Mechaniker will 400 Birr, also zwölf Euro. Olaf ist sauer, das ist ihm viel zu teuer, sie verhandeln, der Mechaniker guckt weg. Am Ende drückt Olaf seinem Freund wutschnaubend 350 Birr in die Hand, setzt sich mit mir ins Auto und fährt weg. Unverschämt sei das. Aber andererseits, ein Mechaniker an einem Sonntag, wo finde man so etwas in Deutschland? Deutschland sei überhaupt am Ende. Alleine schon das Finanzsystem! Bald schon werde alles zusammenbrechen. Deshalb sei er auch nach Äthiopien gegangen. Hier könne man immer überleben. Die Leute hier hätten gelernt, mit so gut wie nichts zu leben. »Das wird euch auch bald blühen!«, warnt er mich. In einer Art Faszination des Grauens folge ich seinem ungefilterten Redestrom. Eben waren die Äthiopier noch »Tiere«, nun sind sie unser Vorbild.

Wieder bei ihm zu Hause. Der Koffer ist immer noch da. Ich erzähle von meiner Reiseapotheke, die ich für nur sechzig Euro in Hamburg gekauft habe. Eigentlich nur meiner Mutter zuliebe, die kein Auge mehr zutun könne, seit sie mich in Afrika wisse. Olaf möchte meine Reiseapotheke. Hier gebe es nichts. Ich kann ihn wirklich nicht einschätzen. Einerseits hat er angeblich geerbt und kann hier leben, ohne zu arbeiten. Andererseits verschlingt er hungrig den Käse und verlangt meine Medikamente. Er würde gern ein Unternehmen gründen: 3-D-Drucker nach Äthiopien bringen, um damit Prothesen zu produzieren. »3-D-Druck – das kennen die hier überhaupt nicht!« Aber das sei sehr schwierig, dafür müsse man internationaler Investor sein und 200 000 Dollar mitbringen. Die habe er natürlich nicht. Wenn er mit einem Freund eine Sprachenschule aufmachen wolle, müsse er 200 000 Birr für Bestechung und Genehmigung aufbringen – im Jahr. Das sind 6200 Euro! Das lohne sich alles nicht.

»Ich bin nicht kriminell«, stellt er fest, »und ich kenne auch niemanden aus dem kriminellen Milieu. Leider. Aber jetzt suche ich jemanden, der für mich meine Exfrau tötet. So geht es einfach nicht weiter.«

Mir stockt der Atem. Hat er gar keine Angst, dass ich zur Polizei gehe? Aber nein, er redet weiter und weiter. Auch Asien sei leider keine Option, klärt er mich auf. Der Buddhismus in Asien sei total auf den Hund gekommen, das habe Buddha alles genau so vorhergesagt. Das einzig Positive in der jüngeren Geschichte sei die Atombombe, sie habe uns vierzig Jahre Frieden beschert. »Die meisten Menschen werden dir das Gegenteil erzählen«, sagt er. »Daran erkennst du, wie dumm sie sind.«

Ich halte es nicht mehr aus und erkläre ihm, dass es mir wahnsinnig leidtue, aber ich nun wirklich zu meinem Hotel müsse.

Er fährt mich. Die Adresse lautet: »In der Nähe der britischen Botschaft.« Von dort ruft er die Hotelrezeption an. Es ist schwer zu finden. Schlammstraßen im Nirgendwo. Ich sehe all das zum ersten Mal: Hütten, Schlamm, durchlöcherte Pfade, Straßen ohne Namen, Gebäude ohne Fenster. Angeblich leben 99,4 Prozent der Äthiopier in Slums, in illegalen Siedlungen. Wir bahnen uns unseren Weg vorbei an heruntergekommenen und notdürftigen Behausungen und landen nach einer Stunde Suchen an einem bewachten Tor mit Stacheldraht und Security. Dass das hier überall so ist und nichts besagt, weiß ich da noch nicht. Immer wieder fragt Olaf, wann wir uns wiedersehen, es sei total schön, mit mir zu plaudern. Zum Abschluss gibt er mir noch einen guten Rat: »In der Nase bohren ist hier erlaubt. Nur furzen nicht, da musst du aufpassen.«

Ich lerne: Nicht alle Menschen, die in Afrika leben, lieben Afrika. Und Couchsurfing kann auch bedeuten, sich die Monologe eines Wahnsinnigen anhören zu müssen.

Wir haben uns beide keine Referenz geschrieben.

10.

IM HAUS DES FRIEDENS UND IM DORFMUSEUM

Tansania ist mit fast einer Million Quadratkilometer größer als Uganda und Kenia zusammen, drei Mal so groß wie Deutschland, hat aber nur 56 Millionen Einwohner. Es ist ein dünn besiedeltes Land mit vielen entlegenen Gebieten und schwachen Verkehrsverbindungen. Mehr als zwei Drittel der Tansanier leben auf dem Land, mehr als vier Fünftel haben keinen Zugang zu Strom. Über 130 Tribes und drei Hauptreligionen (Christentum, Islam, traditionelle Religion) leben in Tansania friedlich zusammen, Bürgerkriege blieben dem Land ebenso erspart wie blutige Diktatoren (sieht man vom Bürgerkrieg in Sansibar ab, auf den ich noch zu sprechen komme). Obwohl die Briten hier fünfundvierzig Jahre herrschten, spielt Englisch eine geringe Rolle, Tansanier sprechen 125 lokale Sprachen und verständigen sich in Swahili. Die Bevölkerung wächst rasant mit drei Prozent pro Jahr, jede Frau bekommt im Schnitt fünf Kinder, 2050 werden mutmaßlich 150 Millionen Menschen hier leben. Tansania ist berühmt für den höchsten Berg Afrikas, den Kilimandscharo, und den vielleicht berühmtesten Naturpark, die

Serengeti. Bis zum Ersten Weltkrieg stand es ungefähr dreißig Jahre unter deutscher Herrschaft (»Deutsch-Ostafrika«), seit dem Abzug der Briten 1961 herrscht die Partei der Revolution, die alle fünf Präsidenten stellte, vom legendären Julius Nyerere bis zum berüchtigten John Magufuli. 2020 wurde Tansania berühmt dafür, nach einem ersten Lockdown am 8. Juni 2020 alle Maßnahmen wie Schulschließungen und Versammlungsverbote aufzuheben; für viele Monate war es weltweit das einzige Land ohne Covid-Restriktionen mit offenen Grenzen – und damit auch das einzige Land, in dem ich reisen, couchsurfen und für dieses Buch recherchieren konnte. Dass es auch ohne Lockdown in Tansania zu keiner Gesundheitskatastrophe kam, ist keine so große Überraschung, wenn man das Risikoprofil von Covid berücksichtigt: Fast jeder zweite Tansanier ist jünger als fünfzehn Jahre, nur drei Prozent sind älter als fünfundsechzig, die berühmten Risikogruppen sind sehr klein, es ist warm, alles findet draußen statt. Die Menschen sterben an Armut, Hunger, TBC, Cholera, Malaria, HIV, Verkehrsunfällen und werden im Schnitt nur fünfundsechzig Jahre alt.

Ich flog Anfang Februar 2021 nach Daressalam, in die einzige moderne Millionenstadt Tansanias: größter Hafen, Unistadt, kulturelles und ökonomisches Zentrum, gegründet 1862 vom Sultan von Sansibar.

Ich fliege über Dubai und lerne in den sechs Stunden Flug meinen Sitznachbarn kennen, der gerade in Rostock eine Ausbildung zum Rettungssanitäter macht. Er kommt aus Afghanistan und heißt Usman, das bedeutet Glück. Er ist einundzwanzig, sieht aber eher aus wie dreißig: muskulös, stämmig, tiefschwarze, strubbelige Haare. »Ich bin noch so jung«, sinniert Usman, »aber was ich schon alles erlebt habe!« Sein Bruder arbeitete für die GTZ, die Gesellschaft für Technische Zusammenarbeit. »Mann, er hat gutes Geld gemacht. Hatte 'n Auto, 'n Haus. Alles war gut.« Dann, 2015, entführte ihn der IS und tötete ihn. Usman entschloss sich, nach Deutschland zu fliehen. Große Strecken musste er zu Fuß zurücklegen: nach Pakistan, in den Iran, die Türkei, immer bei Nacht über die grüne Grenze. Dann mit dem Bus nach Istanbul. Dort gab es zwei Möglichkeiten: Lastwagen oder Boot. »Aber ich kann nicht schwimmen, Mann.« Er lächelt mit seinem Teddybär-Charme. »Also in den Lastwagen. War auch gruselig, aber es ging. Über Bulgarien, Ungarn und Österreich nach Deutschland. Auf keinen Fall darf die Polizei dich fassen in Bulgarien oder Ungarn. Die nehmen deine Fingerabdrücke, und wenn du dann in Deutschland den Antrag stellst, musst du zurück nach Bulgarien oder Ungarn.«

6000 Dollar habe er den Schleusern zahlen müssen, die ganze Familie habe gesammelt, um das Geld zusammenzukriegen. Dann starben seine Eltern, und eine deutsche, christliche Familie habe ihn aufgenommen und schließlich adoptiert. »Wir standen sogar in der Zeitung, eine ganze Seite. Es sind Christen, aber wir verstehen uns trotzdem. Mein Papa ist an einem Krankenhaus in Rostock.«

Jetzt besucht er einen Cousin in Pakistan, für zwei Wochen. Er vermisse seine Heimat, aber dort sei es viel zu gefährlich, die Taliban verübten immer noch Anschläge.

Was er von den Taliban halte, frage ich ihn. Ich habe mal ein Buch über sie gelesen, in dem es hieß, sie seien eigentlich keine Terroristen, sondern nur sehr strikte Anhänger der Scharia.

»Bruder, das sind böse Menschen. Sie missbrauchen unsere Religion. Selbstmordattentäter. Sie sind böse. Und sie wären niemals so stark, wenn sie nicht finanziert und trainiert würden aus anderen Ländern. Iran und Pakistan. Glaub mir, Bruder«, flüstert er mir zu, als ginge es um ein großes Geheimnis, »da geht es nur um Geld.«

Seine Adoptiveltern würden so gern einmal mit ihm nach Afghanistan fahren. »Aber ich sage ihnen immer: Lasst uns noch ein, zwei Jahre warten, bis die Taliban besiegt sind.«

Das war im Februar 2021. Als die Taliban sechs Monate später Kabul einnehmen, muss ich an Usman denken. Er wird seine Heimat wahrscheinlich nie wiedersehen.

Normalerweise kaufe ich die SIM-Karte eines Landes immer sofort am Flughafen, aber am Flughafen in Daressalam muss ich im Vodacom-Laden erst eine Stunde warten, bis die beiden Frauen vor mir bedient worden sind, um dann nach einer ausführlichen Tarifberatung zu erfahren, dass sie keine Kreditkarte nehmen, nur Bargeld. Doch ich habe noch keine tansanischen Shilling.

Also fahre ich erst mit dem Taxi in die Stadt, hole mir Geld an einem Automaten und erfahre dann, dass alle Handy-Läden in der Stunde, die ich am Flughafen gewartet habe, geschlossen haben (es ist Samstagmittag) und erst Montag wieder öffnen. Ein Hotelmitarbeiter bietet mir an, er könne mir über einen Cousin eine SIM-Karte auf dessen Namen besorgen, aber Lonely Planet hat mich ausdrücklich vor solchen Geschäften gewarnt, also lehne ich höflich ab. Dann spaziere ich durchs Stadtzentrum von Daressalam: britische und deutsche Kolonialbauten, arabische Architektur, chinesische Hochhäuser und die sozialistischen Eigenbauten aus den Sechziger- und Siebzigerjahren. Alles ist heruntergekommen und verwittert, die Farbe abgeblättert, Risse in den Fassaden, herunterhängender Kabelsalat. In einem dunkelgrauen Plattenbau residiert das Energieministerium. Das Krankenhaus, in dem Robert Koch über Malaria geforscht hat, gibt es noch; die Malaria auch, Zehntausende sterben daran nach wie vor jedes Jahr, im Lockdown-Jahr 2020 stieg die Zahl erstmals wieder. Ich will die Botschaft der *Revolutionary Republic of Zanzibar* fotografieren, aber Soldaten machen mir klar, was ich schon aus Kenia und Uganda kenne: Fotos offizieller Gebäude sind verboten. Vor allem wirkt alles hier unglaublich verschlafen, wie ein verlassener Vorort, besonders verglichen mit Kampala, Addis Abeba, Nairobi oder Accra. Auffällig ist, was fehlt: Glamouröses, Raffiniertes, Imposantes sucht man vergeblich. Julius Nyerere, der Vater der Nation, hatte keinen Sinn für repräsentative Bauten wie seine sozialistischen Diktatorenkollegen, er träumte von einem dörflichen Sozialismus.

Dann der Fischmarkt. Ich sehe zum ersten Mal das Meer, die Bucht, will Fotos machen, aber ein paar Männer sind mir gefolgt, wollen mir etwas verkaufen, ich versuche sie abzuwimmeln. *Asante, Asante*, vielen Dank, aber sie folgen mir, drängen und drängeln, ich werde sie kaum los, leider sind insgesamt wenige Besucher hier und gar keine anderen Weißen. Es stinkt, es ist dreckig, ich weiß nicht, warum *Lonely Planet* diesen Fischmarkt so empfohlen hat, ich fliehe, ohne ein Foto gemacht zu haben, zumal es schon dämmert und ich mich hier nicht im Dunkeln aufhalten möchte.

Vor der prachtvollen St. Joseph's Cathedral posiert eine riesige Hochzeitsgesellschaft zum offiziellen Foto

111

aufgereiht um das herausgeputzte Paar, ältere Damen in orangefarbenen Kleidern vollziehen einen Kreistanz, während eine aufgekratzte Band mit Trommeln, Trompeten und Posaunen losrockt – und das in einer Zeit, in der in meinem Heimatland alle Konzertstätten geschlossen sind. Ich höre Gesang, gehe in die Kirche, und dort singt ein in fußlange Gewänder gehüllter Chor für ein anderes Brautpaar so schön und laut und seelenvoll, dass ich heulen muss. *That's Africa*. Ich darf sogar draußen noch ein Foto von dem Paar machen. Der Mann bekommt seine frisch angetraute Braut allerdings nicht dazu, einmal in meine Richtung zu gucken, und schaut dann allein traurig in meine Kamera.

Am nächsten Morgen besuche ich den Gottesdienst in der alten deutschen Kirche und fahre dann ins Village Museum – eines der zehn interessantesten Museen, die ich in meinem Leben besucht habe, mitten in einer Gegend voller leerstehender Hochhäuser. Ausländische Investoren haben an dieser Allee ein modernes Hochhaus nach dem anderen gebaut, ich sehe die Prospekte vor mir: Tansania, das aufstrebende Schwellenland mit sieben Prozent Wachstum im Jahr, brauche Malls, Büros, Konzernzentralen. So weit die Prospekt-Poesie. Die Hochhäuser stehen leer, überall hängen Schilder: TO RENT und TO LEND, das Kapital der geschlossenen Immobilienfonds wurde vernichtet, nur die Baufirmen haben verdient.

Das Village Museum kostet 10 000 Shilling Eintritt plus 30 000 für den Guide plus 10 000 für eine Trommel- und Tanzvorführung – zusammen neunzehn Euro. Ich will natürlich alles. Mein Führer ist Ezbon Kashaga, ein schlanker, hellhäutiger Mann mit ebenmäßigen Gesichtszügen Mitte zwanzig, der Kopf glattrasiert. 128 Tribes gebe es in Tansania, erklärt er mir und zeigt mir auf der Karte, wo die fünf größten von ihnen siedeln. Er selbst gehört zu den Haya und ist stolz darauf. Die Haya seien der gebildetste Tribe in Tansania: Praktisch alle Haya seien hochgebildet, typischerweise würden sie Professoren, Ärzte, Anwälte und Ingenieure. »Das liegt daran«, erklärt Ezbon, »wenn jemand nicht gebildet ist, muss er im Familienrat schweigen. Eine Frau wird niemals einen Mann heiraten, der weniger gebildet ist als sie. Und wenn man seine Familie vorstellt, muss man immer die Berufe dazusagen.« Ezbon ist ein geborener Redner, seine Worte unterstreicht er mit expressiven Handgesten.

Er weiß auch, warum die Haya allen anderen in Tansania etwas voraushaben: »Das liegt daran, dass die Deutschen bei uns zuerst gesiedelt haben. Die haben Kirchen und Schulen für uns gebaut und uns ihre Bildung gebracht. Jeder weiß doch, wie gebildet die Deutschen sind.«

Ich erinnere mich daran, was der Taxifahrer mir sagte, der mich vor zwei Tagen zum Hamburger Flughafen fuhr: »Leute, die in Afrika waren, reden immer anders über Afrika als Leute, die noch nie in Afrika waren.« Wer noch nie in Afrika war, käme nicht im Traum darauf, ein Afrikaner könne die deutschen Kolonialisten als Ursache für die Überlegenheit seines Tribes ansehen.

Ezbon erklärt weiter, während er mit einem Stock auf die große, farbige Landkarte zeigt, es gebe auch noch »wilde Tribes« in Tansania – zum Beispiel die Buschmänner. »Sie sind noch primitiv, nicht zivilisiert. Sie wollen mit niemandem Kontakt. Wer immer mit ihnen Kontakt aufnehmen will, wird angegriffen. Selbst wenn ich dort hingehe, ein Schwarzer, ein Tansanier, sie werden mich angreifen!«

Vor der Karte steht ein altes, archaisch aussehendes, Xylophon-ähnliches Instrument, das ich gern ausprobieren würde. In einem deutschen Museum wäre das verboten, hier glücklicherweise nicht, aber es gibt keine Schlegel. Ezbon lacht nur, geht nach draußen, holt einen Ast, bricht ihn entzwei, gibt ihn mir als Schlegel, und ich spiele das alte Xylophon: zwei Oktaven in der d-Moll-Skala, ein verschluckter, trockener Klang, die Tonleiter etwas verstimmt. Ich liebe den Klang, er inspiriert mich zum Improvisieren, Ezbon freut sich und filmt mich dabei.

Dann führt er mich durch das Freilichtmuseum, das aus verschiedenen Ensembles von Hütten besteht, deren Architektur den Aufbau der Familien in den verschiedenen Tribes widerspiegelt. Ich habe Soziologie studiert, bevor ich Musiker wurde, ich finde es faszinierend. Bei den Ngoni wohnt die *Senior Wife*, die erste Frau, mit ihren Kindern und den Kindern der zweiten Frau, der sogenannten *Junior Wife*, in einer Hütte. In der anderen Hütte wohnt die *Junior Wife* allein. Sie darf die Hütte nur verlassen, wenn die *Senior Wife* es erlaubt. Nur zum Essen kommen alle zusammen.

Ich frage Ezbon, ob die *Senior Wife* nicht sauer oder eifersüchtig ist, wenn ihr Mann sich eine zweite, jüngere Frau nimmt. »Nein«, widerspricht Ezbon, »im Gegenteil! Die Erstfrau überredet oft den Mann, eine Zweitfrau zu haben, denn sonst geht er zu Prostituierten und bringt Geschlechtskrankheiten nach Hause und zeugt überall uneheliche Kinder, die nicht zur Familie gehören.«

Dann gibt es den Versammlungsplatz, wo die Männer sich

ohne Frauen treffen, um zu rauchen, zu trinken, zu tanzen, zu plaudern und Spaß zu haben. Und schließlich folgt eine Art Unterstand, wo man sich einmal im Jahr mit den Ahnen trifft und ihnen Tiere opfert, damit die Familie sicher ist.

Mir fällt ein, was mein Onkel, der sich als VWL-Professor sein Leben lang mit Entwicklungspolitik befasst hat, mir kurz vor der Abreise erzählte: die Sache mit der Lebensphilosophie und dem Zeitstrahl. Wir im Westen richteten unser Leben auf die Zukunft aus; unser Zeitstrahl richtet sich ins Morgen. In Afrika dagegen gehe es um die Gegenwart, mehr noch, der Zeitstrahl richte sich sogar in die Vergangenheit, weil die Ahnen eine so große Rolle spielten.

Dazu passt, was Ezbon von den Fipa erzählt: Dort werde der Chief sitzend begraben, mit einem Stock in der Hand. Bevor er sterbe, suche er sich eine seiner Frauen aus, die ihn ins Grab begleiten solle und mit ihm lebendig begraben werde. Die Zukunft der Frau wird dem toten Mann geopfert. Für uns eine maximale Grausamkeit; für die Fipa eine Art, dem früheren Chief Respekt zu bezeugen, der als Ahne aus dem Jenseits seine Nachkommen beschützen wird.

Bei den Dwendekuere aus Bagamoyo wiederum wohnen die Söhne aus beiden Ehen allein in einer eigenen Hütte. Die Erstfrau lebt mit ihren Töchtern in einem Teil des Hauses, die Junior Wife mit ihren Töchtern im gegenüberliegenden Teil, der Mann wechselt alle zwei Tage zwischen beiden Frauen, damit sich keine benachteiligt fühlt. Laut Ezbon müssten die Söhne auf das Vieh aufpassen und mit Feuer wilde Tiere wie Löwen oder Leoparden vertreiben. Die Räume sind bis auf eine Pritsche leer und dunkel. Das Haus besteht aus einem Holzgerüst, das mit Lehm oder Erde aufgefüllt wurde, Ezbons strahlend hellrotes Hemd sticht aus dem dunklen Braun-Grau des Hauses hervor.

Schließlich führt Ezbon mich zu zwei nach oben spitz zulaufenden Zelten, einem großen neben einem kleinen; so wohnen die Chagga. Bei ihnen lebe der Mann allein, die Frau wohne mit den Kindern und den Kühen in der größeren Nachbarhütte. Wolle sie den Mann besuchen, müsse sie ihm Essen mitbringen. »Vorzugsweise«, erzählt Ezbon, »essen die Chagga Ntori, eine Mischung aus Bananen und Fleisch.« Ezbon erklärt mir detailliert die große Hütte: »Hier sind die Kühe, hier werden sie gemolken, hier kocht die Frau, hier schläft sie, hier schlafen die Kinder.« Alles direkt nebeneinander. Im selben sachlichen Ton erklärt Ezbon dann den Charakter der Chagga: »Sie sind nur auf Geld aus, es sind gute Geschäftsleute. Heiratet eine Chagga-Frau einen Mann, und er wird reich, dann tötet sie ihn. Leiht sie ihrem Mann Geld, und er stirbt, dann trauert sie nicht um den Mann, sondern um das Geld.«

Über keinen Tribe redet Ezbon so ausführlich und negativ wie über die Chagga. Immer noch sitzen wir in der Chagga-Hütte. Schließlich bricht es aus ihm heraus: »Mir ist es passiert. Ich habe eine Chagga-Frau geheiratet. Wir hatten eine süße Tochter zusammen. Eines Tages kam ich nach Hause, und sie hatte alles Hab und Gut aus der Wohnung mitgenommen und die Tochter. Ich habe sie nie wiedergesehen. Ich habe mit ihren Eltern gesprochen. Sie sagten: ›Bist du in Sicherheit? Dann versuche nicht, sie zu finden. Sonst bist du ein toter Mann.‹ Also habe ich nicht nach ihr gesucht.«

Er kramt sein Handy hervor. »Ich sehe ihre Fotos aus Facebook. Guck mal.« Er zeigt mir lauter süße Fotos von seiner Tochter und seiner Exfrau. »Ich bin zur Polizei gegangen. Nun sagt mir meine Frau, ich werde meine Tochter nie wiedersehen, weil ich zur Polizei gegangen bin. Was soll ich denn machen?« Er kommt gar nicht von dem Thema weg, zeigt mir immer mehr Facebook-Fotos, während wir in der Hütte sitzen.

Schließlich zeigt er mir noch den mächtigsten Baum Afrikas, den Baobab-Baum: Er werde bis zu 5000 Jahre alt und ziehe jeden Tag fünfzig Liter Wasser aus dem Boden.

Dann kommt die Tanzvorführung der Vika, sie singen, trommeln und tanzen für mich, acht ältere Vika sind es, fünf Trommler und drei Tänzer. Die Tänzer, eine Frau und zwei Männer, tragen weiß-rot-pinke Röcke, Schellenkränze an den Füßen und Federn auf dem Kopf. Es ist mir peinlich, wie diese acht nur für mich tanzen, ich möchte die Situation aufbrechen; als sie fast fertig sind, stehe ich auf und singe selbst ihre Hauptmelodie, werde zum Vorsänger und tanze auf sie zu. Es sieht aus, als hätte ich sie überrascht, sie scheinen begeistert, stimmen ein, tanzen mit mir zusammen, ich ahme ihre Schritte nach, unbeholfen, tapsig, egal, das feuert sie noch weiter an, der Muzungu gibt alles, er gibt sich preis, er macht mit, koste es, was es wolle, der Vortänzer zeigt mir seine virtuosen und lustigen Tanzfiguren, die pure Ausgelassenheit. Eine tansanische Geschäftsfrau, die in gewissem Abstand von mir durch das Freilichtmuseum gelaufen ist, betrachtet uns aus der Distanz und spricht mich nachher an, wer ich sei, woher ich komme, und lädt mich auf einen Tee im Café des Museums ein. Sie heißt Sheila und arbeitet für das Kulturprogramm der Schweizer Botschaft. Sie ist eine Chagga, ihr Vater ist Geschäftsmann. Sie hat fünf

Brüder, alle sind entweder Geschäftsleute oder haben ein Business *on the side*. Sie bewundert den Unternehmergeist ihres Vaters, der früh anfing zu arbeiten und seine Söhne verspottet, die alle studiert haben, nur um jetzt risikoscheu zu sein.

Ich erzähle ihr von einer Studie über amerikanische Milliardäre, die ich gelesen habe. Was sie glaube, wann die im Schnitt angefangen hätten zu arbeiten? Mit fünfzehn Jahren. Sheila hat ein hellschwarzes, rundliches Gesicht und spricht fast ohne Mimik, kühl, sachlich, nüchtern. In Stonetown auf Sansibar gebe es eine Musikschule, die arbeite mit europäischen Komponisten zusammen, da müsse ich unbedingt hin.

Das *Village Museum* sieht sie viel kritischer als ich. »Guck dir das doch an, es ist nicht gut gepflegt, es ist ziemlich runtergekommen, viele Hütten sind baufällig. Wofür bekommen die ihr Geld?«

Wie immer in den nächsten Wochen kommt das Gespräch schnell auf den Präsidenten. Magufuli sei einerseits gut, weil er die Korruption beseitigt habe, zum Beispiel in der Polizei. Andererseits habe er das Gefühl, Tansania sei benachteiligt worden in den Investmentdeals in den Jahren vor seiner Präsidentschaft. Er wolle alles neu verhandeln und erlege den Unternehmen Steuern auf, bis zu zehn Jahre rückwirkend. Also würden viele das Land verlassen oder gar nicht mehr investieren. Daher die vielen Investitionsruinen, die »Zu vermieten«-Schilder. Am Ende zahlt sie ungefragt meinen Chai-Tee.

In ihrem großen modernen, schwarzen Landrover nimmt sie mich ins Stadtzentrum mit, zum British Council, von dort kenne ich den Weg und gehe die letzten zwei Kilometer zu Fuß zum Hotel. Nach kurzer Zeit spricht mich ein hochgewachsener, junger Schwarzer an. Ein zweiter gesellt sich dazu, er ist klein und gedrungen. Ich vermeide den Blickkontakt.

»Hey«, sagt der Große, »was ist denn los, Bruder? Gehst du spazieren? Was machst du hier?«

Ich sage, dass ich nur nach Hause gehe.

»Nach Hause. Aha. Aber du gehst wie jemand, der Angst hat. Du musst keine Angst haben. Wir sind deine Brüder!«

Wo ich herkomme, will er wissen. »Aus Deutschland«, sage ich.

»Deutschland! Wunderbar!« Er habe Kurse am Goethe-Institut besucht. In Bagamoyo. Ich bin beeindruckt und verliere allmählich meine Angst. Wie lange ich hier sei, was ich vorhabe. Wir plaudern ein bisschen.

»Schau mal«, sagt er. »Wir sind Künstler. Wir haben Bilder gemalt. Vielleicht hast du Interesse.«

Wir bleiben stehen, er zeigt mir die Bilder. Zusammengerollt, ganz dünnes Papier.

»Schau mal«, erklärt er, »sie sind gut zu transportieren, die kannst du mit nach Deutschland nehmen.«

Er preist seine Bilder an, immer mehr Bilder, kitschige, folkloristische Motive, hochgewachsene Massai-Frauen, Elefanten, Palmen, alles in satten, bunten Farben. Ich gehe weiter und ziehe das Gespräch in die Länge, weil ich das *Tiffany Diamond* schon näher kommen sehe, mein Hotel.

»Ich glaube, an den Bildern habe ich kein Interesse«, sage ich freundlich.

»Wir haben auch Postkarten«, sagt er.

Ich entschuldige mich. Kein Interesse.

»Hör zu, Bruder. Wir wollen dich nicht drängen.« Sie kommen näher an mich heran. »Wir wollen dich nicht bedrohen. Wir betteln auch nicht. Wir geben dir etwas für dein Geld. Diese Bilder. Es ist ein fairer Gegenwert. Wir sind keine Straßenräuber.«

»Sorry, ich möchte nicht«, wiederhole ich.

»Es geht darum, dass du uns hilfst, Bruder. Ganz freiwillig. Nur darum geht es. Hier ist keine Gewalt im Spiel. Wir rauben dich nicht aus.«

Ich erreiche das Hotel.

»Vielen Dank«, sage ich. »Asante sana.«

Das war knapp. Der Security Mann des Hotels geht auf die beiden zu, sagt ihnen, sie sollen verschwinden. Er kennt sie schon. *Tourist trap.*

Abends fahre ich mit dem Uber zur *Waterfront*, einem legendären Expat-Stadtteil, den ich sehen möchte, bevor ich morgen meine erste tansanische Gastgeberin kennenlerne. Wieder kommen wir an den leeren chinesischen Hochhäusern vorbei.

»Die sind alle unvermietet?«, frage ich Jonathan, den Fahrer.

»Ja, es ist das Geld! Sie haben kein Geld, um die Miete zu bezahlen.«

Magufuli (der damalige tansanische Präsident) sei 50:50. Einerseits: keine Korruption. Andererseits: schlecht fürs Geschäft. Ganz schlecht. Die Geschäftsleute hätten Hunderten von Tansaniern Arbeit gegeben. Tausenden. »Aber wo sind die Geschäftsleute hin? Wo sind sie? Sie sind weg. Sie sind verschwunden. Kein Geld. Zu hohe Steuern. Jetzt ist das

Land arm. Alle sind arbeitslos. Und das ist noch nicht alles.«
Er dreht sich zu mir um und flüstert: »Und was ist, wenn
jemand was gegen die Regierung sagt? Oh, der wird einfach
abgeholt. Und niemand weiß, wo er ist. Und deshalb haben
alle Angst.«

Ich erzähle ihm von Museveni in Uganda, von Kenia und
Ruanda. »Weißt du was?«, sagt er und guckt wieder auf die
Straße. »Afrikanische Länder sind sich sehr ähnlich. Unsere
Führer wollen nicht aufhören zu regieren. Sie wollen ewig regieren. Und dann machen sie so was. Sperren Leute weg, die
opponieren. Oder bringen sie um. Überall dasselbe. Wärst
du schwarz, würde ich dir das alles nicht erzählen. Denn
dann könntest du zur Polizei gehen. Das wär's dann. Aber
du bist weiß. Dir kann ich es sagen. Dir kann ich vertrauen.
Tansania ist kein freies Land. Leider.«

Die *Waterfront* ist eine Welt für sich, eingezäunt, schicke Hotels, Restaurants, Cafés. Ich gehe in ein italienisches Restaurant direkt am Wasser: Eine Pizza kostet hier 25 000 Shilling,
ein Mojito 15 000. Europäisches Essen, europäische Preise,
weiße Gäste, einige schwarze, extrem zurechtgemachte junge
Frauen. Eine vierköpfige Band mit tollem Sänger spielt europäische und afrikanische Hits, niemand tanzt.

Ich fühle mich unwohl und fahre direkt nach dem Essen
wieder zurück.

Daressalam heißt »Haus des Friedens«, aber für mich ist es
in erster Linie eine Hölle der Hitze. Addis Abeba, Nairobi,
Kampala und Kapstadt haben alle ein angenehmes Klima,
das an Südeuropa erinnert; Daressalam erstickt in tropisch-

windloser, feuchter Hitze. Ich habe zehn langärmelige Hemden eingepackt im schneebedeckten Hamburg bei meiner Abreise. Als ich am nächsten Morgen auf der Suche nach einer SIM-Karte um zehn durch Dar streife, bin ich schon nach wenigen Minuten durchgeschwitzt. Meine Jeans und Hemden hätte ich zu Hause lassen können, die schwarze Sicherheitsbauchtasche wirkt albern, schwer und auffällig, sie kennzeichnet mich als ängstlichen Touri, als ideale Beute, und schon nach eineinhalb Tagen bekomme ich Hitzeausschlag an Armen und Händen. Mit meiner weißen, anfälligen Haut passe ich schlecht hierher. Dazu kommt, dass ich fünf Tage vor meiner Abreise beim Umdrehen eines veganen Bratkäses mehrere Spritzer siedend heißen Öls auf meinen rechten Unterarm bekommen habe. Die Brandwunde hat sich entzündet, ich reibe sie alle fünfzehn Minuten mit Brandsalbe ein, und diese Brandwunden vermischen sich jetzt mit dem Hitzeausschlag. Ich suche eine Apotheke auf und zeige der Mitarbeiterin den Ausschlag an Handgelenk und Hand. Sie holt einen Mann herbei, der ebenfalls meinen Ausschlag begutachtet. »Klarer Fall, Sie brauchen Cortison«, sagt er, und sucht zwei Medikamente raus. Das eine kostet umgerechnet knapp zehn Euro, das andere etwas mehr als einen Euro.

Wie es zu dem Preisunterschied komme, möchte ich wissen.

»Nun, das eine ist aus England, das andere wurde in Kenia produziert.«

Was er mir denn empfehle? Nun, da es dieselben Wirkstoffe enthalte, empfehle er mir die Salbe für 3000 Shilling. Sie heißt *LUCIN – Hydrocortisone cream*. Das ist vermutlich die billigste Cortison-Salbe meines Lebens. Ich kaufe sie und trage sie sofort auf.

Ich gehe in einen Vodacom-Shop, um endlich eine SIM-Karte zu kaufen. Seltsam: Dafür muss ich meine Fingerabdrücke abgeben. Die werden dann im Computer überprüft. Man lässt mich fünfzehn Minuten warten. »Schlechte Nachricht«, sagt der Verkäufer. »Die Fingerabdrücke passen nicht zu denen, die am Flughafen genommen wurden.« – »Das kann nicht sein«, sage ich. Er prüft immer mehr Finger. Mittelfinger, Ringfinger, kleiner Finger. Beide Daumen. Passt alles nicht.

»Tut mir wahnsinnig leid«, sagt er. »Manchmal dauert es Tage, ja Wochen, bis die Fingerabdrücke im System sind. Ich kann Ihnen leider keine Karte auf Ihren Namen verkaufen. Aber«, plötzlich lächelt er, »ich kann Ihnen trotzdem helfen. Ich kann Ihnen die Karte auf den Namen von jemand anderem verkaufen.«

Was für ein Bullshit. Auf den Namen eines Cousins? Wutentbrannt verlasse ich den Laden. Zurück zum Hotel. Der Mann am Empfang bietet mir an, über seinen Onkel eine SIM-Karte für mich zu kaufen. Ich lehne dankend ab und laufe zur nächsten Mall, wo es ein *Halotel* geben soll. Ein kleines, schmuckloses Office. Vier Leute warten bereits. Ich warte auch. Nach zehn Minuten vergewissere ich mich, ob ich hier eine SIM-Karte bekomme. Selbstverständlich. Ich müsse nur warten. Ich warte. Ein kleiner Mann kommt herein, jung, spiegelnde Vollglatze, Brille, er sieht intellektuell aus. Auch er wartet. Nach einer Weile fragt er etwas, bekommt eine Antwort und verlässt den Laden. Ich frage nach weiteren zehn Minuten, in denen nichts vorangeht, wie lange es denn noch ungefähr dauern werde. Da komme ich plötzlich an die Reihe. Ich müsse mich zuerst ausweisen, gebe ihnen meinen Reisepass. Nein, Reisepass bringe nichts, sie bräuchten meinen Personalausweis. Ich habe ihn dabei, der Verkäufer begutachtet ihn. Aber das sei ja gar kein tansanischer Personalausweis. So könne er mir keine SIM-Karte verkaufen. »Aber ...«

Ich ahne, was kommt.

»Wir können Ihnen trotzdem helfen. Wir könnten Ihnen die Karte auf den Namen von jemand anderem ...«

Ich bin mit meinen Nerven am Ende.

»Wissen Sie, wie lange es in Vietnam dauert, eine SIM-Karte zu bekommen? Zwei Minuten! Und hier? Stunden!«

Er sieht mich verständnislos an.

»Sehen Sie?«, rufe ich in einem plötzlichen Wutanfall, »das ist der Grund, warum es mit diesem Land nicht vorangeht, wenn Sie nicht mal in der Lage sind, einem Touristen ganz regulär eine SIM-Karte zu verkaufen!«

Draußen versuche ich, den Weg zu meinem Hotel zurückzufinden, da spricht mich jemand an. Der junge intellektuelle Glatzkopf. Er könne mir ein anderes Netz empfehlen. Sanet. In der City Mall. Ganz nah. Er bringe mich hin. Ich nehme dankend an. Es ist aber nicht ganz nah. Es dauert ewig, es ist heiß, ich sterbe. Ich könnte niemals in Dar leben. Diese Stadt kann ich nur in klimatisierten Räumen überleben.

»Es tut mir leid«, sage ich, »ich muss jetzt wirklich zum Hotel.«

»Welches?«

»Tiffany Diamond.«

»Kenn ich. Ich bring dich hin.«

Er fragt mich aus. Und erzählt dann von sich. Aus Ruanda komme er. Vater tot, Mutter tot, Geschwister tot. Er sei der einzige Überlebende. Ich sage ihm, wie sehr es mir leidtue.

»Und ich habe ein Problem«, sagt er, »mit der Einwanderungsbehörde. Die erkennen da ein Dokument nicht an.«

Er hält an. Zieht ein Dokument aus der Tasche.

»Das ist mein Problem, Bruder«, sagt er. »Das hier. Ich habe Probleme. Kannst du mich unterstützen? Ich brauche nur ein wenig Geld. Nicht viel. Nur ein bisschen. Weil ...«

Da sehe ich einen weiteren Vodacom-Laden. Ich entschuldige mich und verabschiede mich von ihm. Ich kann hier nicht jedem helfen, denke ich. Und ich brauche jetzt eine SIM-Karte.

Diesmal rede ich mit dem Verkäufer erst über Tarife, über Geld, ich suche den teuersten Tarif aus, in der Hoffnung, endlich bedient zu werden. Als Nächstes nimmt er meine Fingerabdrücke. Er checkt sie im Computer. Überraschung. Sie passen nicht. »Es dauert Wochen. Ich kann Ihnen trotzdem helfen. Ich kann Sie über den Namen von jemand anderem registrieren. Okay?«

Ich bleibe ganz ruhig. »Nee, nicht okay. Ich fahre jetzt zum Flughafen. Da kriege ich das ohne Fingerscanner. Und zwar sofort. Ohne Cousin.« – »Nein, nein, bleiben Sie!« Plötzlich geht es. Allerdings muss er zum Aktivieren plötzlich einen anderen Tarif berechnen. Es wird noch mal teuer. Ich zahle 67 000 Shilling (fünfundzwanzig Euro) für dreißig Tage und fünfzehn Gigabyte. Das Installieren ist mühselig, ein anderer

Mitarbeiter muss helfen, die Spracheinstellungen müssen geändert werden. Plötzlich geht mein Handy wieder. Nach drei Tagen in Tansania.

»It works!«, strahle ich.

»Money!«, fährt er mich an.

Ich habe zweiundvierzig Länder bereist. Nur in Tansania war es so mühsam, eine SIM-Karte zu kaufen. Warum sie einem partout die Karte auf den Namen eines anderen verkaufen wollen, habe ich nie erfahren.

11.

DIE NGONI, DIE KEIN NGONI SPRICHT

Xaveria ist mein erster Host in Tansania: Eine Rechtsanwältin mit Mann und zwei Kindern. Sie hatte überragende Rezensionen, allerdings vor vielen Jahren. Als ich sie anschreibe, ob sie wieder jemand aufnehmen könne, der noch dazu ein Buch darüber schreibe, sagt sie sofort zu. Ihre Lebenssituation habe sich verändert, schreibt sie, inzwischen sei sie geschieden. Aber sie freue sich auf mich.

Wir sind in ihrer Kanzlei verabredet, ein Uber fährt mich hin. Der Fahrer fragt mich, wo ich herkomme. Ah, Deutschland. Er habe schon so viele Deutsche gefahren. Erst heute Morgen.

»Ich habe ihn gefragt, wann fliegst du zurück, Bruder? ›Zurück?‹, hat er gefragt. ›Gar nicht! Ich bleibe hier!‹«

Ja, Covid. Vorsichtig müsse man sein. Aber nicht ängstlich. Angst sei gar nicht gut. Angst mache krank! Magufuli mache es genau richtig. »Ihr in Europa«, sagt er, »ihr habt was gespart. Ihr habt was auf der Bank. Ihr könnt ein Jahr lang von Erspartem leben. Aber wir? Wir arbeiten heute, und von dem Geld essen wir heute. Können wir nicht arbeiten, verhungern wir. Magufuli ist der perfekte Mann. Der Virus ist eh da!«

Xaverias Büro ist in *Clifton's Plaza Village Walk*, einem Einkaufszentrum in der Nähe der *Waterfront* mit Gym, Juwelier und arabisch anmutender, orange gestrichener Fassade. Das Premium-Daressalam. Ihre Tochter Kimmy ist da, vier Jahre alt, in Schuluniform, dunkelblaues Kleid, weiße Bluse, geputzte, elegante schwarze Schuhe. Sie ist begeistert, mich zu sehen. Xaveria ist siebenunddreißig, sieht aber zehn Jahre jünger aus, trotz ihrer strengen, schwarzen, rechteckigen Hornbrille. Sie wirkt auf Anhieb humorvoll, intelligent und souverän. Sie wohnt mit Kimmy in einem großen Apartment im ersten Stock eines zweistöckigen Neubaus, wo sie gerade eingezogen sind. Im Wohnzimmer zwei große, gemütliche, hellbraune Sofas um den großen Flatscreen-Fernseher an der Wand, in der Ecke ein kleiner Altar mit Jesus am Kreuz, an der Wand Fotos ihrer Kinder. Der mit persischen Ornamenten geschmückte Teppich auf dem Fußboden ist übersät mit Bastelsachen von Kimmy. Die Küche ist modern eingerichtet, großer Kühlschrank, Mikrowelle, Gasherd, Wasserspender, aber es überwiegt der Eindruck eines Schlachtfeldes: dreckiges Geschirr, die Spüle vollgestellt, ein großer Karton steht schief darunter. Ich bekomme ein eigenes Zimmer mit Klimaanlage, Einzelbetten an jeder Wand, kahle weiße Wände, eine Gardine. Es gibt sogar ein eigenes Badezimmer für mich, aber aus dem Waschbecken kommt nur tröpfchenweise Wasser.

Ich spiele den beiden einen irischen Gassenhauer, die *Swallowtail Jig* auf der Blockflöte vor, Kimmy ist begeistert, noch mehr allerdings von den Bonbons und Seifenblasen, die ich mitgebracht habe, Xaveria freut sich über das Lübecker

Marzipan. Sie fläzt sich aufs Sofa, als wäre ich ihr engster Freund, und fängt an zu erzählen. Deutsche, sagt sie, gebe es hier einige. Vor allem in diesem Jahr, Lockdownflüchtlinge. Aber natürlich, die Geschäftsleute, das seien die Chinesen, die Inder, zuletzt kamen die Türken, im Baugewerbe. Sie ist eine Ngoni, spricht aber die Sprache nicht, selbst in Swahili beherrscht sie nur wenige Sätze. Sie spricht perfektes, britisches Englisch, ihr Vater arbeitete für den meteorologischen Dienst in Dar und für die Entwicklungsbehörde der Vereinten Nationen. Als Jugendliche lebte sie zwei Jahre in Swasiland, wo sie auf eine internationale Schule ging. Sie hat sieben Geschwister, zwei von der *Senior Wife*, fünf von der *Junior Wife* ihres Vaters. Wie in Tinnas Familie haben alle Karriere gemacht: eine Statistikerin, ein Landwirt, zwei IT-Leute, ein Arzt, ein Entwicklungshelfer, alles Akademiker. Ihr Exmann war Athlet, Basketballer in den USA.

Mir fällt auf, wie brav und wohlerzogen sich Kimmy verhält. Jedes deutsche Kind in dem Alter, das ich kenne, hätte Xaveria und mich während unseres langen Gesprächs regelmäßig gestört, nicht so Kimmy, sie sitzt ruhig und bedächtig auf dem Teppich vor dem Fernseher und malt. Ihr vier Jahre älterer Bruder Tarsis Joshua ist nicht da, er geht auf eine Boarding School.

Ich frage Xaveria nach dem berühmten Ritual in Swasiland, bei dem der König sich jedes Jahr im Nationalstadion nach einem Vortanzen der hübschesten jungen Frauen eine neue Ehefrau aussucht. König Sobhuza II. kam so am Ende auf siebzig Frauen, 210 Kinder und etwa 1000 Enkel. Ich habe sogar ein Lied über ihn geschrieben, *Das Prinzip Sobhuza*.

Das Ritual gebe es immer noch, erzählt Xaveria, aber es werde immer moderner. Heute bewürben sich keine armen Mädchen vom Lande, sondern hochgebildete Mädchen mit Collegeabschluss, die um die Gunst des Königs konkurrierten, alle Mütter beteten, dass ihre Tochter genommen wird.

Ich finde es interessant, wie weit weg Xaveria von ihrer Herkunft ist, wie wenig sie über das Leben der Ngoni weiß. Wenn es ein Vorurteil gebe, sagt sie, dann dass sie viel trinken würden und gern Sex hätten. Wenn sie also erzähle, sie sei Ngoni, heiße es: »Wow! Gut im Bett!«

Aber das sei alles so weit weg. »Das war das Tolle an Nyerere, er war gegen Tribalismus.« Daher spielten die Tribes keine Rolle mehr in Tansania, ganz anders als in Kenia. Nur die ganz großen Tribes in Tansania, die seien stolz. Die Haya würden immer erzählen, wie gebildet sie seien. Den ganzen Tag angeben. Oder die Chagga. Sehr aggressive Geschäftsleute, immer hinter dem Geld her.

Xaverias Schwerpunkt als Rechtsanwältin ist Compliance. Es ist ihr wichtig, Magufuli zu verteidigen. Viele Geschäftsfreunde, gerade Chagga, hätten sich darauf eingestellt, Zölle und Steuern zu umgehen. Nur einer von zehn Containern sei früher verzollt worden, aber damit sei plötzlich Schluss gewesen, stattdessen habe man die Bücher über zehn Jahre zurückverfolgt. Plötzlich müssten die Unternehmen sich an Regeln halten. Natürlich könnten sie auch in Zukunft Geschäfte machen, aber der Staat habe auch etwas davon. Das sei eine gute Struktur. Aber die Chagga hassten den Präsidenten dafür und würden nun Gerüchte über ihn in die Welt setzen, zum Beispiel, dass man für ein falsches Wort, eine abweichende Meinung ins Gefängnis komme. Aber wo seien die Beweise dafür? Es seien nur Gerüchte.

Ich habe Angst, etwas zu essen, das in der von Essensresten, Müll und dreckigem Geschirr übersäten Küche gekocht wurde, oder noch mehr Chaos anrichten zu müssen, und schlage vor, dass wir alle zusammen spazieren gehen. Wir gehen einen langen Weg entlang Richtung Meer, kommen schließlich an eine Küstenspitze, wir sehen das Meer und eine kleine Bucht, es sieht ein bisschen aus wie in Irland. Wir machen eine Reihe von Fotos, ich fotografiere Xaveria und Kimmy, sie lacht aus vollem Herzen in den Armen ihrer Mutter, ein paar Selfies gibt es auch noch, wir sehen fröhlich aus. Es wird früh dunkel, wie meistens in Afrika. Lange zu einem Restaurant zu laufen ist keine Option, aber zum Glück liegt hier direkt am Meer ein Luxuskomplex mit indischem Restaurant, in das ich sie einlade. Perfektes Design, luxuriöse Sauberkeit, Kunstgegenstände, Sofas, Teppiche, afrikanische Kunst. Wir sind die einzigen Gäste. Es ist Montagabend, am Wochenende sei es voll, meint Xaveria. Ich frage mich trotzdem, wie sie überleben können, wenn wir die einzigen Gäste sind. Es ist, wie so oft in Ostafrika, exquisites indisches Essen, wir machen albern-lustige Fotos, die Preise sind wie in Hamburg, vielleicht noch etwas teurer. Das ist die weiße Parallelwelt in Afrika, genauso sorgsam gestaltet, perfekt gepflegt und teuer, wie ich es aus Hamburg kenne. Ein Europa in Afrika.

Wir fahren im Uber nach Hause, ich ziehe mich in mein Zimmer zurück, es ist staubig, trostlos und etwas vollgemüllt. Immerhin gibt es eine Klimaanlage, einen Ventilator – und eine Tafel mit dem Swahili-Alphabet. Ich stelle fest, dass Swahili genau so konstruiert ist wie Japanisch, ein Konsonant tritt nie ohne Vokal auf, ein Vokal nie ohne Konsonanten. So ähnelt sich das Alphabet, und die Sprachen klingen für meine Ohren auch ähnlich.

Morgens um sechs höre ich die beiden aufstehen und rumoren, bleibe liegen, bis sie das Haus verlassen, gehe ins Wohnzimmer, streife durch die Küche. Auf dem Boden liegen ein zerknülltes blaues Handtuch, ein offener Wasserbehälter, eine Einkaufstüte, ein Pappkarton, auf dem Herd ein Topf mit Ölresten und einer Kelle, auf den Ablagen liegen Lappen, Tücher, Plastikbehälter, Kartoffelschalen, noch mehr schmutzige Tücher, ein Topf mit Kartoffelschnitzeln, in der Spüle fleckige Becher, ein ölig beschmierter Messbecher, schmutziges Geschirr, Kaffeebecher mit Kaffeeresten. Xaveria hat einmal Wasser über alles laufen lassen und dann die Küche als Stillleben hinterlassen. Nach meiner ersten langen Afrikareise 2016 hatte ich diesen Gedanken: Hier kümmert man sich nicht um Dinge. Dinge haben einen viel geringeren Stellenwert als bei uns. Ich erinnere mich an das von einem Engländer gestiftete Schulgebäude in einem Dorf bei Entebbe, Uganda. Wegen der anstehenden Parlamentswahlen und befürchteter Unruhen waren Ferien, und drinnen im Klassenzimmer lagen Stühle und Tische kreuz und quer auf dem Boden, übereinander, untereinander, wie durcheinandergeworfen in einem Akt der Zerstörung. So würden sie hier wochenlang liegen, denn niemand würde sich so sehr daran stören, dass er sich die fünfzehn Minuten nähme, um aufzuräumen. Menschen erweist man hier sehr wohl Respekt, wenn sie Autoritäten darstellen, Polizisten, Pfarrern, Soldaten, Politikern, Chiefs, Medizinmännern,

Familienoberhäuptern, auch Weißen. Aber Dingen nicht. Das ist natürlich nur mein ganz persönlicher Eindruck, aber ich habe die Erfahrung wieder und wieder gemacht.

Ich setze mich mit meinem Laptop aufs Sofa. Plötzlich gibt es einen Lärm, und die Gardinenstange samt Gardine kommt herunter. Ich sehe, dass die Plastikauflage dort, wo die Stange auflag, abgebrochen ist. Billigste Verarbeitung. Dennoch ist es mir rasend peinlich. Ich bin ein Gast, ich zahle nichts, ich bin in Tansania, in Afrika, in einem armen Land, ich repräsentiere unweigerlich mein Land, meinen Kontinent, meine Hautfarbe, dann zerstöre ich die Gardinenkonstruktion. Ich gehe rastlos auf und ab. Die Sonne steigt auf, erhitzt den Raum, der vorher durch den Vorhang vor der Sonneneinstrahlung geschützt war. Man sieht auf andere Fensterfronten, die Nachbarn können nun in Xaverias Wohnzimmer sehen, die Gardinen schützten auch vor den Blicken der Nachbarn. Ich kann mich gar nicht beruhigen. Dann kommt Xaveria. Ich gehe ihr auf der Treppe entgegen, warne sie vor, dass es mir total leidtue, ich hätte aus Versehen etwas kaputtgemacht. Entschlossen stapft sie ins Wohnzimmer. Sieht die quer auf dem Boden liegende Gardinenstange. Und lacht. »Ja, das musste ja so kommen«, sagt sie, »das war miserabelste Qualität.« Sie wird einen Handwerker kommen lassen. Ich solle mir keine Sorgen machen. Sie ist nicht im Mindesten genervt von meinem Missgeschick. Dann fängt sie an, die Küche aufzuräumen, zu spülen. »Es sieht nicht immer so schlimm aus hier«, sagt sie, »bitte schreib das in deinem Buch!« Manchmal finde sie einfach keine Zeit neben Kimmy und dem Job ... der Job koste irre viel Zeit. Der Vater kümmere sich nur sporadisch um Kimmy, hole sie mal einen Nachmittag. Der andere Vater, der von Joshua, habe sich seit Jahren nicht blicken lassen. Auch finanziell bekomme sie von beiden keine Hilfe. Für die Schulgelder und die Wohnung müsse sie allein aufkommen, für beide Schulgelder und die Wohnung. Was für eine toughe Frau. Sie erinnert sich an die Trennung. »Es war so seltsam. Plötzlich war er weg und schrieb eine Whatsapp. *Ich bin auf dem Weg nach Deutschland.* Und ich sage: Wie bitte, das kann doch nicht sein, warum hast du das nie erwähnt? Und dann hat er gar nicht geantwortet. Und viel später erst schrieb er, das sei die Trennung. Es gab kein Gespräch, nichts. Plötzlich war er weg. Neun Monate in Deutschland. Das war's.«

Sie wäscht ab, bis alles abgewaschen ist. Dann macht sie uns einen Tee. Nach dem Studium, erzählt sie, nachdem ihr erster Mann sie verlassen hatte, musste sie wieder nach Hause zurück. »So ist das in Afrika. Wenn man nicht mit seinem Mann lebt, dann lebt man bei den Eltern.« Sie habe die Eltern gebeten, dass sie allein ausziehen dürfe, und sie hätten es erlaubt. Und dann war sie allein mit Joshua, sie engagierte ein Kindermädchen für 50 000 Shilling im Monat (das sind zwanzig Euro), anders wäre es nicht gegangen. Und nun ist sie auch noch den zweiten Mann los. Sie hat die Verbitterung vieler alleinerziehender Mütter, aber auch die Stärke und die Willenskraft: Sie muss es irgendwie allein schaffen. Sie hat Glück, dass sie so viel verdient. »Mein Mann arbeitet sogar in derselben Branche wie ich. Aber ich bin besser!«

Ihre Geschichte klingt wie eine Geschichte aus Europa: zwei Berufstätige, zwei Kinder, Patchwork, eine Scheidung, dann die zweite. Ich merke, sie will sich das alles von der Seele reden, und bereue, dass ich schon um elf Uhr im *Na-*

fasi Art Space mit dem nächsten CS-Host verabredet bin und sie zum Aufbruch drängen muss. Sie fährt mich in ihrem schicken Wagen zum Treffpunkt. Dort machen wir Fotos, auf denen sie stolz aussieht, eine starke afrikanische Frau. Im Dorfmuseum stand der Mann im Mittelpunkt der Familie; hier, nur ein paar Kilometer entfernt, in der Gegenwart einer Siedlung der oberen Mittelschicht, steht sie im Mittelpunkt, Xaveria: Frau, Mutter, Akademikerin, Rechtsanwältin, Alleinverdienerin, Alleinerzieherin.

In ihrer Rezension über mich schreibt sie: »Es war Jahre her, dass ich meine letzten Gäste hatte, und diese Erfahrung erinnerte mich daran, wie erfüllend es sein kann, Gastgeberin zu sein. Wir fühlten uns sofort verbunden und redeten über alles, besonders über Kultur und Politik. Sein Besuch war ein ersehnter kleiner Ausflug von meiner erschöpfenden Alltagsroutine. Ich vermisse ihn jetzt schon.«

12.

DIE KÜNSTLERKOLONIE

11 Uhr, *Nafasi Art Space*. Hier arbeitet ein Dutzend tansanischer Künstler auf einem großen Gelände in Kunst-Containern, dazu gibt es einen Seminarraum und eine Ausstellungshalle – das Kunstzentrum Daressalams. Ich sehe mich um. Im Gegensatz zur Künstlerkolonie in Nairobi ist es wie ausgestorben. Nur ein sehr alter, zerknautscht aussehender Künstler taumelt herum, möglicherweise betrunken; ich frage, ob ich eine seiner Skulpturen fotografieren dürfe, er lächelt und hält die Hand auf: »Money!« Nein, ich möchte nicht für ein Foto bezahlen. Das Gelände wirkt wild, verwahrlost, unstrukturiert. Ein paar kaputte, ehemals weiße Plastikstühle stehen ungeordnet unter einem Baum, Steine und Geröll liegen herum, dazwischen einzelne Skulpturen: ein Flugzeug aus Dosen, eine Art Vogelscheuche aus Plastikflaschen, eine ganze Hütte aus hellblauen Wasserflaschen, ein bunt angemalter Baumstamm, ein stilisiertes Motorrad aus verrosteten Eisenteilen. An einer Hütte hängt ein Plakat: *Attention. The use of DRUGS is RESTRICTED in this area. Failure to comply will result in disciplinary action.* Daneben rot durchgestrichen: eine Spritze, Hanf und Pillen.

Am Eingang des Geländes probt eine Band groovigen Soul in einem mit Graffiti übersäten Proberaum. Ich nähere mich drei Mal, traue mich aber nicht hineinzugehen. Für einen Reiseschriftsteller bin ich eigentlich zu schüchtern, habe die fast schon japanische Besorgnis, aufdringlich zu sein und andere zu stören. Auf den Hüttenwänden stehen Sprüche: *The bad news is: Time flies. The good news is: You are the pilot.*

Oder: *One day I will find the right words. And they will be simple.*

Im Seminarraum findet eine Schulung für zukünftige Kuratoren statt, sie sollen später Ausstellungen in Tansania organisieren. Ich treffe Naomi Jacob von Couchsurfing. Sie ist 28, sieht aber jünger aus, lebhaft, freundlich, energiegeladen, sie strahlt den typischen, jungen, afrikanischen Unternehmergeist aus: furchtlos, anpackend, optimistisch. Wir setzen uns, und ich lade sie zu einem Chai ein. Sie hat Innenarchitektur studiert, und ich muss fast lachen, weil mir all die kahlen Wände und undekorierten Räume in den Sinn kommen, die ich beim Couchsurfen in Afrika schon gesehen habe. Es ist vielleicht ungerecht und vorschnell, aber nach meinem persönlichen Eindruck sind die meisten Menschen südlich der Sahara an nichts so wenig interessiert wie an INTERIOR DESIGN. Das Leben in Subsahara-Afrika findet zum größten Teil draußen statt; innen ist es meist dunkel, leer, unordentlich und unmöbliert, das Gegenteil von Schweden. Nicht umsonst stammt der erfolgreichste Möbelkonzern der Welt aus dem Land, in dem die Menschen es sich notgedrungen die meiste Zeit des Jahres drinnen gemütlich machen. Ich erinnere mich an meinen Host Louis aus Entebbe, der davon erzählte, wie er die Eltern seiner holländischen Freundin in

Amsterdam besuchte. Die Haustiere und die unfassbar liebevolle Inneneinrichtung überraschten und beeindruckten ihn am stärksten. Möbel werden in Afrika meistens draußen verkauft, gestapelt an staubigen Straßen. Der Palast des Königs von Luganda, das älteste Gebäude Kampalas, erbaut 1890, ist eine leere, einstöckige Hütte. Ob im *Village Museum* in Daressalam oder in einem beliebigen afrikanischen Musikvideo, das in ländlichen Hütten spielt (ein häufiges Motiv), überall ist das Desinteresse an Inneneinrichtung augenfällig. Ein einziges Mal habe ich bei einem Host eine ästhetisch ausgefeilte Inneneinrichtung gesehen, im ghanaischen Accra, und die Gastgeberin war eine reiche Diplomatentochter, die den größten Teil ihres Lebens in London verbracht hatte; in Afrika hatte sie noch nie ein öffentliches Verkehrsmittel benutzt. Vielleicht reiht es sich ein in das Desinteresse an Dingen, das aus meiner Sicht so charakteristisch für die Mentalität hier ist.

Naomi trägt ein schlichtes hellblaues Hemd, eine dunkelblaue Jeans und hat ihre Haare kurz geschoren. Am auffälligsten sind ihre strahlenden Augen. Sie lebt davon, dass sie Stipendien verkauft. »Wie das?«, frage ich. »Nun«, erzählt sie, »es gibt Unis auf der ganzen Welt, die Stipendien an afrikanische Studenten vergeben. Russland, USA, Kanada, Südkorea, Polen, Deutschland, Frankreich und viele mehr. Sie möchten Afrika etwas Gutes tun. Die Afrikaner und Afrikanerinnen zahlen ein paar Tausend Dollar und studieren dann im Ausland IT, Volkswirtschaft, Betriebswirtschaft, Jura, Medizin.« – »Und was machen sie nach dem Studium?«, frage ich. Naomi überlegt kurz. »Danach bleiben sie da. Sie kommen nicht zurück.«

Ich muss daran denken, was ich in Stephen Smiths »Nach Europa« gelesen habe: dass es mehr ghanaische Ärzte in England gebe als in Ghana. *Brain drain* lautet das Wort dafür, und mein Freund Philipp sagt immer, genau das sei der moderne Kolonialismus, unsere Form der Ausbeutung von Rohstoffen. Wir eignen uns das Talent der jungen Afrikanerinnen und Afrikaner an. Was wir als Akt der Wohltätigkeit ansähen, sei in Wirklichkeit die moderne Ausbeutung. »Wettkampf um die Klugen«, nennt es Gunnar Heinsohn in seinem gleichnamigen Buch. Naomi bekommt Provision dafür. Immerhin: Es ist das einzige Geld in diesem Transfergeschäft, das in Tansania bleibt.

Ich bestelle ihr einen zweiten Chai, und sie erzählt von ihrem anderen Projekt: Sie verkauft Klamotten nach Sambia. Warum Sambia, frage ich. Nun, das sei eben so: Tansania sei ein Küstenstaat, Daressalam der zweitgrößte Hafen Ostafrikas. Hier komme seit Jahrhunderten alles an, aus China, Indien, Arabien, Südostasien. Sambia sei ein Binnenland. Es sei davon abhängig, die importierten Waren aus Tansania einzuführen. Diese Vermittlung übernimmt sie mit ihrer Modeseite auf Instagram. Genau das, denke ich, ist das Unternehmer-Gen: herauszufinden, wo unbefriedigte Bedürfnisse sind, sie zu stillen und daran etwas zu verdienen. Die Zahlungen, erzählt sie, gingen übrigens über die USA. »Klingt kompliziert«, sage ich. »Ja«, sie lacht, »das geht nicht anders. Die direkten Zahlungen aus Sambia nach Tansania sind schon so oft bei Betrügern gelandet und veruntreut worden, dass *Western Union* und *Moneygram* sich in Tansania inzwischen weigern, Zahlungen aus Sambia anzunehmen. Die Sambier müssen also Geld an Verwandte in den USA überweisen, und die überweisen es nach Tansania.«

Und ich hatte Tansania immer für ein Armenhaus gehalten, vor allem im Vergleich zu Kenia, aber es ist anscheinend noch nichts im Vergleich zu Sambia. Es erinnert mich daran, was Thomas Sowell in *Wealth, Poverty and Politics* schreibt: Wir glauben immer, Armut entstünde durch unfairen Handel. In Wirklichkeit ist sie vor allem ein Ergebnis von Isolation. Die wirklich armen Länder Afrikas sind nicht Ghana, Senegal, Nigeria, Kenia, Namibia, Südafrika, Tansania, also die, die wir noch ganz gut kennen. Nein, die ärmsten Länder sind – von Ausnahmen abgesehen – die ohne Küste: Mali, Malawi, Sambia, Burundi, Burkina Faso, Tschad, Niger. Dort haben die Menschen so wenig Geld, dass sie es so gut wie nie schaffen, nach Europa auszuwandern. Sie treiben so wenig Handel mit uns, dass wir schon vergessen haben, dass es sie überhaupt gibt.

Wir gehen durch die leeren Container und kommen schließlich im Ausstellungsgebäude an, wo uns Ibrahim begrüßt und herumführt. Er ist ein energetischer junger Muslim mit Kinnbart. Immer wieder betont er, dass es diesem oder jenem Künstler gelungen sei, ein Bild auf einer Ausstellung in Kenia oder Südafrika unterzubringen oder sogar ein Bild zu verkaufen: Das scheint eine außerordentliche Seltenheit zu sein. Ich muss an die Klagen von Sane Wadu aus Naivasha denken. Das Gelände, erklärt er, sei deswegen so leer, weil die Ateliers gerade wieder für ein paar Jahre neu vergeben würden, für eine sehr günstige Miete. Künstler aus ganz Tansania könnten sich bewerben.

Die Bilder zeigen immer wieder Sinn für Humor: So

macht ein alter zahnloser Chief ein Selfie und strahlt dabei sein Ebenbild an. Eine Tuschezeichnung scheint sich über weiblichen Sextourismus lustig zu machen; sie stellt in einer Strandszenerie blasse, weiße, wenig vorteilhaft aussehende Touristinnen sehr attraktiven, sportlichen, schwarzen Männern gegenüber.

Andere bemühen sich um Sozialkritik: Eine junge Schönheit lächelt ihr Smartphone an, während sie von ihren Schmuckketten gefesselt ist; ein Polizist knöpft einer Verkehrsteilnehmerin Bestechungsgeld ab; ein Ehemann mit nacktem Oberkörper will vor seiner Hütte seine Frau und seine zwei kleinen Kinder mit dem Stock verprügeln, ein Nachbar eilt zu Hilfe.

Und dann »folkloristische« Kunst, die abbildet, was man sich als »typisch afrikanisch« vorstellt: eine Djembe (das ist eine afrikanische Trommel), eine alte Frau, die einen Fisch trägt, oder eine Frau, die mit dem Kopf im Schoß ihrer Freundin liegt, die ihr die Haare macht.

Vieles erinnert mich an europäische Maler-Ikonen: eine Schulhofszene im Stil von Paul Klee, eine Impression aus Stonetown im Stil von Ernst Ludwig Kirchner, digitale Kunst, Kubismus.

Ein Künstler sticht für mich heraus. Er heißt Mihayo, seine Werke haben Witz, Tiefe und Eigenständigkeit. Man erkennt seine Bilder daran, dass seine Protagonisten schwarze Ringe mit kleinen weißen Kreisen darin um die Augen haben; gegenständliche Malerei ohne naturalistischen Kitsch oder Anklänge an Malrichtungen um 1900. Er ist der Einzige, der meine Aufmerksamkeit fesseln kann. Afrika ist ein Kontinent mit einem solchen Überfluss an Gerüchen, Pflanzen, Tieren,

Farben, Geräuschen – aber die kraftvollste visuelle Kunst, der ich in Afrika begegnet bin, waren die Ritualmasken, von denen schon Picasso sich inspirieren ließ. Wie kann das sein?

Ich frage das später Douglas am Telefon, den Couchsurfer und Entwicklungshelfer, der mich vor Jahren ermutigt hatte, zum ersten Mal nach Afrika zu reisen. Es sei der soziale Zusammenhang, vermutet Douglas. In Kenia gebe es eine in die Zehntausende gehende weiße Oberschicht und obere Mittelschicht, in Tansania fehle sie einfach. So gebe es keine Nachfrage nach Kunst. Keine Galerien, keine Kunstakademien, keine Kunstmagazine, keine Kunstmessen, das ganze Feld fehle. Kunst entstehe nicht im luftleeren Raum.

Die Ritualmasken entstünden ja nicht für einen Kunstmarkt, sondern für das Ritual, seit Jahrhunderten. Kunst für einen Kunstmarkt oder sich selbst zu erschaffen, sagt Douglas, sei eine urwestliche Idee, so wie der Bohemien, die tragische und heroische Künstlerexistenz, wie sie schon Puccini feierte.

Douglas' Projekt ADEA heißt *African Development through Education and the Arts*. Ein ADEA-Mitarbeiter habe sich das Malen beigebracht, einen tollen Stil entwickelt und am Ende seine Bilder sogar sehr gut verkauft. Eine Ausnahmekarriere. »Und?«, frage ich. »Was wurde daraus?« – »Nichts«, sagt Douglas. »Er hat das Malen prompt und aus dem Nichts aufgegeben.« Er sei gar nicht mehr erreichbar gewesen. Douglas habe schon Sorgen um ihn gehabt. Endlich habe er ihn doch noch erreicht. Der Künstler hatte sich einen Bauernhof gekauft. Die ganze Malerei habe er nur gemacht, um Geld zu verdienen, um sich diesen Kindheitstraum erfüllen zu können, eine eigene Farm. »Und du willst nie wieder malen?«, habe Douglas ihn gefragt. »Nein, warum sollte ich?«

Ich kaufe Ibrahim noch den Ausstellungsband ab, um etwas Geld dazulassen, und er gibt mir einen Stapel an Aufklebern mit, von denen ich schon weiß, dass ich sie nirgendwo anpinnen werde. Naomi und ich sind noch eine Weile da, wir sind die einzigen Gäste.

Mittagspause. Die Teilnehmer der Schulung für künftige Kuratoren von Kunstausstellungen sitzen draußen am Tisch, ich bestelle für Naomi und mich den Mittagstisch, eine Art indisch-afrikanische Mischung, der Teller für 2000 Shilling, das sind siebenundsiebzig Cent. Wir setzen uns dazu. Eine Kanadierin leitet den Workshop. Sie ist die einzige Weiße in der Runde und trägt als Einzige eine Maske, draußen, in einem Land, in dem niemand Maske trägt. Die Engländer nennen ein solches Verhalten *virtue signalling*. Die einzige Weiße zeigt den Schwarzen, wie man Ausstellungen nach westlichem Verständnis macht, im Rahmen eines NGO-Programms. Sie wohnt an der *Waterfront*, spricht kein Swahili und wird gut bezahlt; für Weiße ist Entwicklungshilfe eine profitable Sache. Ob die Seminarteilnehmer jemals in Tansania Ausstellungen organisieren und damit Geld verdienen werden? Douglas würde es wohl verneinen. Die Idee dieser Art von Ausstellungen kommt nicht von hier, sie kommt aus Europa. Eine afrikanische Mittelschicht, die nur wenig Geld für Möbel oder Tapeten ausgibt – wird sie sich teure Bilder an die Wand hängen? Kann sie sich so etwas überhaupt leisten? Vermutlich nur selten. Afrika nach europäischen Ideen umgestalten zu wollen – war das nicht die Grundidee der Kolonialisten vor 200 Jahren? Vielleicht ist es das, was mich so grundlegend daran stört.

13.

INDISCHES KARMA

Sandeep Rathod ist dreißig und posiert auf seinem CS-Foto stolz in Radlerklamotten vor seinem Rennrad. Er kommt meinem Uber mit dem Rad entgegen und lotst uns von einer Mall durch das wuselige indische Viertel am berühmten Uhrturm vorbei in seine Straße. Während Xaveria mit ihrer Tochter im ruhigen Vorort wohnte, in der Nähe der *Waterfront*, wo die großen, eingezäunten Familienhäuser und Apartments stehen, wohnt Sandeep mittendrin in der Altstadt, zwischen den engen Gassen und Moscheen und Cafés und Straßenhändlern. Er hilft mir mit dem Koffer, ein junger Inder mit hoher Stirn, vollen schwarzen Haaren, kräftigen Augenbrauen, tiefbraunen Augen, Vollbart und leicht abstehenden Ohren. Er trägt ein Nike-T-Shirt und eine kurze schwarze Sporthose. Ein vergitterter Eingang, ein enger Gang durch einen Innenhof, alles sehr unübersichtlich, ein extrem enger Fahrstuhl in den achten Stock. Die Wohnung hat zwei Balkone mit großartigem Ausblick über das umliegende Häusermeer und die Moschee – eine Oase der großen Räume und der Sauberkeit. Sandeep beschäftigt eine Putzfrau. Braunglänzende Ledermöbel, spiegelblanke, kühle, große, weiße Fliesen, ein langer Holztisch mit sechs Stühlen, gleichmäßig gelb gestrichene Wände, eine braune Holzkommode mit Spiegel, nichts liegt herum. Er wohnt hier mit einem Freund, der ein paar Wochen nicht da ist, solange bekommen Couchsurfer das Bett.

Ich bin erschöpft, habe kaum geschlafen, bitte um einen Moment der Ruhe, möchte ihm aber erst mein Geschenk geben, eine große Packung Marzipan, und spiele ihm die *Swallowtail Jig* vor. Die Überraschung: Sandeep hat auch ein Geschenk für mich, eine verzierte indische Holzquerflöte. Ich bin schwer gerührt – es ist das erste Mal, dass ein Host mir etwas schenkt. Ich versuche, ein paar Töne herauszublasen, es gelingt mir.

Sandeeps ganzer Stolz sind seine beiden Rennräder. Zwei- oder dreimal die Woche, erzählt er, treffen sie sich mit einer Gruppe morgens um sechs und fahren eine Stunde, dreißig bis vierzig Kilometer.

»Es ist sehr gefährlich«, berichtet er. »Hier hat Radfahren keine Lobby. Es gibt keine Radwege, wir fahren auf den Hauptverkehrsstraßen, die Autofahrer nehmen keine Rücksicht. Die meisten von uns haben sich schon verletzt, teilweise schwer.«

Er erzählt das ruhig und sachlich, ohne jede Ironie, so wie er alles erzählen wird, es ist sein Wesen, er wäre der geborene Vater oder Lehrer. In diesem Fall liegt etwas unfreiwillig Komisches darin: Nach und nach verletzen sich alle schwer in diesem fahrradfeindlichen Verkehr, aber gleichwohl brechen sie immer wieder frühmorgens auf. »Mir ist zum Glück noch nichts passiert«, schließt er lapidar.

Sandeep betont, dass ich auch mal die Klimaanlage

einschalten könne oder den Ventilator – aber bitte nur kurz, der Strom sei wahnsinnig teuer.

Wir setzen uns zusammen aufs Ledersofa im Wohnzimmer, während es langsam dunkel wird, und reden über das, was Männer am meisten interessiert: Frauen. Sandeep ist Single und kinderlos und erzählt eine Geschichte aus dem Brihadaranyaka Upanishad, dem vielleicht ältesten Epos der Welt. Der Mann hat die Frau aus sich selbst heraus erschaffen, aber obwohl das so ist, will er sie haben, sie besitzen. Das will sie nicht, sie will von ihm weg. Sie fragt sich: Warum will er mich besitzen, wo er mich doch aus sich selbst geschaffen hat? Sie verwandelt sich sogar in ein anderes Wesen, in eine andere Spezies, um ihm zu entrinnen. Aber sein Verlangen, sie zu besitzen, ist so groß, dass er sich auch in diese Spezies verwandelt. Sie verwandelt sich wieder. Er auch – ein ewiger Kreislauf. Nur weil er ihr keine Freiheit lassen kann, weil er nicht loslassen kann. Interessant, denke ich, dass dieses alte indische Epos und Sandeep von Freiheit und Loslassen sprechen. Sind das nicht westliche Themen? Ist das Besondere an Indien nicht, dass nirgendwo sonst so wenige Ehen geschieden werden?

»Es ist doch so«, erklärt Sandeep, »alles, was ich tue, was ich gebe, alles was ich ins Universum hineingebe an Energie, kommt irgendwann zu mir zurück. Es kommt zurück, vielleicht sogar doppelt oder dreifach. Das nennen wir Karma. Daher ist es so wichtig, was ich tue. Es ist ein Kreislauf der Energie.«

Er spricht mit dem charakteristisch indisch-britischen Akzent. Er kommt aus einer armen Familie, konnte nicht an einer großen, bedeutenden Uni studieren, aber der Software-Konzern SAP aus Deutschland ermöglichte ihm ein Studium, und jetzt betreut er seit vielen Jahren SAP-Kunden in Tansania.

Wie kommt es, frage ich Sandeep, der wie ich schon in Mumbai war, dass Daressalam eine Hafenstadt wie das reiche Mumbai ist, aber dennoch arm? »Nun«, sagt Sandeep, der darüber anscheinend schon oft nachgedacht hat, »wir sehen immer die Gegensätze: zwischen Westen und Osten, zwischen Orient und Okzident, zwischen Islam und Christentum, zwischen China und Indien. Aber in Wirklichkeit war das immer ein großer Kulturraum mit den fünf großen Weltzivilisationen – Europa, Arabien, Persien, Indien, China –, die sich seit Jahrtausenden ausgetauscht und befruchtet haben. Die Gedanken, die Gewürze, die Technologien, die Epen, die Waffen, die Erfindungen, die Philosophien: Alles hat sich entwickelt im Austausch. Nur eine Ecke der Welt war davon komplett abgeschnitten: das Afrika südlich der Sahara. Keine Schrift, keine Malerei, keine Architektur, keine Epen, keine heiligen Schriften, keine Philosophen, keine Technologie. Da ist keine jahrtausendealte Tradition, auf der sie aufbauen können. Sie waren abgeschnitten. Durch die Wüste. Durch die Regenwälder und Sümpfe. Durch Krankheiten wie Malaria. Das ist das afrikanische Problem. Aber andererseits«, sinniert Sandeep, und jetzt wird er plötzlich emotional, »wie kommen wir eigentlich dazu, von Armut zu reden. Wieso reden wir immer von Armut? Wie definieren wir überhaupt Armut? Weil jemand in seiner Hütte auf dem Dorf lebt, ohne Strom und fließendes Wasser, ist er arm? Wenn er aber doch umgeben ist von seiner Frau, seinen Kindern, seinen Ziegen und Kühen, seinem Tribe, seiner Gemeinde – wieso nennen wir ihn arm? Er ist nicht arm. Wir definieren nur, dass er arm ist.«

Ich bin fasziniert, dass Sandeep anscheinend dieselben Gedanken beschäftigen wie mich. Ich erinnere mich noch an meinen ersten Tag in Uganda, die Fahrt von Entebbe über die Landstraße nach Jinja am Weißen Nil, vorbei an all dem Grün, durch ein Paradies, in dem Kaffee, Tee, Ananas, Kokosnüsse, Guaven und Mangos mühelos wachsen unter einer gleichmäßig warmen Sonne. Ich fühlte mich glücklich und geborgen und fragte mich etwas fassungslos, wieso man mir seit der Grundschule erzählt hatte, Afrika sei arm. Ich erlebte Afrika als Kontinent der Fülle. Fühlbar, unmittelbar, konkret.

Es ist Dienstag, und ich weiß noch nicht, wo ich die nächsten drei Tage verbringen werde. Es gibt einen interessanten CS-Host, mit dem ich im Kontakt stehe. Er führt die Besucher erst zu sich nach Hause in Dar, dann in sein Heimatdorf bei Dodoma. Immerfort schickt er faszinierende Fotos aus seinem Dorf mit gutgelaunten Couchsurfern, er scheint gar nichts anderes zu tun. Dazu preist er die Schönheit seines Dorfs – ein Überfluss an Nahrung, frischen Früchten, großen Wäldern, in denen man wandern könne, klettern, in einem Fluss schwimmen und auf einem Felsen ausruhen. Es gebe Gewürze, Vanille, Zimt und Kardamom, außerdem Kaffee. Während meines Gesprächs mit Sandeep kommt plötzlich eine neue Textnachricht von ihm: »Lass mich dir ein paar kleine Dinge und die Wahrheit erklären, Bruder. Die Leute hier im Dorf denken, ich bin reich, weil ich all die reichen Weißen herbringe. Also bitte ich euch, meine weißen Freunde, etwas zu spenden, für die Schule hier zum Beispiel.

Oder du gibst mir etwas Geld, und ich gebe etwas davon den anderen, und den Rest behalte ich, denn ich bin arbeitslos und muss für meine Mutter und meine kleine Schwester sorgen.«

Ich frage ihn, wie viel er genau haben will. Es sind achtzig Dollar für zwei Nächte – aber er schickt sogar eine detaillierte Preisliste. Ein Motorradausflug ins Gebirge käme noch mal extra. Das alles hat natürlich nichts mit Couchsurfing zu tun, es ist eine bezahlte Tour, Marketing für sein Tourbusiness. Es ist nicht richtig. Nun, da ich hier mit Sandeep zusammensitze, seine Ehrlichkeit spüre, seine Wahrhaftigkeit, seine warmen, braunen Augen, kommt es mir noch viel falscher vor. Ich schreibe ihm, dass ich etwas geschockt von der Preisliste sei, dass er gern seine Touren auf GetYourGuide oder Tripadvisor anbieten könne, aber nicht auf Couchsurfing, dass ich ein Buch über meine Erfahrungen schreiben möchte, und dies sei nicht der Geist, über den ich schreiben möchte. Ich wünsche ihm alles Gute und sage ihm Lebwohl.

So schnell hat Sandeeps Karma funktioniert.

»Sandeep«, sage ich, »du bist ein großartiger Host. Kann ich bei dir eine Nacht länger bleiben?« – »Kein Problem. Du kannst noch viel länger als eine Nacht länger bleiben.« Er studiert den Kalender, wann sein Kollege wiederkommt.

Abends gehen wir zu einem lokalen indischen Restaurant, schmucklos im Design, aber mit sehr schmackhafter Küche. Sandeep hält gleich am Anfang fest, dass wir uns die Rechnung teilen werden (auch darin ist er die Ausnahme unter meinen Hosts in Afrika). Wir treffen seinen Kollegen Amit, er betreibt Marketing für eine japanische Bohrmaschinenfirma und ist mindestens zwanzig Jahre älter als Sandeep.

Ich lerne die vier P des Marketings kennen: Product, Price, Promotion und Place. Wir ergänzen das fünfte P, das so entscheidend ist in Afrika: People.

Ich frage Sandeep und Amit nach dem Unterschied zwischen Indern und Afrikanern.

»Na ja«, sagt Amit, »wenn du einen Afrikaner darum bittest, von A nach B zu gehen, dann wird er nach dem genauen Weg fragen und genau diesen Weg gehen, ganz stur, egal, wie lange es dauert. Der Inder wird versuchen, eine Abkürzung zu finden.«

Das Leben sei viel hektischer in Indien, ergänzt Sandeep. Das genieße er hier, mehr Ruhe, mehr Besonnenheit, weniger Ehrgeiz. Er hat auch eine Theorie dazu. »Es liegt daran, dass sie so viel früher Kinder bekommen, die Männer wie die Frauen. Viele werden bereits mit achtzehn Vater. Was bedeutet das? Dein ganzes Universum verschiebt sich. Wichtig und unwichtig verschieben sich. Dein Kind steht an erster Stelle. Die Arbeit wird unwichtiger. Du verlierst deinen Ehrgeiz, deine Getriebenheit.«

Ich muss darüber nachdenken. Bislang hatte ich es immer umgekehrt gesehen: dass gerade der Umstand, als Vater für eine Familie verantwortlich zu sein, einen in den Ehrgeiz hineintreibt.

Nachdem wir gegessen und bezahlt haben, will Sandeep mit uns ans Meer. Wir nehmen ein Uber, teilen uns die Kosten wieder. Während der langen Fahrt frage ich nach Magufuli. Ist er Gift für die Wirtschaft, wie die einen sagen? Oder etabliert er eine effiziente Verwaltung, wie Xaveria sagt?

Nun, erklärt Amit, dessen indischer Akzent noch extremer ist als der Sandeeps, viele Unternehmen hier hätten ihr ganzes Geschäftsmodell darauf aufgebaut, Zölle und Steuern nicht oder nur teilweise zu zahlen. Aber bei Magufuli sei noch etwas dazugekommen: Vendetta. Persönliche Fehden. Manche Geschäftsleute hätten morgens gehört, dass die Steuerfahnder vor der Tür stünden. Sie hätten alles stehen und liegen lassen und das nächste Flugzeug nach Hause genommen, nach Indien, China, in die Emirate. Die anderen seien dann ins Gefängnis gekommen. Magufuli habe nicht einfach nur Compliance erzwungen, er habe ganze Firmen zerstört. Das sei das eigentliche Problem.

Wir kommen an. Es ist Nacht. Das Meer sieht aus wie in Irland. Es ist genau die Stelle, zu der Xaveria mich gestern gebracht hat – in einer Metropole von mehreren Millionen Einwohnern.

»Wir können hier einfach am Meer sitzen und den Wellen zuhören«, schlägt Sandeep vor. Es ist warm, der Wind weht. Wir schweigen.

Dann erzählt mir Amit seine Theorie von den verschiedenen Typen und Völkern in Indien:

»Es ist keine wissenschaftliche Studie, aber persönliche Erfahrung«, erläutert er. »Der Norden Indiens ist kalt. Dort sind die Menschen schön, aber weniger intelligent. Gehst du ein bisschen weiter südlich, in die Mitte des Nordens, dann findest du Leute, die gut aussehen, aber nicht arbeiten können. Sie sind einfach keine guten Arbeiter. Aber sie können organisieren, es sind gute Manager. Dann kommst du ins Zentrum Indiens, dort sind die Arbeiter, sie werden gehorchen, sie folgen Anweisungen, sie werden ihre Arbeit zuverlässig verrichten und zu Ende bringen, sie werden jeden Tag mit ruhigem Geist ihre Arbeit tun, fleißig, ruhig und fokussiert. Wenn du noch weiter nach Süden gehst, steigt die Intelligenz langsam an. Dort sind die Menschen, die intelligent sind *und* arbeiten. Und dann kommst du in den echten Süden, dort sind die klügsten Inder. Sie sehen nicht gut aus, sie haben die dunkelste Haut, aber das sind die, die für die NASA arbeiten, Atomphysiker, Teilchenforscher, IT-Genies, diese Leute kommen aus dem Süden. So ist Indien aufgeteilt.«

Es klingt absurd. Aber wenn ich ehrlich bin, könnte ich einem Inder eine ähnliche Landkarte Deutschlands zeichnen: die fröhlichen Rheinländer, die humorvollen Südhessen, die gemütlichen Ruhrpottler, die sturen Bayern, die fleißigen Schwaben, die kühlen Hamburger, die unhöflichen Berliner. Lauter Klischees. Aber nach 18 Jahren Touren mit LaLeLu, meiner A-cappella-Gruppe, denke ich, diese Charakterisierungen wären nicht ganz falsch. Alltagssoziologie. Milieus und Mentalitäten.

Irgendwann frage ich Sandeep, ob er nicht zurück nach Indien wolle.

»Natürlich«, sagt er. »Wenn ich genug Geld zusammen habe, um eine Familie zu gründen. Dann gehe ich wieder nach Indien. Aber für meinen Lebensabend, meine Rente – da werde ich zurückkehren, hierher. Mir ein großes Haus, vielleicht eine Farm kaufen, auf dem Land. Und hier alt werden und sterben. In Ruhe, in der Natur.«

Von Verachtung ist bei ihm nichts zu spüren, trotz der Myriaden von Dingen, die hier nicht funktionieren.

Zurück in Sandeeps Wohnung schreibt mir Douglas, dem ich meine Route geschildert habe: »Deine Reise ist toll, aber sie verläuft entlang der typischen Touristenpfade, die Sansibar-Dar-Moshi-Arusha-Route. Warum kommst du nicht 48 Stunden nach Mtwara? Es gibt einen Flug. Meine ADEA-Leute sprechen Englisch und haben wundervolle Geschichten zu erzählen. Bitte denk drüber nach. Du wirst es nicht bereuen!«

Ich schaue nach, es gibt tatsächlich einen Flug, Donnerstag um 5:45 Uhr hin, Samstag um 7:15 Uhr zurück. Ich buche ihn. Douglas ist in Südafrika, aber er will dafür sorgen, dass sich jemand um mich kümmert. Ich danke ihm. Übermorgen, denke ich, komme ich ins authentische Tansania.

14.

KIMMYS GEBURTSTAG

Heute wird Kimmy fünf, und ich möchte sie mit einem Geschenk überraschen. Ich erinnere mich noch an meinen eigenen fünften Geburtstag, den ersten im neuen Haus in Offenau, der glücklichste aller glücklichen Geburtstage meiner Kindheit. Ich bekam einen Globus, der von innen leuchtete. Abends, allein in meinem ersten eigenen Zimmer, schaute ich den Globus an, das große, große, weit entfernte Afrika. Das war 1971, zu der Zeit, als Julius Nyerere künstliche, unter zentraler Regie aus dem Nichts zu erschaffende Dorf- und Produktionsgemeinschaften für Tansania plante, die kaum jemand außer ihm wollte. (Das Merkwürdige an sozialistischen Planungen: Die Menschen, für die sie gut sein sollen, spielen darin keine Rolle.) Ich möchte Kimmy ein Geschenk kaufen, aber der Tag hat erst mal anderes mit mir vor. Die Klimaanlage ist ausgefallen, die Wohnung ist aufgeheizt, der Strom funktioniert nicht, mein Handy ist fast entladen. Sandeeps Stromkontingent ist aufgebraucht, er muss erst neuen Strom kaufen. Beim Anziehen stütze ich mich auf ein Knäuel auf dem Bett und höre ein Knacksen – meine Bildschirmbrille, die ich brauche, um mein Reisetagebuch in den Laptop zu tippen. Ein Bügel ist verdreht und fast abgefallen. Außerdem hat sich der Ausschlag an meiner rechten Hand weiter nach oben bis auf den Zeigefinger ausgebreitet. Zudem ist er leider auch noch auf die linke Hand übergesprungen, obwohl ich die ganze Zeit die Cortison-Salbe aus Kenia aufgetragen habe. Und dann habe ich gestern Abend auch noch mein Käppi, das ich so dringend gegen die Sonne brauche, im indischen Restaurant liegengelassen. Die Wohnung ist unerträglich heiß, Sandeep ist auf der Arbeit, ich brauche einen Optiker und eine neue Salbe. Draußen ist die Hitze noch übermächtiger, wie kann man hier leben? Ich finde einen indischen Optiker neben einem Schmuckgeschäft. Hier tragen alle Maske, zum ersten Mal in Tansania. Ich muss eine kaufen, um den Laden betreten zu können. An der Wand ein Kalender mit Denksprüchen: *An hour spent in acquisition of knowledge is better than sixty years of worship.* Die Brille wird sofort repariert, auf mein Risiko, wie man betont, aber ich vertraue ihnen. Der Optiker biegt erst den kaputten Bügel wieder gerade, repariert dann die Schraube. Ich habe wieder eine voll einsetzbare Computerbrille und bin unendlich dankbar über diese kompetente und schnelle Hilfe. Für vier Euro.

Im Restaurant ist mein Käppi nicht gefunden worden, ich irre durch die Mörderhitze und finde auf dem Weg zu einer Moschee eine nicht überfüllte Apotheke. Ich zeige dem Apotheker meinen Ausschlag und bekomme eine Salbe aus Deutschland: *Diprosalic Ointment* von Schering-Plough, dreißig Gramm für 30 000 Shilling. Ich schmiere sie drei- oder viermal auf den Ausschlag, er verschwindet nach einem Tag. Enthielt die Salbe aus Kenia überhaupt Cortison? Wie immer liebe ich das Unbürokratische an Afrika. In Deutschland hätte ich für diese Salbe ein Rezept vom Arzt gebraucht, tagelang auf einen Termin warten müssen, dazu noch stundenlang im Wartezimmer, um am Ende genau dieselbe Creme zu bekommen. In Afrika sind die Apotheker die Ärzte, das spart Zeit, Kosten, Wege. Und bringt das Risiko mit sich, eine Cortisonsalbe ohne Cortison zu bekommen.

Ich leide immer noch unter den zu dicken Hemden aus Deutschland, die für das heiße Klima in Dar ungeeignet sind. Xaveria hat mir eine Mall in einem arabischen Quartier empfohlen, um etwas Dünneres zu kaufen. Ich finde ein angenehm dünnes, dunkelblaues Baumwoll-Poloshirt. Ein paar Chinesen sind hinter mir an der Kasse, ein Vater mit seinen Söhnen, ich merke, wie ich mich ihnen nahe fühle, und denke an Sandeeps Theorie über den Austausch der Weltzivilisationen und das abseits liegende Afrika. Das Einkaufszentrum ist makellos herausgeputzt, es gibt Juweliere, einen Gamestop-Laden, Immobilienmakler, Schweizer Uhren, Luxus-Lingerie in Dunkelrot. Ich besorge mir noch einen Elektroadapter, wandere durch das offenbar verfehlte Immobilieninvestment: Ich bin der Einzige, der hier wandert, allein im arabischen Luxusuniversum. Draußen wird »Afrikas stärkstes Sicherheitsgitter« auf einem Riesenplakat angepriesen, im Einkaufzentrum gegenüber finde ich ein Waffelcafé mit dem schönen Motto: *Count the memories not the calories.* Ich trinke einen Mangosaft und nehme dann ein Uber zu dem Buchladen, den mir *Lonely Planet* als Top-Sehenswürdigkeit in Dar empfohlen hat: *A Novel Idea.*

Er liegt im luxuriösen *Waterfront*-Komplex in Masaki, dem Expatstadtteil von Dar. Die Verkäuferin ist eine ältere weiße Engländerin, es läuft BBC, vorn stehen Bücher gegen Rassismus, Kolonialismus und Kapitalismus: *Timelines from Black History, Why I am no longer talking about race, Dictatorland, Ethnic Apocalypse, The book of Negroes.* Die Bücher reflektieren weiße, westliche Einstellungen, sie kritisieren das »Weiße Privileg«, sind meiner Meinung nach aber auch nur für Privilegierte interessant. Dieses sich als »kritisch« verstehende Denken, wo lebt es, wo siedelt es sich an? Im privilegiertesten Teil von Daressalam, in einem Lebensraum für Weiße, der *Waterfront*, schneeweiße arabische Architektur am Meer, Palmen, breite, gepflegte Wege, Restaurants mit europäischen Preisen. Wann hat hier zuletzt ein Einheimischer, ein ganz normaler Tansanier ein Buch gekauft? Selbst vom Design her, von den Aufstellern, den verschiedenen Ebenen und Treppen ähnelt *A Novel Idea* westlichen Buchhandlungen. Die Kinderbücher stehen ganz hinten im dunklen Teil des Ladens. Die Verkäuferin kann mir keines empfehlen, sie hat keine Kinder. Vor dem Laden steht etwas, das wie eine alte englische Straßenlaterne aussieht, es soll wohl ein nostalgisches Flair erzeugen. Es wirkt etwas zynisch, wenn man daran denkt, dass ausgerechnet hier, in dieser Fußgängerzone, keine Autos fahren und es in Afrika südlich der Sahara daran so bitter mangelt, an Straßenlaternen. Nur diese eine Sache, Straßenlaternen, würde einen Unterschied machen, würde jedes Jahr vermutlich sehr viele Menschenleben in Afrika retten.

Ich fahre mit dem Uber zu Xaveria und Kimmy. Edwin, der Fahrer, ist klein, stämmig, Ende zwanzig und spricht Englisch mit stark tansanischem Akzent. Was ich in Tansania mache, fragt er.

»Ich recherchiere«, sage ich, »für ein Buch über Afrika.«

»Sehr gut. Was möchtest du wissen?«

»Wie ist es mit den Männern und Frauen hier?«

»Oh, das kann ich dir erklären. Weißt du, in Nordafrika ist es so, du heiratest, und dann hast du Sex (*they marry and fuck*). Bei uns ist es umgekehrt, wir haben erst Sex, und dann heiraten wir (*we fuck and then marry.*)«

»Also, man kann hier vor der Heirat Sex haben?«

»Oh ja, Mann. Ich bin Single. Ich habe drei Freundinnen. Ich betrüge sie alle.«

»Ist das denn okay, das Betrügen?«

»Nein, natürlich nicht ... ach was, es ist okay!« Er lacht. »Ich lade sie ein am Wochenende, wir haben Sex, Sex, sehr viel Sex. Dann schmeiße ich sie raus (*Fuck fuck then go*). Wenn sie nicht gut im Bett ist, schmeiße ich sie noch früher raus (*fuck and run*).«

Aber ja, irgendwann müsse man eben heiraten. Dann komme der Vater oder der Onkel zum Vater der Auserwählten mit einem Brief. In dem Brief müsse Geld sein, sonst lese der den Brief gar nicht. 15 000 Shilling (sechs Euro). Und dann müsse man in dem Brief etwas anbieten. Wie zum Beispiel fünf Kühe. Und allen müsse man etwas bieten. Kleider für die Braut, für die Mutter, für die Großmutter. Alle erwarteten etwas. Und natürlich müsse man einen teuren Ring kaufen. Die *Introduction* aus Uganda und Kenia gebe es hier auch. Alles zusammen könne locker zwanzig Millionen Shilling kosten (8000 Euro). »Oh Mann«, stöhnt Edwin. »Es ist einfach viel zu teuer. Ich bleibe erst mal Single.«

Ich schenke Kimmy noch mehr Süßigkeiten und *Winnie flies again*. Ich lese es ihr vor. Die Küche ist aufgeräumt, der

Vorhang schon repariert, Kimmy liegt oben auf der Sofakante und liest mit. Dann sitzen Xaveria und ich bei einem starken schwarzen Kaffee zusammen, und ich frage sie nach den Heiratsriten bei den Ngoni und bei ihr.

»Das ist ganz genauso«, bestätigt sie. »Und wenn du einen Haya oder Ngoni hast, der in New York lebt, der wird es ebenfalls so machen. Das ändert sich nicht. Nein, das würde Unglück bringen. Ich habe noch das Foto, warte.«

Sie zeigt mir das Foto, auf dem der Onkel ihres Exmannes kniet, mit einem Brief in der Hand, vor ihrem Vater, in dem Brief befinden sich der Antrag und Geld. Ganz demütig wirkt er darauf, wie man es von ihm erwartet. Aber die Scheidung konnten auch die ehrbaren Traditionen nicht verhindern. Ihre Bindekraft erodiert. Und übrigbleibt, wie im Westen, der unerbittlich freie Markt sexueller Beziehungen. *Fuck and go.*

Mit dem Uber fahre ich in der Dunkelheit zurück, treffe Sandeep, und wir sitzen noch bis Mitternacht zusammen und reden. Keinem meiner Hosts komme ich so nahe wie Sandeep, diesem ernsthaften jungen Mann, der die Geschichten aus den Upanischaden auswendig kennt. Er ist zuverlässig, fleißig, klug, gebildet, sportlich – und Single. Sind die Frauen um ihn herum blind? Ich schlafe zwei oder drei Stunden und will meine Geräte aufladen, aber der Adapter aus dem teuren arabischen Einkaufszentrum funktioniert nicht.

15.

NUMMER EINUNDZWANZIG

Ich kann die ganze Nacht nicht schlafen, weil ich um 3.30 Uhr aufstehen muss. Im Flughafencafé frühstücke ich Toast mit Spiegelei. Salz und Pfeffer werden auf zwei kleinen Schälchen serviert. Der Flughafen fast leer, nur ein paar deutsche Rucksacktouristen warten. Das Flugzeug von *Precision Air* ist in den Nationalfarben Grün und Weiß lackiert. Ein Uber-Fahrer erklärt mir später, warum kein Rot in der Flagge sei: Weil Tansanier so friedlich seien und niemals Krieg führten, nicht untereinander, nicht gegen ihre Nachbarn. »Nicht einmal gegen die Engländer mussten wir Krieg führen, um unabhängig zu werden 1961«, berichtet er stolz. Ganz ähnlich wie Ghana. Nur blieb die Friedensdividende bisher bescheiden.

Das Flugzeug ist fast leer, was für ein Luxus. Douglas schickt mir später eine Geschichte, in der er seine jahrelangen Fahrten von Dar nach Mtwara auf der alten Landstraße am Meer beschreibt. Sie erzählt von rumpelnden, fahruntüchtigen Bussen auf maroden Straßen. Einmal habe es von oben so in den Bus geregnet, dass er über sich einen Regenschirm aufgespannt habe, da hätten alle über den Muzungu gelacht, und er habe sich gefreut, dass er ihnen etwas zum Lachen gab. Der Muzungu hat Narrenfreiheit, er kann auch im Bus unter einem Regenschirm sitzen.

Ich fotografiere das Lichtermeer des nächtlichen Dar, dann sehen wir aus den Flugzeugfenstern die Sonne aufgehen. Immer weiter nach Süden fliegen wir. Als wir schon fast in Mosambik sind, kommt Mtwara, die letzte Stadt vor der Grenze. Keine Hochhäuser und keine geteerten Straßen sieht man mehr von oben, nein, hellbraune Feldwege, lose, lockere Siedlungen, Hütten mit blauen, weißen und roten Dächern und das durchdringende Grün der Wiesen. Das überwältigende, alles überwuchernde Grün, das immer spontane Glücksgefühle bei mir auslöst. Oh, wie schön ist Afrika!

Mtwara sollte einmal boomen, als dort Öl und Gas entdeckt wurden, es wurden Hotels gebaut, aber der Boom blieb aus, nun steht alles leer. Investitionsruinen wie in der chinesischen Allee in Dar. Die Propellermaschine von Precision Air landet auf dem gefühlt kleinsten Flughafen der Welt. Eine Landebahn, ein Gebäude, eine leere VIP-Lounge. Wir sind zehn Passagiere. Ich warte. Boda-Fahrer sprechen mich an, ich entferne mich, will nicht angesprochen werden. Endlich kommt Ulendo, der für mich so früh aufgestanden ist. Ich habe den ganzen Ballast der zu schweren Hemden und unnützen Sachen bei Xaveria gelassen, den Koffer im *Tiffany Diamond*, ich bin hier nur mit einem schmalen Rucksack, ein Gefühl von Freiheit.

Ulendo ist ein Mitarbeiter von Douglas, Mitte zwanzig, er hat strahlende, wache Augen und dieses Entspannte, Flexible beim Gehen, ein leichtes Wippen. Wir schlendern den Feldweg entlang zum offiziellen Ausgang des Flughafens, nehmen dort ein Boda, natürlich ohne Helm, wie immer in den nächsten zwei Tagen, niemand trägt hier Helm, schon die Frage wäre absurd. Ein Leben ohne Helm, ohne Netz, ohne Absicherung. Ich sitze in der Mitte, und da ist wieder das Uganda-Gefühl: Alles ist grün, verwittert, verwildert, improvisiert.

Ulendo bringt mich zum ADEA, wir machen ein Foto unter dem großen Schild: *The Center for African Development through Education and the Arts. Tanzanian Residents free entry.* Was gleich zwei Fragen aufwirft: Wovon unterhält sich das ADEA, wenn der Eintritt frei ist?

Und wie viele Touristen verirren sich hierher?

Im Büro von Chilomba darf ich eine große afrikanische Trommel schlagen. Auf einem Foto an der Wand sieht man den sehr jungen, dünnen, ernst blickenden Douglas eine Reihe junger, schwarzer Frauen unterrichten. Ein fast zu ernster junger Mann. Ein Idealist. Vielleicht der einzige, den ich kenne.

Ulendo bringt mich zum *Giftshop*, der Bilder nach dem üblichen Muster, Schürzen, Holzschmuck, geschnitzte afrikanische Tiere verkauft, ich kaufe drei Weinkorkenaufsätze und zwei bunte Kissenbezüge.

Ich habe viel Kaffee am Flughafen und im Flugzeug getrunken, ich muss auf Toilette. Sie besteht nur aus einem Loch im Boden mit den beiden Stellen für die Füße, ich muss mich hinhocken und fürchte, meine heruntergezogene Hose zu beschmutzen, ich bin das nicht gewohnt, natürlich gibt es kein Klopapier, Ulendo reicht mir eine Schüssel mit Wasser rein, ich muss mich irgendwie damit säubern, es ist mir peinlich, ich fühle mich nicht richtig sauber.

Langsam wird es Tag, Ulendo und ich gehen zum Marktplatz. Wir bestellen Chapati und Chai, einen süßlichen braunen Gewürztee. Mehr braucht es nicht zum Glück. Er schießt
ein Foto von mir, auf dem ich gelöst aussehe. Der Platz ist
weitläufig, braune Erde, alles liegt herum. Eine junge Frau
bringt uns das Frühstück, ich probiere meine wenigen Brocken Kiswahili, und das muss ich auch, denn sie spricht kein
Wort Englisch.

Gegenüber von uns zeigt ein verwittertes Wandbild Nel-
son Mandela, das große Idol unter den afrikanischen Führern. Heute versinkt Südafrika in Korruption, der ANC hat
das Land in wenigen Jahren heruntergewirtschaftet, die mit
Mandelas Machtübernahme verbundene Hoffnung scheint
Jahrhunderte her. Als ich Südafrika 2016 besuchte, ging es in
den Zeitungen darum, dass weiße Jogger morgens früh ermordet und ausgeraubt wurden und der Präsident sich ein
palastartiges Privatanwesen bauen ließ – von welchem Geld
auch immer.

Neben dem Wandbild kocht ein alter, zahnloser Mann in
schäbigen Klamotten Kaffee, sehr starken Kaffee, es riecht
köstlich und ursprünglich, Tansania ist ein Kaffeeland. Auf
meine Bitte hin kaufen Ulendo und ich etwas davon. Irgendwie macht mich dieser Kaffee noch glücklicher. Ich traue
mich nicht, den Mann zu fotografieren. Einen größeren
Gegensatz zu Starbucks als diesen Mann am Straßenrand in
Mtwara neben dem abgeblätterten Nelson-Mandela-Wand-
bild kann ich mir nicht vorstellen: Keine laktosefreie Hafer-
milch mit Kurkuma, in seinen Kaffee kommen nur Wasser
und frischgemahlene Kaffeebohnen. Dicker, starker, purer
Kaffee. Und er kostet nicht 5,45 Euro, sondern fünf Cent.

Douglas ist nicht da, und doch ist er die ganze Zeit anwesend. »No, we first have to ask Mr. Douglas« ist der am häufigsten gehörte Satz.

Zum Beispiel will Ulendo Douglas in Südafrika besuchen und braucht dafür Dollar. Ich biete mich an, die Dollar zu tauschen. Die Transaktion, die normalerweise nur eine halbe Minute gedauert hätte – den aktuellen Kurs im Internet nachschlagen, die Summe entsprechend tauschen –, wird immer wieder diskutiert, in Frage gestellt, eingeleitet, rückabgewickelt, immer mit zwischenzeitlichen Nachfragen und Rückversicherungen bei »Mr. Douglas«.

Auf dem Marktplatz steht die Ruine eines vor vielen Jahren niedergebrannten Gerichtsgebäudes. Ulendo nimmt mich mit zum Markt von Mtwara, einem riesigen Areal mit einer Reihe von Markthallen. Oben an einem der Stände sehe ich eine abgeblätterte Werbung für das Waschmittel OMO und erinnere mich an die OMO-Werbung meiner Kindheit, endlose weiße Bettlaken an Stangen. Der Gemüsemarkt: improvisierte Holzstände unter grünen Bäumen, durch deren Blätter die Sonne blinkt. Die braune Erde ist übersät mit Müll aller Art, daneben reihen sich sorgsam aufgestapelte Limonen, Tomaten, Datteln. Gelbe, kurze, dicke Bananen, grüne Bananen, sie sehen ganz anders aus als in europäischen Supermärkten. Dann zahllose Kleiderstände: seidiger Stoff in durchdringendem Türkis, Hellblau und Rot, Röcke und Kleider für junge Mädchen, prachtvolle Hijabs in allen Farben, leuchtend, gemustert, gelb, blau, rosa, orange, türkis. Ein Lebensmittelstand mit Gewürzen, vor dem weiße 25-Kilo-Säcke mit bunten Nudeln stehen, und mit bunt meine ich bunt: knallorange, knallgelb, knallgrün. Ich kaufe an einem Stand braune Gewürzrinde, Avocados und leuchtend himbeerrote Snacks.

Die zentrale Markthalle ist eine Konstruktion aus verwittertem Metall, oben gedeckt mit Wellblech, funktional aufgeteilt. In einer Halle gibt es Reis, Mehl und Getreide in riesigen, weiß-türkisen Säcken, in einer anderen Halle Gemüse, kunstvoll aufgetürmte Tomaten wie Steinstapel in Gebirgsregionen, in einer dritten Halle nur Kartoffeln.

Das einzige kunstvolle Gebäude weit und breit ist eine Moschee in Weiß und Hellbraun, daneben eine große Palme. Wir nähern uns, ich mache ein Foto, dann muss Ulendo lange mit zwei Muslimen diskutieren, die nicht möchten, dass ich die Moschee fotografiere.

Dann eine schöne, weiße Kirche, davor moderne Wagen, ein gepflegter Weg führt uns vorbei an imposanten, übergrünen Pflanzen zum ADEA zurück. In der Ecke eines Büros liegt ein geschnitzter Einbaum.

Ich lerne die anderen Mitarbeiter kennen, den kleinen gutmütigen Filbert, den cool aussehenden Joseph, einen Filmemacher, und Tembo, Douglas' Adoptivsohn, im weißen »Time's up«-Shirt. Sie präsentieren mir stolz Douglas' neueste Erfindung, ein großes Stück Stoff, eine Art dünnes Bettlaken, um das ABC zu lernen, mit der Aufschrift *ABC for ALL / ABC kwa wote*. Douglas hat beobachtet, dass Hefte, Fibeln und Bücher nicht in afrikanische Dörfer passen. In den Hütten gibt es keine Regale, keine Bücher, eigentlich nichts aus Papier, denn dieses Material muss man in trockenen, geschützten Innenräumen aufbewahren. Die Bücher in den Dörfern werden feucht, sandig, zerreißen, verkleben, werden unbrauchbar, müssen ersetzt werden, und das ist teuer. Schließlich geht fast die Hälfte der Bevölkerung in den Staaten südlich der Sahara zur Schule. Das Tuch hier dagegen ist dünn und leicht, man kann es waschen, draußen auf dem Boden ausbreiten, auf der Erde, im Sand oder Wald, in der Sonne oder im Schatten, mit Kronkorken Buchstabenspiele darauf spielen und das Alphabet lernen. Das Tuch ist schön gemacht, rot, gelb und weiß, in der Mitte prangt eine freundliche Sonne, an der Seite sieht man einfache Gegenstände: eine Axt, eine Paprika, einen Kürbis, ein Gefäß, ein Ei. So sollen die Benutzer des Tuches schreiben und lesen lernen. Es ist durchdacht und gutgemeint. Und kann doch nichts daran ändern, dass Afrika keine Buchkultur ist, dass hier kaum jemand Zeitungen oder Zeitschriften liest, dass es hier vor 1800 keine Schrift gab und Afrikaner eher fernsehen, Radio hören und auf Youtube surfen. Wie soll es weitergehen, möchte ich Douglas fragen, sollen dann die großen Romane auch auf diese Tücher gedruckt werden? Später lese ich in Douglas' Rundbrief, dass es für die Massai, denen er die Tücher geschenkt hat, nicht darum geht, *The Great Gatsby* zu lesen, sondern um Fundamentales: »Dieser Kanga kann uns das Lesen beibringen, sodass wir die Schilder lesen können, wenn wir in die Stadt gehen«, zitiert er einen Kursteilnehmer. »Wir werden uns nicht mehr verirren, weil wir Straßenschilder lesen können und die Namen der Städte und Dörfer.« Eine andere Kursteilnehmerin freut sich: »Ich hätte nie gedacht, dass ich noch die Chance bekommen würde, das Alphabet zu lernen, weil ich schon alt bin. Nun werde ich Textnachrichten auf meinem Telefon schreiben und Geld übers Handy senden können.«

Chilomba kommt, der Leiter des Museums, und führt

mich durch die wenigen Räume, die vollgestopft sind mit wirklich interessanten Gegenständen und Fotos. Alles an ihm ist rund, sein Körper, sein Gesicht, er ist klein und fröhlich, hat ein intelligentes Blitzen in den Augen und strahlt Autorität und Kompetenz aus. Es gibt Plakate der Musik- und Tanzfestivals, die Douglas ins Leben gerufen hat und von denen er mir bei unserer ersten Begegnung erzählt hatte: Bilder von unfassbarer Pracht, kunstvolle Verkleidungen, Choreografien, Explosionen von Energie, Ekstase, pure Körperlichkeit. Das ist der *Unique Selling Point* Afrikas, denke ich. Mir fällt die Unterscheidung zwischen den beiden Grundformen der Kunst ein: Kompositionen, Bilder, Literatur und Architektur entstehen in langen Prozessen, gemacht für die Ewigkeit. Musik, Tanz und Theater entstehen und vergehen im Augenblick. Unser Streben nach Vollkommenheit dehnt sich in der Zeit, hier ist alles im Moment bereits da – um im nächsten Moment zu verschwinden. Vielleicht ist das der paradoxe Grund dafür, dass Tradition in Afrika so viel wichtiger und lebendiger ist als bei uns. Afrika ist dem Wesen nach konservativ. »Fortschritt« ist in Europa ein positiv besetzter Begriff, das Ablösen und Auflösen von Traditionen wird seit der Aufklärung von westlichen Intellektuellen gefeiert. Wir verstehen nicht mal ansatzweise, warum Afrikaner ihre Traditionen so wertschätzen. Sie verstehen nicht, warum wir unsere so leichtfertig preisgeben.

Es ist ein Museum für Kinder und Schulkinder, es gibt viele Bilder und Klappen zum Lernen von Wörtern auf Swahili. Gerade kommt eine Schulklasse zu Besuch, die Kinder drängen sich in den engen Räumen.

An den Wänden hängen jede Menge Masken, von denen

einige so aussehen, als hätte Picasso sie erschaffen. Die Ähnlichkeit zum Kubismus ist frappierend – so weit weg vom Louvre, von Paris, Wien und Berlin. Die Nase klappt nach rechts weg, das linke Auge liegt viel tiefer als das rechte, der Mund, aus dem eine Zunge nach unten herausfällt, befindet sich links neben der Nase, direkt unterm linken Auge, wie Elemente, die man beliebig verschieben kann. Da ist ein Monster mit kugelartigen Glubschaugen und kopfgroßen Segelohren. Eine Maske stellt einen Muzungu dar, aber ich kann mich in dem Schnurrbart, dem flachen Gesicht, den engstehenden Augen und abstehenden Ohren nicht wiedererkennen.

Dann ein Plakat von den führenden Köpfen der deutschen Kolonialisten: Julius von Soden, Hermann von Wissmann, Gustav Adolf von Götzen, Heinrich Schnee, Eduard von Liebert. Alles an diesen Männern ist ausgestorben: die Uniform, die Vornamen, der hängende oder nach oben gezwirbelte Schnurrbart, der militärische Stolz, der Adel, der nationale Stolz, die koloniale Mission.

Chilomba fragt mich, woher Museen in Europa ihre Exponate nähmen. Schenkungen aus Familienbesitz? Ich weiß es nicht, ja, mir wird klar, dass ich noch nie darüber nachgedacht habe. Chilomba erzählt, sie hätten die aufführenden Gruppen beim Festival gebeten, ihre Masken einfach dazulassen.

Dann Fotos von entsetzlichen Verstümmelungen: Männer, die sich ihre Zähne zu schmalen, kleinen Dreiecken zurechtgeschliffen haben, Füße, bei denen die vier Zehen neben dem großen Zeh abgehackt sind, riesige runde Metallscheiben, die in Oberlippen eingearbeitet sind, oder auch Nägel oder Reißzwecken. Chilomba erzählt, dass die arabischen Sklavenjäger von Sansibar nach Mtwara kamen, die Verstümmelung sollte die Einheimischen davor schützen, als Sklaven verschleppt zu werden, die Einheimischen machten sich sozusagen »unbrauchbar« als menschliche Ware. Nach dem Ende der Sklaverei wurde die Verstümmelung dann zur Tradition, zum Schönheitsideal, ohne das man nicht akzeptiert wurde und niemanden zum Heiraten fand. Allerdings lese ich später in »Reisen und Entdeckungen im südlichen Afrika« von David Livingstone, seinen Reisetagebüchern von 1849 bis 1856, dass diese Verstümmelungsrituale schon Mitte des neunzehnten Jahrhunderts in Zentralafrika existierten, in Gebieten, in die noch nie ein arabischer oder weißer Sklavenhändler vorgedrungen war.

Ich habe als kleine Gastgeschenke sechs Tafeln *Ritter Sport* mitgebracht, ich hatte gedacht, das müsse reichen für Tembo, Ulendo, Filbert, Joseph und Chilomba. Aber in dem Moment, als ich sie verteile, taucht plötzlich noch ein Gärtner auf, dann eine alte Frau, die auch noch irgendwie dazugehört, und plötzlich sind es zu wenig Schokoladen. Dann spiele ich für alle die *Swallowtail Jig* auf meiner Blockflöte. Erst staunen sie über das Instrument, dann grinsen sie über das Tänzerische, lachen, schließlich fangen sie an, fröhlich und ausgelassen herumzutanzen. Joseph filmt das Ganze, später schneidet er einen Kurzfilm über meinen Besuch im Museum, so außergewöhnlich ist es, dass ein Muzungu hier auftaucht. Ich erinnere mich, wie die Variationen über die Swallowtail Jig 2017 in Tokio aufgeführt wurden. Der Saal war voll, die Japaner saßen wohlerzogen, ruhig und konzentriert auf ihren Stühlen und hörten zu; niemand von ihnen wäre auf die Idee gekommen zu lachen, zu summen, zu singen oder zu tanzen. Es wäre dort so absurd gewesen, wie es hier selbstverständlich ist.

Dann kommt es zu einem kurzen Moment der Peinlichkeit: Chilomba bedankt sich überschwänglich dafür, dass ich ihm und dem Museum meine Blockflöte schenken wolle, und ich muss ihm erklären, dass ich die Blockflöte nicht mitgebracht habe, um sie ihnen zu schenken, sondern um meinen afrikanischen Freunden und Gastgebern auf der Reise darauf vorzuspielen. Chilomba kann kaum fassen, dass es kein Geschenk ist.

In der Ausstellung liegt auch das Buch von Karl Weule: *Wissenschaftliche Ergebnisse meiner ethnographischen Forschungsreise in den Südosten Deutsch-Ostafrikas. Berlin 1908*, später wiederveröffentlicht als *Negerleben in Ostafrika*. Weule war 1906/07 hier in Mtwara, 1920 wurde er der erste ordentliche Professor für Völkerkunde in Deutschland. Um dieselbe Zeit reiste Julius Smend durch Togo und nahm Volkslieder auf. Nur durch Weule wissen wir Genaueres darüber, wie es in Mtwara um 1906 zuging, nur durch Smend kennen wir die Volksmusik Togos aus jener Zeit. Sie wollten das Jetzt hinüberretten in die Zukunft, eine Idee, geboren aus dem nach vorn gerichteten Zeitstrahl.

Dann werde ich Tembo übergeben für die nächsten beiden Tage. Douglas hatte vorher mit ihm verhandelt, was er für zwei Tage als Tourguide bekommen würde: Tembo hatte 200 000 Shilling gefordert, Douglas hatte ihn auf 100 000 Shilling heruntergehandelt. Ich nehme mir vor, Tembo zu überraschen, indem ich ihm am Ende mehr gebe. Zunächst geht es darum, wo ich schlafen werde – etwas Lokales, Rustikales oder ein bequemes Hotel? Ich möchte natürlich *something local*. Er zeigt mir die portugiesische Pension neben dem ADEA. Das Foyer ist ein dunkles Wohnzimmer, einige Leute sitzen auf dem Sofa und sehen fern. Mein Zimmer ist dunkel, hat kahle Wände, einen Schreibtisch mit Stuhl, ein Bett mit Moskitonetz, sonst nichts, es wirkt trostlos. Aber es liegt direkt neben dem ADEA und soll 12 000 Shilling für zwei Nächte kosten, 4,62 Euro. Es wäre die günstigste Unterkunft meines Lebens. Ich will schon zusagen, aber Tembo will mir noch eine Alternative zeigen. Er nimmt mich hinten auf sein Motorrad, und es geht scheinbar endlos in der Hitze über Straßen, Pisten und Pfade zu einer anderen Unterkunft. Sie gehört zu AFLII, einem großen Komplex, der von einem tansanisch-deutschen Paar errichtet wurde, Flora aus Tarime und Lukas aus Tübingen. Die Häuser sollen »einheimisch« aussehen, aus rotem Ziegelstein massiv gemauert, eine massive Holztür, darüber ein Strohdach. Es sieht für mich aber so aus, als wäre es dort morgens schon sehr früh hell und gäbe keine Moskitonetze, außerdem ist es viel teurer und sehr weit weg. Ich lehne dankend ab, und wir gehen, auch um der Hitze zu entkommen, etwas essen und trinken im Restaurant des AFLII. Tembo hatte mir gesagt, ich könne Flora und Lukas kennenlernen, leider wird daraus nichts. AFLII heißt *African Foundation for Local and International Internships*. Es ist ein großer Komplex mit Restaurant, Hotel, Café, Tanzfläche, Bar, Kinderbetreuung, Yogastudio und Seminarräumen. Es ist leergelegt, wir sind die einzigen Gäste. Ich bestelle Pommes frites, Tembo Hühnchen, und während wir im Schatten sitzen und auf das Essen warten, erzählt er mir seine Geschichte.

171

Tembo, dieser kräftige, unverwüstlich aussehende Hüne mit der überschäumenden Energie, ist eines von vierundzwanzig Kindern, und zwar Nummer einundzwanzig. Sein Vater habe ihn häufig gefragt, wie er heiße und von welcher seiner vier Frauen er eigentlich stamme. Schon mit acht oder neun Jahren türmte Tembo von zu Hause und lebte dann viele Jahre auf der Straße. Er lernte früh Autofahren, geriet in kriminelle Gangs, wurde deren Fahrer und kam eine Zeitlang ins Gefängnis. »Das waren große Massenzellen. In einer Schulklasse sind in Tansania um die hundert Kinder, im Gefängnis waren es dreimal so viele, dreihundert.« Manche hätten da krank gelegen, aber nur einmal im Monat sei ein Arzt gekommen. Bestimmte Dinge seien sehr begehrt und beliebt gewesen, zum Beispiel Schuhe und Gürtel. Auf dem Weg zum Gericht habe er hinten im Polizeiauto gesessen mit zwei anderen Gefangenen, da habe er noch einen Gürtel besessen. Der Gefangene neben ihm habe auf ihn gezeigt und gesagt: »Schönes Shirt. Gib es mir.« Aber da unter dem Shirt sein wertvoller Gürtel gewesen sei, habe er das Shirt nicht hergeben wollen. »Spinnst du?«, habe der andere gefaucht, der sehr viel größer und kräftiger gewesen sei, »gib sofort das Shirt her!« – »Nein«, habe Tembo sich gewehrt. Der andere habe angefangen, ihn zu schlagen, zu ohrfeigen, zu boxen, Tembo habe tapfer ausgeharrt, während die Polizisten vorn im Wagen ignoriert hätten, wie er hinten verprügelt worden sei. Schließlich hätten es seine beiden Sitznachbarn geschafft, ihm das Shirt vom Leib zu ziehen. »Sieh mal einer an«, habe der Nachbar gesagt. »Einen Gürtel hat das Bürschchen! Nicht zu fassen!« Natürlich habe er dann den Gürtel, seinen einzigen wertvollen Besitz, auch noch abgeben müssen. Noch schlimmer, er habe halbnackt und mit halb herunterhängender Hose vor dem Richter antreten müssen, der ihn beschimpft habe, wie er es wagen könne, so vor Gericht zu erscheinen. Da er nach dem Prozess wieder mit den Dieben in einer Massenzelle landen würde, habe er sie natürlich nicht verraten, sondern habe sich lieber vom Richter beschimpfen lassen.

Obwohl wir die einzigen Gäste sind, dauert es eine halbe Ewigkeit, bis unser Essen kommt. Genussvoll knabbert Tembo an dem Hühnchen. Wie lange er genau im Knast war und wofür, erzählt er nicht, ich will es auch gar nicht wissen. Nach dem Gefängnis wurde er Rastafari und lebte lange in deren Gemeinschaft, ernährte sich sogar vegetarisch. Dann habe er Douglas kennengelernt – »my Dad«. Über ihn sei er zum Christen geworden. Ich frage Tembo, wie alt er ist. Er hat keine Ahnung. Vielleicht fünfunddreißig? Vierzig? Er weiß es nicht. Es sei ihm aber auch nicht wichtig, wann er geboren sei. Wichtiger sei, dass er in dem Moment wiedergeboren wurde, als er Mister Douglas kennengelernt habe.

Wir fahren mit dem Motorrad zu einigen Holzschnitzern, ich möchte ein Geschenk für meinen Stiefsohn kaufen. Die Gegend um Mtwara ist berühmt für diese Kunst wie bei uns in Deutschland das Erzgebirge. Aus den Erlösen der Holzschnitzkunst wurde sogar einst die kommunistische Bürgerkriegspartei in Mosambik unterstützt. Die Schnitzer sitzen bei der Arbeit meist unter kleinen Holzdächern im Gras. Einer verkauft mir ein kleines Schälchen für Salz aus dunklem Holz für 12 000 Shilling. Das kommt mir teuer vor, aber ich traue mich nicht zu handeln, und Tembo sieht sich eher als Kaufmakler. Eigentlich kaufe ich nur, um Fotos und

Videos machen zu können. Wir fahren weiter die Küste hinunter nach Mikindani, dort war früher der Sklavenhandelsplatz. Das Sklavenmarktgebäude steht noch, aber es ist in einem schäbigen Zustand und sieht aus wie eine Kirche. Im Schatten drängen sich Einheimische, es ist unerträglich heiß. Statt eines historischen Museums beherbergt es heruntergekommene Kunsthandwerkläden, die »afrikanische Kunst« an Touristen verkaufen möchten, Bilder mit Giraffen im Sonnenuntergang und Massai auf dem Fahrrad in knallroten und gelben Farben. Es sind aber keine Touristen da.

Gegenüber gelangen wir ins *Livingstone House,* eins von vielen in Afrika. Die Bewunderung und der Respekt, die Livingstone, diesem Arzt, Familienmensch, Einzelkämpfer, Missionar, Forscher, heute noch in Afrika entgegenschlagen (immer ist die Rede von »Doctor Livingstone«) beeindrucken mich zutiefst. Livingstone kämpfte gegen die Sklaverei zu einer Zeit, als sie den afrikanischen Chiefs, die sie betrieben, als völlig normal erschien, und erst recht den Arabern, deren Haupteinnahmequelle sie war. Pragmatisch versuchte er, neue Handelswege und Güter zu erschließen, um den Handel mit Sklaven überflüssig zu machen. Wir vergessen schnell, dass die Abschaffung der Sklaverei vor allem eine historische Errungenschaft des Britischen Weltreichs war. Europäer, Araber, Inder, Afrikaner und Chinesen sahen diese lange Zeit als selbstverständlich an. (Natürlich hatten die Briten in den vorhergehenden Jahrhunderten auch Sklaverei betrieben. Aber sie waren es, die die weltgeschichtliche Wendung gegen die Sklaverei vollzogen.)

Vom 24. März bis 7. April 1866 war Livingstone hier, bevor

er zu seiner letzten Reise aufbrach, die mit der legendären Begegnung mit dem amerikanischen Journalisten Henry Morton Stanley endete – »Dr. Livingstone, I presume?« – und mit seinem Tod. Dass Livingstone all die Malariafieber und sonstigen Infektionen bis zum damaligen Zeitpunkt überlebt hatte und auch alle Begegnungen mit misstrauischen und kriegerischen Tribes im Herzen Afrikas, wirkt wie ein Wunder. Er selbst berichtet darüber lakonisch in seinen Reisetagebüchern, die einen faszinierenden Einblick ins vorkoloniale Afrika gewähren. Von friedlicher Idylle keine Spur: Die Ngoni etwa waren im frühen 19. Jahrhundert hierher geflohen, nachdem die kriegerischen Zulu sie aus ihrem ursprünglichen Siedlungsgebiet im heutigen Südafrika gewaltsam vertrieben hatten.

Das Livingstone-Center ist liebevoll eingerichtet und unterhalten. Es wird von der kleinen englischen NGO *Trade Aid* betrieben, so wie auch das Old Boma, das wir gleich besuchen werden. Es enthält viele Bildtafeln und historische Dokumente, unter anderen über Paul von Lettow-Vorbeck, den deutschen General, der im Ersten Weltkrieg von hier aus eine Guerilla-Taktik gegen die übermächtigen Engländer anwandte und so »im Felde unbesiegt« blieb. Auf einem Plakat sieht man den energisch dreinblickenden Lettow-Vorbeck, der um eine »Kolonial-Krieger-Spende« bittet.

Das Museum berichtet auch über die vielen Aufstände gegen die deutschen Kolonialherren. Berühmt wurde vor allem der *Maji-Maji*-Aufstand 1906, dessen Protagonisten glaubten, ihr heiliges Wasser (»Maji Maji«) mache sie unverwundbar gegen die deutschen Gewehrkugeln. Der Aufstand wurde blutig niedergeschlagen, was aber in Deutschland nicht gefeiert, sondern heftig kritisiert wurde, sodass die Kolonialverwaltung sich fortan um Mäßigung bemühte, wie das Museum berichtet.

Mikindani war die Hauptstadt des südlichen Distrikts der Kolonie Deutsch-Ostafrika, daher bauten die Deutschen hier ein Boma: ein Verwaltungs- und Militärzentrum. Mit der Hilfe von Immigranten aus Indien und Sansibar begannen die Deutschen, Kautschuk, Sisal, Ölsaaten, Baumwolle und Kokosnüsse anzubauen. Sie versuchten auch, den arabischen Sklavenhandel zu unterbinden, leider ohne Erfolg.

1895 erbaut und makellos renoviert von TRADE AID, ist das Old Boma heute ein Luxushotel, wo man für 110 bis 167 Euro pro Nacht eines der liebevoll hergerichteten Zimmer mieten kann. Die Benennung der Zimmer zeigt englischen Pragmatismus. Eine Suite ist nach Julius Nyerere benannt, dem ersten Präsidenten Tansanias, auch wenn seine sozialistische Utopie dem Land eine babylonische Bürokratie beschert hat. Lettow-Vorbeck, der deutsche General, gibt einem Zimmer seinen Namen, auch wenn er gegen die Engländer gekämpft hat. Dem deutschen Gouverneur, unter dem das Boma gebaut wurde, ist eine Suite gewidmet, aber auch Chief Mkwawa, der den Aufstand gegen die Deutschen in derselben Zeit anführte. Chuma & Susi, erfahren wir, waren treue Begleiter Livingstones auf seinen Reisen.

Das Gebäude ist prachtvoll, ich schieße zahllose Fotos. Es gibt einen großen Pool, einen Schmuckladen, ein Massagestudio, ein Café und ein Restaurant; nur Gäste sehen wir nicht. Ich entdecke, dass es hier für 10 000 Shilling weit größere und komplexere Schnitzereien zu kaufen gibt als meine Salzschale, ich habe viel zu viel bezahlt. Wir erfahren, dass das *Old Boma* auch ein Schulungszentrum ist. Hier werden junge Leute in Englisch und Hotellerie ausgebildet.

Wir setzen uns in den Schatten neben den Pool und bestellen *Chipsi Mayai*, Kartoffelomelett. Von hier aus sieht man die Straße, die hinunter vom Boma zur Küste führt. Die Engländer residierten hier bis 1948, als sie das Verwaltungszentrum ins eigens gegründete Mtwara verlagerten. Es sind spektakuläre Ausblicke, das leuchtende Grün, die weißen Mauern, das leuchtend braune Holz, der glitzernde Pool. Tembo lässt sich vergnügt mit seiner Cola und seinen Chips fotografieren und zeigt mir eine große, sehr schwere Kugel, mit der die Kraft eines Sklaven getestet werden sollte. Ich kann sie natürlich nicht anheben, Tembo problemlos. Er lacht. Wir sind glücklich. Oh, wie schön ist Afrika!

Aber irgendwie kann ich es auch kaum fassen, dass Mikindani, wie es auch der *Lonely Planet* bemerkt, heute im Grunde aussieht wie vor hundert Jahren. Die einzigen schönen Gebäude sind *Old Boma* und das Livingstone Haus, betrieben von der englischen NGO. Ansonsten gibt es nur Hütten, Verschläge, Improvisation, Staubpisten, brennende Sonne. Ich erinnere mich daran, worauf Gunnar Heinsohn in *Wettkampf um die Klugen* hinwies: Auch Südkorea war 35 Jahre lang (japanische) Kolonie, zudem erlitt es im Koreakrieg 1950 bis 1953 unglaubliche Verluste an Soldaten und Zivilisten, fast die gesamte Industrie wurde zerstört. Aber heute ist Südkorea eines der modernsten, wohlhabendsten und innovationsstärksten Länder der Welt.

Tembo und ich gehen zum Meer und nehmen ein Selfie auf, dann fahren wir über eine Stunde auf dem Motorrad zurück nach Mtwara. Die Sonne strahlt, die Straße ist asphaltiert, Tembo rast dahin, ich halte mich an ihm fest, umschließe seinen muskulösen Bauch mit den Händen, ich vergesse, dass ich keinen Helm trage, genieße das pure Glück der Geschwindigkeit.

Wir telefonieren mit Douglas. Er ist unglücklich, dass wir nur im AFLII und im Old Boma waren, das seien die touristischen Ziele. Er will, dass ich sehe, wie die Einheimischen essen und leben, er schimpft mit Tembo, der mich an der portugiesischen Pension absetzt und verspricht, abends mit mir auf den Nachtmarkt zu gehen. Darum habe »Mr. Douglas« gebeten, das sei das »echte Afrika«.

In der Pension nehme ich mein Zimmer in Beschlag. Es ist bereits voller Moskitos, das Moskitonetz am Bett ist voller Löcher, die großen, fetten Mücken hocken auf meinem Kopfkissen und meiner Decke. Das hatte ich mit »local« nicht gemeint. Ich finde bei *Booking.com* auf der anderen Seite der Stadt, am Meer, ein Hotel, eine große, vierzig Quadratmeter große Suite für nur achtzehn Euro die Nacht, ein Last-Minute-Angebot, das ich spontan buche. Nur raus hier. Ich gebe der Frau im dunklen Wohnzimmerfoyer die Schlüssel zurück, sage ihr, dass ich stornieren müsse, der Moskitos wegen, das Netz sei kaputt, die Moskitos seien überall. Sie tut so, als verstünde sie mich nicht, und möchte auch nicht mit mir zusammen das Zimmer besichtigen. Ob ich zumindest einen Teil des Preises zurückbekäme, frage ich. Nein, das könne sie leider nicht entscheiden, der Chef sei nicht da; ich kann sie überreden, mir zumindest 3000 Shilling zurückzugeben.

Aber wie komme ich nun zum Hotel am andern Ende der Stadt? Zu Fuß wäre es über eine Stunde. Es ist schon dunkel. Ich kenne die Wege nicht. Im Dunkeln ist es gefährlich. In

Mtwara gibt es kein *Uber*, kein *Bolt*, kein *Free Now*. Die gibt es nur in Daressalam. Es gibt auch keine Taxen. Ich erreiche jemand vom Team per Telefon, der mir einen Motorradfahrer schickt, der mich zu einem zivilen Preis zum Hotel bringt. Es ist menschenleer, wieder bin ich anscheinend der einzige Gast. Die Hotelangestellte gibt mir ein Zimmer, das höchstens zwanzig Quadratmeter hat. Auf meine Beschwerde sagt sie, nein, das sei die gebuchte Suite, vierzig Quadratmeter. Ich möchte ihre Chefin sprechen. Die Chefin sei nicht da. Dann könnten wir sie doch anrufen? Nein, das sei auch nicht möglich. Ob ich etwas gegen Moskitos wolle? Natürlich, sage ich. Sie begleitet mich aufs Zimmer und versprüht einen chemischen Hammer, der die Moskitos garantiert tötet, denn auch ich kann kaum noch atmen. Ich kann mich hier nicht mehr aufhalten und warte unten am Pool auf Tembo.

Kurz vor acht fahren wir zum Nachtmarkt. Ich kenne den Nachtmarkt von Chiang Mai in Thailand, ein buntes, farbenfrohes, hell erleuchtetes Treiben, unzählige Marktstände, Souvenirs, Köstlichkeiten, Textilien, Schmuck. Hier sitzen wir im Dunkeln auf der Straße, keine Lampe nirgends, Plastikstühle an einem improvisierten Tisch. Die Kellnerin bringt uns Wasser, damit wir uns die Hände waschen können, dann serviert sie Maisbrei mit verschiedenen Soßen. Besteck gibt es nicht, wir nehmen Stücke vom Brei mit den Fingern, tunken sie in die Soßen und essen sie. Tembo schmatzt und stöhnt vergnügt beim Essen, er scheint jedes Essen so zu genießen, als habe er jahrelang zu wenig davon bekommen. Wieder muss ich an Japan denken, die Tische, die Servietten, die Ästhetik, jedes Gericht eine Komposition aus fünf Farben. Der umsonst zum Essen gereichte grüne Tee, das perfekt ausgeleuchtete Ambiente, bis ins kleinste Detail gestaltet. Hier sitzen wir im Dunkeln auf Plastikstühlen. Am Ende bekommen wir wieder aus einer Kanne Wasser, gießen es uns über die Hände, gehen noch ein bisschen durch die Straßen. Viel zu sehen gibt es nicht, Tembo fährt mich wieder ins Hotel. An der Rezeption sitzt eine andere Frau, die mir anstandslos das größere Zimmer gibt, in dem es auch nicht nach Anti-Moskito-Nervengift riecht. Ich möchte die morgens auf dem Markt gekauften roten Nüsse essen, doch es stellt sich heraus, dass man sie gar nicht essen kann. Man kann nur das rote, süße Puder ablecken, und bei dem Versuch staube ich alles damit voll.

Am nächsten Morgen holt Tembo mich ab, und alle Mitarbeiter des ADEA treffen sich bei dem Marktstand, wo es Chai und Chapati gibt. Alle bestellen und greifen zu, es gibt ein fröhliches Gruppenfoto für Facebook, ich lade alle ein, natürlich, und das war wohl auch der Grund, warum alle so früh da waren. Tembo fällt ein, dass die Bettler der Stadt sich Freitagmittag dort treffen, wo die indischen Geschäftsleute ihre Läden haben. Anscheinend haben die Hindus die religiöse Pflicht, Freitagmittag Bettlern etwas zu geben, jedenfalls ist Tembo sich sicher, dass viele Bettler da sein werden, und er glaubt, darunter würden auch welche mit den berühmten Tattoos sein oder mit den Nägeln oder Scheiben in der Oberlippe – die alte Mtwara-Tradition, die er mir unbedingt zeigen will.

Wir gehen also zu dem Gebäude, wo die Bettler lagern – viele Alte, Kinder, Frauen mit kleinen Babys. Sie scheinen Tembo zu kennen, sie vertrauen ihm, sitzen still auf den Stufen. Er erklärt mir, dass man Bettlern hier Münzen gibt. Ich hole die Münzen aus meinem Portemonnaie und gebe eine der Frau, die neben uns sitzt mit ihrem Baby. Sofort kommt Bewegung in die Menge, die Bettler stehen auf, kommen zu mir, umringen mich, halten die Hand auf, seufzen, reden, stöhnen. Ich gebe jedem, der kommt, eine Münze, natürlich sind es viel zu wenig Münzen, so wie es am Morgen zuvor zu wenige Tafeln Ritter Sport waren. In Afrika, denke ich, ist es immer zu wenig, egal, wie viel man bringt. Bald bin ich alle Münzen los. Ich möchte nicht anfangen, Scheine zu verteilen, das wäre unangemessen, auch die Scheine würden nicht für alle reichen. Umso schlimmer, dass immer mehr Bettler kommen; einer hat nur ein Bein, und statt einer Krücke stützt er sich auf einen dicken Ast. Sie reden, flüstern, wimmern, flehen, die Frauen halten mir ihre Babys entgegen, einige zeigen Wunden oder Verstümmelungen. Für mich ist es einer der schlimmsten Momente in Afrika, abgesehen von dem Soldaten, der Jakob und mich bedroht hatte. Tembo bleibt ruhig, scheint das Flehen nicht zu bemerken und spricht mit seiner tiefen, vibrierenden, vergnügten Stimme auf mich ein. Ich sage ihm, dass ich es kaum aushalte, dass ich keine Münzen mehr habe und nichts mehr geben könne. »Das ist normal«, sagt Tembo. »Sie wissen, dass du nicht allen etwas geben kannst. Mach dir keine Sorgen.« – »Aber sie flehen.« – »So ist das. Du kannst nichts machen.«

Ich habe den Eindruck, dass es ihn gar nicht berührt. Er war als Straßenjunge so lange auf der anderen Seite, er verkörpert den Gleichmut gegenüber Armut, den man hier so oft trifft. Mehrfach muss ich ihn bitten, endlich aufzubrechen. Tembos eigentliches Ziel verfehlen wir, kein Bettler hat die für diese Gegend typischen Verstümmelungen, die er mir zeigen wollte, und Fotos mochte ich erst recht nicht machen, *Elendspornographie* hat es mal jemand genannt.

Wir fahren mit dem Motorrad auf die Halbinsel, die Mikindani gegenüberliegt, durch einige Dörfer. Tembo bringt mir ein paar Wörter auf Swahili bei: *Kahawa* heißt: Kaffee. *Unapendeza* heißt: Du bist schön. *Nguo unapendeza* heißt: Du hast schöne Kleider.

Tembo betreut hier einige alte Frauen. Wir kaufen am Kiosk am Eingang des Dorfes Mehl und Reis und gehen damit zur Hütte einer sehr alten Frau. Sie ist vor vielen Jahrzehnten aus dem nahen Mosambik vor dem Krieg geflohen. Vor dem Krieg gegen die Portugiesen? Oder dem nachfolgenden Bürgerkrieg? Wie alt sie ist? Nun, vielleicht siebzig, vielleicht achtzig, vielleicht neunzig, sie weiß es nicht. »Niemand hat hier eine Geburtsurkunde«, sagt Tembo, »niemand weiß, wie alt er ist, an welchem Tag oder in welchem Jahr er geboren ist. Und was würde es dir auch nützen?«, fragt er und lacht. Ich muss daran denken, wie besessen wir in Europa von unserem Alter sind, wie es soziale Hierarchien begründet, wie es bestimmt, ab wann und bis wann Menschen als mögliche Partner gelten, ab wann und wie lange wir arbeiten dürfen, wie es die Höhe eines Beamtengehalts bestimmt. Und hier kennen die Leute diese magische Zahl nicht einmal.

Was ich kaum glauben kann: Die Hütten und ihre Bauweise aus dem Dorfmuseum in Daressalam finden sich hier originalgetreu wieder. Ein fensterloses Holzgerüst, ausgefüllt mit getrocknetem Lehm. Ein Museum bräuchte es eigentlich nicht. Es ist so, als lebten wenige Kilometer hinter dem

Wikingermuseum in Schleswig noch echte Wikinger so wie vor 1200 Jahren.

Wir geben der alten Frau Reis und Mehl, sie lächelt. Sie ist klein und dürr und trägt ein schwarz-rosa Kopftuch und ein leuchtend blau-orange-gelbes Kleid, unter dem sehr dünne Beine hervorragen, sie ist barfuß. Tembo möchte mir Fotos verschaffen, indem er sich erst mit ihr fotografieren lässt und dann vorschlägt, ob sie sich mit mir fotografieren lasse, was sie gern tut. Ich habe meinen schwarzen Sicherheitsbeutel um den Bauch, als ob ich hier im Dorf beklaut werden würde, und wirke riesig neben ihr. Zart und klapprig sieht sie aus, aber auch zäh, gütig, unbesiegbar.

Nebenan auf den Wiesen grasen Kühe. Ich gebe einige der Sätze wieder, die Tembo mich auf Swahili gelehrt hat: *Jina langu Sören* (ich heiße Sören). *Nina lako Nani?* (Wie heißt du?)

Sie lacht. Sie heißt Zainabu. Drei junge Schulmädchen kommen sehr langsam vom Kiosk, sie wohnen nebenan und beobachten mich.

Tembo erklärt, warum er sich um die alten Damen kümmert. »Hier«, sagt er, »ist Alter nichts, wofür du respektiert und geachtet wirst. Nein, wer so alt wird wie diese Frau, muss anderen ihre Zeit gestohlen haben; das Alter beweist, dass man eine böse Hexe ist, die junge Babys und Kinder um ihre Zeit gebracht hat.« Die Zeit als Nullsummenspiel, das alte Menschen, Hexen und Zauberer für sich manipulieren. »Das ist meine Idee«, sagt Tembo, »für meine NGO: Ich bringe zwei von der Gesellschaft verachtete Gruppen zusammen, die Straßenkids und die Alten. Die Straßenkinder gelten als kriminell, die Alten gelten als böse Magier. Ich bringe den Straßenkindern bei, dass alte Frauen gar nicht böse sind, dass man viel von ihnen lernen kann.«

Wir kaufen für die nächste Frau, die wir besuchen, noch etwas am Kiosk. Ein farbenfroher Wellblechkiosk, gern lassen sich die junge Frau darin und die Jungs davor fotografieren. Ins Wellblech sind Werbeposter für die Zigarettenmarken *Club*, *Team*, *Yes* und *Master* hineingeklebt, von denen ich noch nie gehört habe, für Coca-Cola und eine Hautcreme. Auf dem Tresen sind runde Plastikdosen mit Lollis und Bonbons aufgebaut, darüber hängen Schwämme. Sie verkauft auch Schlappen, Stoffe, losen Kaffee, Limonaden, Mehl und Zucker.

Tembo bringt mir wieder etwas bei: *Chakura nzuri* – Good food!

Wir gehen durch das Dorf und treffen Fatuma. Sie trägt einen farbenfrohen Kanga, ein schlichtes, hellblaues, kurzärmeliges Shirt, ihre weißen Haare sind fast abrasiert oder ausgefallen, der Kopf kahl, aber ihr Gesicht sagt: Ich bin stolz, ich sorge für mich selbst, ihr kriegt mich nicht unter. Sie verdient ihr Geld damit, traditionelle Dachdeckungen durchzuführen, aus Palmenblättern, pro Dach 200 Shilling, das sind sieben Cent. Hinter ihr steht das Modell eines mit solchen Blättern gedeckten Daches. Schaut her, scheint sie zu sagen. Das kann ich!

Wir gehen im *Pentagoncamp* etwas essen, Kartoffelomelett mit Zwiebelringen und Tomatenscheiben, für mich als Vegetarier das Standardgericht. Ich frage Tembo, warum die Hütte der alten Frau aus Mosambik kein Fenster hatte. Nun, es sei draußen so hell, da möge man es drinnen dunkel, sagt er. Dann natürlich, damit kein Wind, kein Sand und keine Moskitos hineinkämen. Aber das Wichtigste: damit man das Haus nicht verfluchen kann. Man schütze sich vor bösen Geistern.

»Die Leute«, erklärt Tembo, »glauben hier alle an Geister. Und nur die Zauberer können die Geister in Schach halten.«

»Die Zauberer?«

»Natürlich. Die Zauberer sind die reichsten und mächtigsten Menschen im Land. Sie rauben die Leute regelrecht aus, indem sie ihnen versprechen, sie vor den Flüchen der anderen Zauberer zu schützen. Ein sehr gut funktionierendes Geschäftsmodell.«

»Kann man nicht zur Polizei gehen und diese Betrüger anzeigen?« – »Die Polizei? Die glauben doch selbst an die Zauberer. Die Polizei wird sich als Letztes mit einem mächtigen Zauberer anlegen.«

»Dann könnte man sich an die Politik wenden, an den Präsidenten.« »Ha!«, lacht Tembo. »Du glaubst, der Präsident glaubt nicht an Zauberer? Alle glauben an Zauberer! Der Präsident hat einen Zauberer in seinem Security-Team, der ihn schützt.«

»Sag mal, apropos Moskitos, hattest du schon mal Malaria?«

Wieder lacht Tembo. »Natürlich. Als Kind alle zwei Monate, jetzt etwa einmal im Jahr. Ich war viermal mit Malaria im Krankenhaus. Du kannst dem nicht entrinnen. Wir leben in einer Moskitowelt.«

Über die warmgelbe Sandpiste gelangen wir auf dem Motorrad zum nächsten Dorf: *Kitope Village*. Wir sehen braunen, getrockneten Lehm in Holzgerüsten mit Fatumas Palmblätterdach auf rötlich-brauner Erde, inmitten von überwucherndem Grün, hell beschienen von der Sonne. Es sieht immer aus wie im Paradies. Hier endlich findet Tembo, was er mir zeigen wollte, eine alte Frau, der er eine Tüte Mehl bringt und die sich mit ihm fotografieren lässt, wenn sie auch misstrauisch meine Handykamera beäugend. Sie trägt einen rot-gelben Kanga, ein hellgrünes Shirt und über der Oberlippe fest eingebettet einen nach außen stehenden Nagel – wie eine Reißzwecke, die man auf die Haut über der Oberlippe geklebt hat. Tradition. Man nennt es *lip plug* oder auf Swahili *ndonia*.

Im nächsten Haus wohnen Hamis und Asha. Er ist hager, sie füllig, sie lächelt verschämt auf den Boden, er blickt selbstbewusst und gütig in die Kamera. Hinter dem Haus im Schatten sitzen sie auf einer halbzerrissenen, dünnen blauen Matte auf dem Boden, Kinder springen herum, Hühner sind da, andere Haustiere. Man sitzt da. Die Zeit vergeht. Ich sage wieder, dass ich Sören bin und aus Deutschland komme, *Ujerumani*. Immer, wenn wir uns zu den Einheimischen setzen, fühlt es sich für mich an, als bliebe die Zeit stehen. Als stünde sie hier still. Das Haus, die Hühner, die Kinder, die Sonne.

Wir fahren ins nächste Dorf, Pemba. Gleich am Eingang steht ein größeres Haus. Tembo bittet mich abzusteigen und ihm zu folgen. Durch einen Durchgang kommen wir an einen längeren Tisch mit Bänken an der Seite. Wir befinden uns im *Intebe Pub*. Hier trinken die Einheimischen ihr Bier. Tembo stellt mich vor, versucht, gute Laune zu machen, also das, was er am besten kann. Aber es verfängt nicht, die Stimmung bleibt misstrauisch, wir gehen wieder. Weiter hinten im Dorf hört man Lärm. Eine Hütte ist überfüllt, die Dorfjugend schaut *Premier League*. Ich lerne, dass es hier am gefühlten Ende der Welt, in einer »ländlichen Region«, die deutsche Entwicklungspolitiker als »absolute Armut« bezeichnen würden, alles gibt: Kneipen, Public Viewing, Schulen. Nur eben auf afrikanische Art. Wir fahren weiter. Eine große Horde Kinder stoppt uns. Sie spielen zwischen den Hütten, vielleicht fünfzehn Kinder zwischen drei und acht. Ich steige ab, grüße sie, fange an, mit ihnen fangen zu spielen. Das lieben sie, juchzend laufen sie vor mir weg in der Hoffnung, dass ich ihnen folge und sie fange. Wieder und wieder. Am Ende macht Tembo ein Foto. Wo trifft man bei uns am helllichten Tag fünfzehn Kinder im Grundschulalter, die herumstreunen, ohne einen Erwachsenen in Sicht? Keine Autos. Keine Hausaufgaben. Keine Erwachsenen. Freiheit. Ich werde neidisch.

Wir kommen ans Ende der Halbinsel, Fischerboote liegen am Strand, und dann sehen wir ganz viele Hütten im Rohbaustadium, die Holzgerüste, noch ohne Lehm, kleinere und größere. Das ist nicht die Vergangenheit, lerne ich, das ist kein Museum, das ist die Zukunft. So wird man hier auch in den nächsten Jahrzehnten seine Häuser bauen. Ist das schlecht oder gut? Nun, die Leute machen es einfach. Sie haben es so gelernt. Soll irgendjemand sie daran hindern?

In der letzten Hütte, die wir besuchen, wohnt Husna Kombo, eine junge Frau. Ihre Eltern sind tot, sie lebt hier mit ihrer Oma Bibi. Tembo erzählt stolz, dass sie Schweißen studiert und Fußballcoach für Mädchen ist. Möglicherweise ist die

Zeit hier doch nicht stehengeblieben. Husna wirkt stark und optimistisch. An der Wand steht im Sand ein großer Schrank, wie er auch in einer Sechzigerjahre-Wohnung in Elmshorn hätte stehen können. Husna geht mit uns zur anderen Seite der Hütte, das Dach ist eingebrochen, der Regen hat es zerstört, sie haben alles herausgeräumt. Husna zeigt uns auch noch den kleinen Garten hinter der Hütte, vom Regen überschwemmt, eine einzige große Pfütze, anscheinend kann das Wasser nirgends abfließen. Doch kein Paradies. Der Garten und die Hälfte des Hauses sind unbenutzbar, weil es einmal heftig geregnet hat. Es fehlt an fundamentaler Technologie. Eine Frustration darüber spüre ich nicht, stattdessen heiteren Fatalismus. Sie studiert, spielt Fußball, lebt bei ihrer Oma und hat ein Dach über dem Kopf. Das Leben wird weitergehen. Bibi sieht sehr alt und zerknittert aus, lächelt aber mit ihren dunklen Augenringen, als Tembo uns drei fotografiert. Die Hütte und den Garten in ihrem katastrophalen Zustand möchte ich lieber nicht fotografieren.

Dann fahren wir in hohem Tempo zurück. In Mtwara will eine Tanzgruppe für 30 000 Shilling für mich tanzen und trommeln. Ich freue mich, Tembo hat den ganzen Tag deswegen telefoniert. Ich habe nur Sorge, dass wir nicht rechtzeitig da sind, denn wenn wir zu spät sind, wird es zu dunkel, elektrisches Licht gibt es dort nicht. Glücklicherweise kommen wir gerade noch rechtzeitig. Der große Platz ist leer. Niemand da. Wir warten. Es wird spät und später. Es dämmert. Niemand kommt. Tembo telefoniert. Die Vorsängerin ist krank. Ohne sie können sie nicht tanzen.

Ich bitte Tembo, mich noch zu der berühmten Kirche in der Gegend zu fahren. Polykarp Uehlein, Benediktinerpater aus Amorbach bei Würzburg, ging 1963 als Missionar nach Tansania und lebte bis zu seinem Tod in der Abtei Ndanda. 1973 bis 1976 malte er die St.-Pauls-Kirche aus, die wir besuchen.

Als wir ankommen, ist Gottesdienst, die Menschen singen stehend mit voller Kraft, erfüllen die Kirche mit ihrem Gesang. Alles zusammen berührt mich tief: die schlichte weiße Kirche; die vielen gläubigen Frauen in ihren feinen, leuchtend farbigen Kleidern, orange, rot, rosa, blau. Als hätte der Pater die Gläubigen schon so vor Augen gehabt, leuchten auch seine rührend-naiven Bilder in Rot, Gelb, Grün und Orange. Sie erzählen von Adam und Eva im Paradies, vom Abendmahl und Jesu Wunder. Es gibt eine Skulptur von Maria mit Jesus, Maria sieht aus wie eine hellhäutige Schwarze. Und dann stehen mir Tränen in den Augen, als ich die schwarze Marmorgedenktafel am Eingang sehe:

Selig
Die Toten Die im Herrn
Sterben, Von Nun an
Sie werden Ausruhen
Von Ihren Mühen Denn Ihre
Werke Folgen Ihnen
Nach

So ein Leben zu leben, in dem die »Werke einem nachfolgen«, wenn man gestorben ist – einen Stein ins Wasser geworfen zu haben, der Wellen angestoßen hat, die immer weitere Kreise ziehen: Ist das nicht das Einzige, was uns die Angst, den Schrecken vor dem Tod nehmen kann? Ich war sechs

Jahre alt, als Polykarp Uehlein anfing, diese Kirche auszumalen; ich war neun, als er fertig wurde; nun bin ich vierundfünfzig, Uehlein ruht sich aus von seinen Mühen und ist doch immer noch gegenwärtig; der gläubige Gesang und die leuchtenden Kleider spiegeln sich in seiner Malerei, immer noch und mutmaßlich in den nächsten hundert Jahren. Die zeitliche Dimension lässt mich erschauern. Europa ist die Vergangenheit des Christentums, Afrika seine Zukunft.

Zum Abschluss lade ich Tembo noch mal ins AFLII ein. Leider ist es schon dunkel, als wir ankommen, es gibt laute Discomusik, zu der niemand tanzt. Ich frage Tembo, warum die Musik so laut ist, obwohl die Tanzfläche leer ist.

Er lächelt und antwortet: »Africa is sex and music.«

»Laut ist das Ding in Ostafrika und vielen anderen armen Orten«, kommentiert Douglas später. Tembo erzählt und erzählt, aber es ist schwer, ihm zu folgen, während die Musik so laut spielt. Die Kellnerin braucht über eine Stunde, um das Essen zu bringen, obwohl wir die einzigen Gäste sind, kassiert dann aber schon ab, während Tembo noch sein Hühnchen isst.

Dann geht es um Tembos Honorar. Ich möchte großzügig sein und gebe ihm 140 000 Shilling, also vierzig Prozent Trinkgeld. Überdies habe ich ihn die ganze Zeit zum Essen eingeladen, im Old Boma, im Pentagon Camp, zwei Mal im AFLII, auf dem Nachtmarkt. Aber Tembo möchte fast doppelt so viel, 240 000 Shilling, neunzig Euro. Fatuma müsste dafür 1200 Dächer decken. 190 000 Shilling sind das durchschnittliche Monatseinkommen in Tansania. Ich telefoniere mit Douglas, er telefoniert mit Tembo, der geltend macht, dass er das Motorrad mieten musste. Ich gebe ihm das Geld, mit dem Gefühl, dass er, der Überlebenskünstler, das Straßenkind, mich übervorteilt hat. Aber auch in dem Wissen, dass er ein verdammt guter Führer war und dass sich nur sehr selten ein Muzungu nach Mtwara verirrt.

»Er ist wahnsinnig gut mit Menschen«, bestätigt Douglas, mit dem ich abends noch lange telefoniere. »Ich wünschte, es gäbe mehr Touristen hier.«

»Ja«, sage ich, »die Menschen im Westen werden von ihrer Angst aufgezehrt. Sie fürchten sich.«

»Wovor?«

»Vor Covid. Vor dem Tod. Durchschnittsalter der Covid-Toten in Deutschland: dreiundachtzig. Durchschnittliche Lebenserwartung in Tansania: fünfundsechzig.«

»So viel? Das ist ja richtig hochgeschossen«, wundert sich Douglas. »Als ich das letzte Mal nachschlug, war es noch unter sechzig.«

»Ich wollte nur erklären, warum die Touristen nicht kommen. Sie fürchten sich vor Covid, obwohl das hier auch nicht mehr umgeht als in Deutschland.«

»Vielleicht fürchten sie sich auch nur davor, in einem ostafrikanischen Krankenhaus zu landen. Das könnte ich verstehen.«

»Eigentlich wollte ich sagen, dass Europa auch nicht immer glorreich ist«, lache ich.

»Vielleicht«, sagt Douglas. »Aber eure Architektur, eure Cafés, eure Kunst und eure Schokolade – die sind wirklich glorreich.«

16.

KARAOKE IN DER MATWIGA BAR

Am nächsten Morgen fliege ich früh zurück nach Dar, zu meinem nächsten Host, Jacob. Eine Woche in Afrika hat meinen Blick bereits verändert. Ich sehe einen Weißen am Flughafen und assoziiere ihn augenblicklich mit Effizienz, Kompetenz und Zuverlässigkeit. Ich beichte Douglas meine Empfindungen.

»Da siehst du mal, wie sehr der menschliche Geist sich nach Einfachheit sehnt, und wie schnell er bereit ist, dafür zu verallgemeinern.«

»Bestimmt.« Ich fühle mich ertappt. »Es ist ja nur eine Beobachtung. So viele Eindrücke lassen mich denken, dass es hier hoffnungslos ist. Wenn ich es auf ein Wort bringen müsste, würde ich sagen: Kurzsichtigkeit.«

»Das hast du ziemlich gut beobachtet dafür, dass du erst so kurz da bist.«

»Die ständigen kleinen Betrügereien. Du machst einen schnellen, kleinen Profit und verlierst deinen Kunden für immer. Das macht mich ganz verrückt. Am Ende gehen all die westlichen, indischen, chinesischen und japanischen Touristen nach Ostasien, für Afrika bleibt nichts.«

»Weniger als nichts«, sagt Douglas. »Kundenservice ist nicht Teil der ostafrikanischen Kultur. Es ist ein Muster, das sie gelernt haben. Wie ich immer sage: Die Leute hier sind freundlich, aber nicht nett.« (»They are friendly but not kind.«)

Jacob ist der einzige CS-Host, der einmal in Europa gelebt hat, in München. Er hat dort ein Jahr IT studiert. Wie alle Tansanier ist auch der Uber-Fahrer, der mich zu Jacob fährt, überglücklich, dass ich ein paar Brocken Swahili spreche. Er bringt mir sogar etwas bei:

Una tokea wapi? – Wo kommst du her?

Plötzlich klingelt sein Handy. Ich sehe, dass *Babamelana* dran ist.

»Das war Melana?«, frage ich, nachdem er aufgelegt hat.

»Nein«, sagt er, »der Vater von Melana. Wenn du zum ersten Mal Vater geworden bist, wirst du fortan nicht mehr mit deinem Vornamen angesprochen, sondern als Vater deines Kindes mit dessen Vornamen.«

»Also, mein erstes Kind war Julia«, überlege ich, »dann bin ich *Babajulia*?«

»Genau«, grinst er.

»Endlich habe ich das Problem gelöst, dass niemand hier meinen Namen aussprechen kann.«

»Welchen Namen?«

»Sören.«

»Was?« Er lacht. »SUREN?«

»Nein«, lache ich. »Ich bin *Babajulia*.«

Und das blieb ich bis zum Schluss. Die Tansanier haben sich darüber gefreut.

»Ich bin *Babamamu*«, erklärt er. Plötzlich hält er inne. »Siehst du, das ist typisch. Du bist aus *Ujeromani*. Du lernst unsere Sprachen, unsere Sitten. Du bist freundlich, willst mein Freund sein. Aber die da« – er zeigt auf ein Dreiradtaxi -, »die Bajaji, die Inder – sie mögen sich nur selbst. Sie behandeln mich schlecht. Die denken, ich sei ein Trottel. Ich sei arm. Wenn ich einen Inder fahre – glaubst du, er wird mit mir reden? Er sieht mich nicht mal an. Inder sind so unfassbar arrogant.«

Was soll ich sagen. Der sanfteste, verständnisvollste Mensch, dem ich hier begegnet bin, ist Sandeep. Ich muss an Douglas' Satz denken, wie schnell der menschliche Geist vereinfachen will durch Verallgemeinern. Andererseits habe ich keine Ahnung, wie oft *Babamamu* Inder gefahren hat, die ihn abfällig behandelt haben, als käme er aus einer niederen, unreinen Kaste. Das ist das Tückische an Vorurteilen, dass sie diese unentwirrbare Mischung sind aus Wahrheit und Irrtum, Erfahrung und Verallgemeinerung, Beobachtung und Trugschluss.

Ich treffe Jacob im Restaurant des Moveck-Hotels in Kibanga, einem Stadtteil weit außerhalb der Business-Diplomaten-Museums-Innenstadt von Dar. Ein schlichtes, billiges Restaurant, wir sitzen auf weißen Plastikstühlen, auf dem Selfie strahlen wir freundlich: Jacob trägt ein rot-weiß-kariertes offenes Hemd über einem weißen T-Shirt und hat sein Käppi verkehrt herum aufgesetzt. Er ist groß und sportlich und lächelt selbstbewusst und etwas schelmisch. Jacob ist DJ und hält Karaoke-Abende ab; gerade ist er sich mit dem Besitzer der Matwiga Bar darüber einig geworden, auch hier Karaoke zu veranstalten. Jacob und ich, das wird schnell klar, kommen von den zwei verschiedenen Planeten, von denen Männer stammen: Er ist vom Planeten Cool. Ich bin vom Planeten Uncool. Ich kenne das schon von meinem Bruder: Mit coolen Menschen werde ich nicht warm. Wir hatten die Wochen zuvor ein wenig auf Whatsapp gechattet, und was immer ich auch schrieb, er antwortete mit Kurzformeln wie »Yeah true«, »Thanks man« oder »Sure«. Ich frage ihn darüber aus, wie er Deutschland fand. Er liebte die Partys in München und Berlin. In Hamburg war er nur einmal, im November: »It was freaking raining all the time and it was far too cold.« Er liebt den deutschen Popsänger Adel Tawil (*Lieder*), kann aber auch *Atemlos durch die Nacht* von der Schlagersängerin Helene Fischer auswendig. Er würde gern zurück nach München ziehen, aber dafür müsste er sehr viel arbeiten. Und sehr viel sparen.

In Tansania sagt er, ändere sich gar nichts oder viel zu langsam. Die CCM (»Chama Cha Mapinduzi«, Partei der Revolution) sei seit 1961 an der Regierung, ohne Unterbrechung. Die Tansanier seien nicht offen für Veränderung. Noch nicht. »Africa is lack of information.«

Seit der Rückkehr aus München lebt er wieder im Haus seiner Mutter. Wir nehmen ein Uber zu ihm. Vor dem Haus steht majestätisch und gepflegt das Grab seines Vaters: *Yusuph H. Nkwabi*, 1956 bis 1999. Er starb, als Jacob fünf war. Wie viel schöner und persönlicher, denke ich, das Grab des Vaters im eigenen Garten statt in einem fernen Friedhof, wo man die »Grabstelle« mieten muss. Im Garten wachsen Bananenstauden. Das Grab ist makellos gepflegt, das Haus verfällt. Über den Fenstern hängen Wellblech-Markisen, die sich nach vorn hin braun färben, das Haus ist grau-weiß, die Farbe blättert ab. Hier ist schon sehr lange nichts mehr renoviert worden. Jacob hat eine kleine Extra-Wohnung im Haus mit eigenem Eingang, ein kleines Wohnzimmer und ein Schlafzimmer, das er mir überlassen will. Als Erstes sehe ich eine süße Katze, die sich vor seinem Sofa auf dem Boden zusammenrollt – bei meiner schweren Katzenallergie werde ich hier nicht schlafen können, was ich ihm auch sofort beichte. Zum ersten Mal im Leben bin ich allerdings fast froh über die Katzenallergie, denn es ist schwül und stickig, überall liegen Schmutz und Müll herum, ich sehne mich augenblicklich nach der kühlen Sauberkeit des *Tiffany Diamond*. Die einzige Dekoration des Schlafzimmers ist eine Collage von Fotos mit der sehr jungen, blonden deutschen Freundin, mit der er ein Jahr zusammen war. »Sie war sehr vorsichtig«, erzählt Jacob. Nach ihrem ersten Kuss bat sie ihn darum, dass sie beide einen HIV-Test machen. Erst dann hatten sie Sex. »Sie ist zu weit weg«, erklärt er. »Wie soll ich dort leben? Wie soll sie hier leben?« Für ihn sind es die Umstände, die ihre Beziehung unmöglich machen. Auf den Fotos stehen sie auf einem Boot am Meer, wandern durch weite afrikanische Landschaften, sie trägt den typisch deutschen, riesigen Funktionsrucksack, sie posieren mit einem Hund unter einem Wasserfall, umarmen sich in einer Urwaldlandschaft, in einer Wüste, haben Dinner mit Freunden, posieren auf einem Gruppenfoto. Die Münchnerin hat eine kleine Lücke zwischen den Schneidezähnen, arglos und vertrauensselig blickt sie in die Kamera und die Zukunft, *black and white unite*, nichts kann uns trennen. Was hat sie ihm zum Abschied gesagt? Wie lange hängt die Collage hier schon, frage ich mich, wie lange wird sie noch hier hängen? Ist eine weiße Freundin möglicherweise die ultimative Trophäe?

Jacob stellt mich seiner Mutter vor, sie wohnt auf der linken Seite des Hauses, an der Wand ihrer kleinen Terrasse steht ein kaputter Glücksspielautomat mit einem Löwen, der mich an meinen Schwiegervater erinnert, der sein Leben lang Glücksspielautomaten im Ruhrgebiet repariert hat. Jacob hat zu tun, ich sehe mich im Viertel um.

Direkt um die Ecke hinter zwei Wellblechwänden stapeln sich auf einem riesigen Haufen alte Röhrenbildschirme. Daneben stoße ich auf einen Stoffladen, ein Feuerwerk an leuchtend farbigen Stoffen in einem kleinen Container. Ich kaufe bei zwei maskierten Schneiderinnen zwei bunte Kangas für meine Tochter, das große Stück Stoff, das Frauen in Ostafrika sich kunstvoll um den Leib binden (leider kann ich Julia später nicht erklären, wie).

Draußen tuckert ein Bajaji über die Sandpiste vorbei. Dann führt Jacob mich durch das Viertel, in dem er aufgewachsen ist. Zwischen verfallenen Wellblechhütten funkeln immer wieder Inseln von Reichtum auf, ein modernes Haus, frisch beige gestrichen, mit anspruchsvoller Architektur, hinter Mauern mit Stacheldraht. Niemand hier verlässt sich auf die Polizei. Er zeigt mir den steilen Abhang, wo sie früher immer gespielt haben. Eine große Gruppe von Kindern kommt uns entgegen, die den Muzungu aufregend finden und mit ihm Fangen spielen wollen. Wir sehen eine grün zugewucherte Veranda, vor der Hühner umherspazieren, aber auch asiatisch anmutende Häuser zwischen Palmen; dann wieder Holzgerüste wie aus dem Village Museum und den Dörfern um Mtwara, die traditionelle Bauweise, die unter dem ersten

Regen zusammenbricht. Wir schlendern an einem Café vorbei, das aus einem vergitterten Ausschank und sechs weißen Plastikstühlen besteht; eine Bretterbude mit Wellblechdach hört auf den Namen K ONE PUB. Überall hört man die Fernseher die *Premier League* übertragen; die Augen und Ohren sind auf Europa gerichtet. Wann und wo versammeln wir uns in Europa, um Ereignisse aus Afrika zu verfolgen? Sauber und gepflegt die *Matsapa Pre and Primary School* und die *Jimbu Kuu La DSM Kibangu Church*. Auf den Sandstraßen ist fast nichts los, alles geht träge seinen Gang, es gibt Läden für Telefonkarten, Lebensmittel und Farben, aus Holz und Wellblech improvisiert und zusammengehämmert. Als wir zurückkommen, ist es schon dunkel. Eine Tante von Jacob hat ihren kleinen Sohn im Innenhof auf dem Schoß und kocht Suppe auf einem Spirituskocher in einem kleinen Blechkessel. Der Kleine ist anschmiegsam, kommt zu mir, lacht, wir machen tolle Fotos, seine Mutter lacht auch. Im Hof stapeln sich große gelbe Wasserkanister. Nur Jacobs Wohnung hat eine Tür, bei den anderen reicht ein Vorhang.

Ich warte, dass wir zu Jacobs Karaoke-Abend aufbrechen. Jacob nennt sich LUCKII. Der Eintritt kostet 10 000 Shilling, *Lite Beer* sponsort den Abend. Es dauert und dauert. Die Mikrofone sind nicht da, Jacob telefoniert aufgeregt herum, bis er jemanden findet, der ihm spontan andere Mikros auftreibt.

Die *Matwiga Bar and Lounge* ist modern, in blaues Licht getaucht, aber noch völlig leer, obwohl es schon neun ist. Ich lerne Gisela kennen, alleinerziehende Mutter Ende zwanzig. Sie hat einmal am Goethe-Institut Deutsch gelernt, ihre

Tochter ist sechs Jahre alt. »Eineinhalb Jahre habe ich mit dem Typen zusammengelebt«, erzählt sie. »Als die Kleine acht Monate alt war, habe ich herausgefunden, dass er verheiratet war. Da habe ich ihn rausgeschmissen.« Ich lade sie zu einem Bier ein, sie macht mir Avancen.

Gisela ist eine von drei Freundinnen, die Jacob eingeladen hat. Dann ist da noch Esther, eine schwarze Schönheit Mitte zwanzig, die Stunden mit ihrem Make-up und Outfit verbracht haben muss, aber nie lächelt, und Rosy, Spitzname Bigass, aber tatsächlich ist alles an ihr big. Eine Zeitlang sitzen wir zu viert draußen an einem Tisch, Gisela und Rosy haben sich zusammen Pommes frites bestellt, ein Gespräch kommt nicht zustande. Irgendwann sagt Esther in die Stille: »I need a peps«, (Pepsi-Cola). Als ich nicht antworte, wiederholt sie: »I need a drink.« Ich bin so perplex, dass ich gar nicht weiß, was ich antworten soll. Sie hat sich nicht mal die Mühe gemacht, einen freundlichen Smalltalk zu beginnen. Sie wird noch direkter: »You will not order a drink for me?« Es ist nicht teuer, aber ich finde es unverschämt und verneine. »You are not a friend«, zischt sie mich an. Ich erinnere mich daran, was meine Couchsurferin Anna mir erzählt hat: An ihrem zweiten Abend in Namibia hatte sie einen Typen kennengelernt und war mit ihm und zehn (!) weiteren Freunden etwas trinken gegangen. Am Ende des Abends kam die Rechnung – und wurde umstandslos ihr vorgelegt. Der Muzungu-ATM.

Um halb elf geht es endlich los. Wir vier haben uns drinnen an einen Tisch gesetzt. Alle anderen Tische sind leer geblieben, Samstagabend. Nur an den äußeren Bartischen, als gehörten sie nicht dazu, sitzen ein paar lethargische Gäste bei einem Bier. Jacob macht eine Ansage, als stünde er auf der Hauptbühne des Glastonbury Festivals. Der Reihe nach übernehmen Gisela, Esther und Rosy das Mikro und singen. Schließlich meldet sich noch ein Freund von Jacob und rappt freestyle. Ich erinnere mich an Karaoke-Abende mit Freunden auf der Großen Freiheit in Hamburg, lange Wartelisten für das Mikro, große Freundesgruppen in Jubel-Trubel-Stimmung. Hier ist der Applaus nach den Liedern dünn und vereinzelt, Jacobs Versuche, die Stimmung wie ein Jahrmarktrufer nach oben zu ziehen, wirken verzweifelt. Plötzlich ist er die traurigste Figur meiner Afrikareise. Ich möchte weg, ich möchte ihm auf keinen Fall nach dieser Geisterveranstaltung begegnen. Ich hole meine Koffer aus der vergitterten Bar, gehe zur stockdunklen Straße und versuche, ein Uber zu bestellen. Angeblich ist keines in der Nähe. Gisela ist mit rausgekommen, sie möchte noch nicht, dass ich gehe, und wartet mit mir zusammen auf ein Taxi. Entweder es meldet sich keines oder der Fahrer, der schon eine Fahrt zugesagt hat, storniert sie wieder. Schließlich kommt ein Uber. Der Fahrer sagt, für den doppelten Preis würde er mich zurück in die Stadt bringen. Ich lehne ab.

»Dir bleibt keine Wahl«, sagt Gisela, »es ist doch schon so spät. Wie willst du denn sonst hier wegkommen?«

»Das ist Erpressung«, sage ich und probiere es über Bolt. Dasselbe Spiel. Keiner kommt. Endlich kommt doch einer und will das Doppelte. Ich schicke ihn weg.

Plötzlich knallt es im Dunkeln. Ein Unfall. Ein Motorrad ist in ein Auto gerast. Die Menschen strömen aus Bar und Restaurant zum Unfallort, umringen die Opfer. Laute Rufe, Aufregung. Statt eines Krankenwagens kommt nach ein paar

Minuten ein privater Wagen, der verletzte Motorradfahrer wird hineingetragen, jemand fährt ihn ins nächste Krankenhaus, die Menge zerstreut sich wieder.

Kein Wunder. Mitternacht, eine Straße ohne Straßenlaternen, eine schlechte, kaputte Piste. Wie viele dieser Unfälle gibt es jede Nacht in Dar, in Tansania, in Afrika? Wie viele gelangen in eine Statistik? Die Entwicklungshilfe, denke ich, sollte zehn Jahre lang nichts anderes tun als vernünftige Straßen mit Straßenbeleuchtung zu bauen, dazu eine Helmpflicht für Motorradfahrer, Zehntausende Leben würden gerettet. Nach meiner Rückkehr nach Deutschland gibt mir meine Mutter einen »taz«-Artikel darüber, was im benachbarten Uganda mit Straßenbaugeldern passiert: »Es ist kein Geheimnis, dass ugandische Regierungsmitglieder und deren Verwandte Nichtregierungsorganisationen gegründet haben, um Verträge zugeschanzt zu bekommen. Der UNHCR-Bericht belegt nun, dass Partner Geld bekommen haben, obwohl sie in der Vergangenheit Geld veruntreut haben, für die konkreten Projekte nicht geeignet waren oder sich gar nicht beworben hatten.

So sollte eine Logistikfirma im Bezirk West Nile über 1200 Kilometer Straßen befestigen. Rund acht Millionen US-Dollar stellte das UNHCR bereit. Doch dieser ›Partner‹ war laut Bericht ›für Straßenbau gar nicht qualifiziert‹. Die Firma bestellte die falschen Maschinen, die dann ›unbenutzt am Straßenrand lagen‹. Ob die Straßen gebaut wurden, wurde bislang ›nicht unabhängig bestätigt.‹« (»So schummelt das Musterland Uganda«, 4.12.2018)

Es gab meinen Plan schon. Er funktionierte nicht. That's Africa.

Am Ende probiere ich es über *Free Now,* auch dieser Fahrer will den doppelten Preis, ich akzeptiere, als wäre es völlig normal. Gisela kann gar nicht glauben, dass ich sie nicht mitnehme. Jacob wird das Geld für Deutschland nicht zusammensparen können. Wenn keine Praktikantin oder Couchsurferin sich in ihn verliebt, wird er nie wieder nach Europa kommen.

17.

SIEBEN SCHLÄGE FÜR EIN VERGEHEN

Eigentlich wollte ich mit dem Bus nach Arusha fahren, zehn bis zwölf Stunden afrikanischer Alltag, aber nach dem bequemen Flug nach Mtwara habe ich spontan einen Flug nach Arusha gebucht. Muzungu-Privileg: jederzeit aus der »authentischen Erfahrung« in die europäische Parallelwelt wechseln. Afrika ist ein Parallelweltenkontinent.

Nicholas fährt mich im Uber zum Flughafen, wieder zum Normalpreis. »Wie ist das Leben?«, frage ich ihn.

»Oh, das Leben ist hart, sehr hart, mein Freund«, beginnt er sein Lamento. »Magufuli. Er hat so viele Jobs gekillt. Hat Lehrer und Angestellte entlassen. Tausende. Es ist nicht mehr so, wie es einmal war.« Nicholas hat einen Bachelor in Buchhaltung gemacht und wohnt jetzt wieder bei seinen Eltern. Seit zwei Jahren sucht er einen Job als Buchhalter, vergeblich. »Ich versuche, ein bisschen was mit Fahren zu verdienen, aber ich bin eigentlich Buchhalter, nicht Taxifahrer, verstehst du? Ich habe studiert. So viele Läden haben geschlossen. Einkaufszentren haben geschlossen. Die Koluma Mall. Die Shoplate Mall. Unternehmen haben Leute entlassen, Personal reduziert. Das Leben ist so hart, mein

Freund. Viele sind aufs Land zurückgekehrt und leben wieder bei ihren Eltern. Treiben etwas Landwirtschaft. Und die Lehrer verdienen so wenig. Fünf Millionen im Jahr. So wenig. Vielleicht verdienen die am College ein bisschen mehr. Es ist die Korruption, mein Freund. Sie ist so schlimm. Früher stoppte dich die Polizei. Du hast dem Polizisten 5000 Shilling gegeben, er hat dich gehen lassen. Heute zahlst du die volle Strafe. 30 000 Shilling. Woher soll ich das nehmen? Ich habe keine 30 000.«

Ob er dem Präsidenten übelnehme, dass er keinen Lockdown verhängt, will ich wissen.

»Lockdown?« Nicholas lacht. »Na, das ist seine einzige richtige Entscheidung. Bei einem Lockdown würden wir nicht an Covid sterben, aber an Hunger. Wir würden ganz einfach verhungern, mein Freund.«

Ich werde nachdenklich. *Bildung ist der Schlüssel*, heißt es immer. Menschen vertrauen darauf, verbrauchen das letzte Geld der Familie, um zu studieren. Aber wie soll Bildung der Schlüssel sein, wenn keine Unternehmen da sind, um die Absolventen zu beschäftigen? Die Unternehmen sind der Schlüssel. Afrika hat zu wenig Unternehmen. Es gibt den Staat, und dann gibt es viele, viele Kleinselbständige am Existenzminimum. Wie soll Bildung da helfen?

Julia und Kunta hosten mich in Arusha, sie betreiben Airbnb und Couchsurfing parallel. Ich frage sie, wie ich vom Flughafen zu ihnen komme, und sie bieten an, mich für fünfundzwanzig Dollar abzuholen, 58 000 Shilling. Das ist natürlich ein Fantasiepreis. Aber ich habe nichts dazu gesagt, denn sie interessierten mich als Paar: Kunta ist Tansanier, ein klassisch schöner, sportlicher Mann mit großen, wachen, braunen Augen, er sieht aus wie ein Model. Julia ist eine lebhafte, warmherzige, etwas füllige Spanierin. Beide sind in ihren Zwanzigern. Sie holen mich mit ihrem großen Jeep ab, ich lade sie in einer Mall in ein Café ein. Latte Macchiato in Arusha: europäische Produkte, europäische Preise.

»Wie ist es für dich, als weiße Spanierin, als Muzungu hier zu leben?«, frage ich Julia. Es bricht aus ihr heraus, mit all ihrem spanischen Temperament: Immer werde sie Muzungu sein, schimpft sie, sie könne noch so lange hier sein, die Sprache sprechen, sie werde nie eine von ihnen sein, das störe sie am meisten.

Ein Jahr lang hatte sie als Volontärin in einer Schule gearbeitet, ehrenamtlich, 330 Euro im Monat hätte sie bezahlt für eine Muzungu-Unterkunft mit Verpflegung. Dann lernte sie Kunta kennen, und sie zogen zusammen in ein Zimmer mit Latrine für 50 000 Shilling im Monat – 18,80 Euro. Sie lebte von Ersparnissen, denn sie mochte ihren Eltern nichts von Kunta erzählen. Als sie ihnen doch von ihm erzählte, waren sie dagegen, konnten ihre Tochter nicht verstehen, also mochte sie sich erst recht kein Geld von ihnen leihen. Als die Ersparnisse aufgebraucht waren, arbeitete sie im Sommer ein paar Wochen in Europa, um den Rest des Jahres davon in Arusha zu leben – genau wie Laura, die mich zusammen mit Katrin in Addis Abeba gehostet hatte. Dann aber gab es ein filmreifes Happy End: Ihre Eltern lernten Kunta kennen, mochten ihn, liehen ihnen Geld, davon haben sie sich ein Haus gekauft, das sie zum Teil über Airbnb vermieten. Julia bekam einen relativ gut bezahlten Job an einem College, und Kunta wurde

Kilimandscharo-Tourguide. *Black and white unite*. Die Bilderbuch-Lovestory.

Nach dem Latte fahren wir zu ihnen, erst die große Hauptstraße hinunter, dann rechts ab in einen holprigen, löchrigen, schlammpfützenübersäten Weg. Der Jeep kommt nur langsam vorwärts, der Pfad schlängelt sich immer weiter, wir biegen links ab, es wird noch sumpfiger und unwegsamer. Zum Glück ist es ein Jeep, in Deutschland wird dieser Autotyp gekauft, um Abenteuergeist zu suggerieren, hier ist jeder Weg ein Abenteuer. Schließlich landen wir vor einem großen, verschlossenen Tor, auf ein Zeichen wird es geöffnet, wir fahren hinein, und ich erblicke etwas, das aussieht wie eine koloniale Villa. Vor der Eingangstür steht ein weißer Vorbau mit zwei Säulen, das Hausmädchen öffnet uns, und da ist sie, Julias und Kuntas kleine Insel des Reichtums, umhegt von ihrer Haushälterin, einem jungen Mädchen, dem sie 100 000 Shilling im Monat zahlen, 37,60 Euro. Dabei, erzählt Julia, überweise sie die Hälfte, drei Viertel, ja manchmal sogar alles an ihre Eltern in ihrem Heimatdorf. Das riesige, aufgeräumte Wohnzimmer hat einen spiegelblanken hellgrauen Fliesenfußboden, eine moderne, dunkelbraune Sofalandschaft, an den Wänden afrikanisch anmutende Kunst. Mein Zimmer ist abschließbar und hat ein Doppelstockbett mit Moskitonetz, eine Gardine mit blau-rotem afrikanischen Muster und ein eigenes Bad. Hinten im Garten steht ein weiteres zweistöckiges Haus für noch mehr Airbnb-Gäste. Kunta fläzt sich breitbeinig auf seinen Platz in der Sofalandschaft und sieht *Premier League*, seine große Leidenschaft. Die Bundesliga verfolgt er, seit er neun ist, außerdem Europa- und Welt-

meisterschaften. Seine Lieblingsspieler im deutschen Fußball sind Lahm und Müller. Philipp Lahm, schwärmt er, so
ein guter Spieler, und ein echter Kapitän. Er weiß mehr über
deutschen Fußball als ich.

Ich möchte Arusha besichtigen, also verabschiede ich
mich von den beiden, gehe den langen, teils steinigen, teils
sumpfigen Pfad zur Hauptstraße und nehme einen Bus ins
Zentrum. Dort gehe ich die Hauptstraße hinunter, an dicht-
gedrängten Marktständen vorbei. Arusha ist viel kühler als
Daressalam, aber auch hässlicher, verwahrloster, ärmer. Ich
finde es irgendwie unheimlich. Im Gegensatz zu Daressalam
kann ich nicht zehn Meter gehen, ohne angesprochen zu
werden:

»Hey my friend? Where are you from? What about a
tour?«

Arusha ist das touristische Zentrum, von hier starten die
Touren in die Serengeti und zum Kilimandscharo. Aber nun
ist die Welt jenseits der Grenzen im Lockdown. Ich bin die
letzte Beute. Ich kenne das aus Ägypten. Sobald ich verrate,
dass ich Deutscher bin, schnurrt der Ködermonolog: »Ah,
Germany! BMW! Mercedes! Oktoberfest! Bayern München!
I love Germany!« Nur dass ich aus Hamburg komme, kein
Bier trinke, keinen Führerschein habe und mich nicht für
Fußball interessiere. Also sage ich, ich käme aus Latvia, englisch für Lettland. Niemand kennt Latvia. Und weil ich aus
Latvia komme, spreche ich auch kein Englisch. Das macht
sie ratlos. Manche folgen mir trotzdem, gehen neben mir
her. Einer ist besonders hartnäckig: Gehe ich schneller, geht
er schneller. Gehe ich langsamer, geht er langsamer. Biege
ich rechts ab, biegt er rechts ab. Überquere ich die Straßen-

seite, überquert er die Straßenseite. So muss es sich an-
fühlen, als Blondine durch Kairo zu laufen. Plötzlich bleibe
ich stehen:

»What do you want from me?«

»Nothing«, erwidert er. »You are my friend!«

»No,« antworte ich. »I am not your friend. Leave me
alone!«

Es beeindruckt ihn nicht. Er folgt mir weiterhin. Ich fliehe
in ein Café. Dann möchte ich zum Denkmal der Arusha-De-
klaration.

Arusha stand dreimal im Zentrum der politischen Aufmerksamkeit: Das UN-Tribunal zum Völkermord in Ruanda
fand hier statt, die Friedensverhandlungen zum Bürgerkrieg
in Burundi – und 1967 wurde hier die *Arusha-Declaration*
verabschiedet, ein Manifest des »afrikanischen Sozialismus«
von Julius Nyerere, der von einer sozialistischen Idylle im
afrikanischen Dorf träumte, der »Ujamaa«. Es durften aber
nicht die real existierenden Dörfer sein, nein, die sozialistische Zentralregierung gründete in den Siebzigerjahren 8000
neue Dörfer, in die Bauern zwangsumgesiedelt wurden.
Niemand lässt sich gern zwangsumsiedeln, das Programm
brach bald zusammen. Aber das Denkmal für die Arusha-
Deklaration steht noch, inmitten eines Verkehrskreisels. Es
wird von Soldaten bewacht, und als ich es fotografieren will,
verlangen sie dafür mehrere Tausend Shilling. Ich lehne dankend ab.

Ich gehe zum Old Boma, dem Verwaltungs- und Militärzentrum, das die Deutschen hier 1904 errichtet haben. Es
gibt einen kleinen botanischen Garten, ein archäologisches
Museum ohne wirkliche Exponate und ein Museum zur

Kolonialgeschichte. Mir springt ein großes Plakat ins Auge: »Kolonien fördern die Volksernährung!« Man sieht darauf einen muskulösen Schwarzen in Shorts mit nacktem Oberkörper, der ein Paket an einen Weißen mit Helm im perfekt sitzenden Tropenanzug überreicht, der am Strand auf die Lieferung wartet. Vor der Küste liegt ein großes Schiff, das die Waren nach Deutschland bringen soll. Wozu ein Werbeplakat, frage ich mich, wo Deutschland doch angeblich so von seinen Kolonien profitiert hat? Nein, das Museum klärt mich auf, dass das Kolonialunternehmen Tanganyika für das Deutsche Reich ein überdimensionales Verlustgeschäft war. Bis 1914 verlor das Kaiserreich damit 122 Millionen Reichsmark. Es war nicht einmal die Idee des Reichskanzlers Otto von Bismarck gewesen, im Gegenteil, eine Privatperson, der habilitierte Philosoph Carl Peters (»Ist Metaphysik als Wissenschaft möglich?«) war in den 1880er-Jahren auf eigene Faust an der Küste umhergereist und hatte sich von lokalen politischen Führern »Schutzbriefe« gegen die arabischen Sklavenjäger unterzeichnen lassen, die er dann dem überraschten Bismarck vorlegte. Erst als Peters drohte, sie dem König von Belgien zu verkaufen, ließ Bismarck sich auf die Sache ein.

Nachmittags treffe ich Sheila in einem Park beim »German Boma«, wie sie es nennt. Sie hatte mich hosten wollen, aber sie hat Katzen im Haus, daraufhin hatte sie mir sogar angeboten, in ihrem Garten zu schlafen, was ich auch ablehnte; aber sie bietet Fahrradtouren an, das interessiert mich, also lade ich sie in ein Café ein. Sie hat am *Arusha Institute for Accountance* studiert, kommt aus Uganda und hat mit 27 schon ihr eigenes Tourunternehmen. Sie bietet sieben verschiedene

Fahrradtouren an, sechs Tagestouren und eine längere Tour im Massai-Siedlungsgebiet, es geht mit fünfunddreißig Dollar pro Tour los. Ich buche zwei Tagestouren, zum Duluti-See und zum Mfere-Wasserfall. Es dämmert schon, ich habe hier noch mehr Angst vorm Dunkel als in Dar und gehe im Laufschritt zum Marktplatz zurück, ein Bajaji bringt mich für nur 5000 Shilling (1,88 Euro) nach Hause.

Kunta liegt auf dem Sofa und schaut Fußball. Ich bekomme Hunger und schlage vor, indisches Essen zu bestellen, ich möchte die beiden einladen. Julia hat keinen Hunger, Kunta schon, sie suchen lange in einer App, für 24 000 Shilling sollen uns zwei indische Gerichte gebracht werden. Der Bestellprozess ist kompliziert, abwechselnd versuchen sie es über die App und mit Anrufen. Nach über einer Stunde kommt das Essen; der Kurier verlangt plötzlich 44 000 Shilling statt 24 000. Warum, kann er uns nicht erklären. Ich ärgere mich und zahle.

Wir essen in der Küche, und ich frage Kunta, ob er gern zur Schule gegangen sei. Kunta lacht. »Gern? Ich habe es gehasst! Allein das frühe Aufstehen. Um sechs musste man da sein, von sechs bis halb acht mussten wir Schüler die Schule putzen. Jeder bekam eine Aufgabe, und dann kontrollierten die Lehrer das. Wenn man irgendetwas übersehen oder vergessen hatte, wurde man geschlagen. Eigentlich war das ganze Putzen nur eine Ausrede, damit sie dich verprügeln konnten. Um Viertel vor acht wurde die Fahne gehisst und die Hymne gesungen, dann ging es los. Da hatte ich schon keine Lust mehr.«

Ich bin schockiert und frage Julia, ob heute immer noch geschlagen werde. »Natürlich«, sagt sie. »In Afrika ändern sich Dinge sehr langsam. Wenn überhaupt. Männer schlagen ihre Frauen, Eltern ihre Kinder, Lehrer ihre Schüler. Nun gibt es ein Gesetz, dass ein Lehrer einen Schüler für eine Tat höchstens mit sieben Schlägen bestrafen darf. Aber wer kontrolliert das? Niemand. Es ist reine Theorie. An vielen Schulen werden die Kinder nach wie vor verprügelt.«

Tembo und ich haben im Vorüberfahren vom Motorrad aus gesehen, wie ein Lehrer seine Schüler verprügelte, einen nach dem anderen, sie mussten dafür Schlange stehen.

»Die Deutschen haben den Stock gebracht, 1885«, sagt Kunta, »aber bei euch ist er gegangen. Hier ist er geblieben.«

Bei uns ist er sogar schon sehr lange gegangen, denke ich. Als ich 1971 eingeschult wurde, war es bereits undenkbar, dass ein Lehrer einen Schüler schlug.

Julia seufzt. »Es ist eine ganze Gesellschaft, man kann nicht eine ganze Gesellschaft ändern. In meinem College gibt es jetzt eine Regel: Schlägt ein Lehrer einen Schüler, wird sein Gehalt um die Hälfte gekürzt. Beim zweiten Mal wird er gekündigt. Aber das ist auch nur Theorie. Denn der Lehrer hat Familie. Die kann man auch nicht im Regen stehen lassen. Also tut man nichts. Die Lehrer müssen aber inzwischen Protokoll schreiben über solche Vorfälle: Was ist genau passiert, wie haben sie reagiert. In Europa wurde die Gewalt in den Fünfzigern und Sechzigern aus den Schulen gedrängt, aus den Familien etwas später. Hier ist alles noch da. Alles!«

Ich frage sie, ob sie nicht manchmal ein Gefühl der Sinnlosigkeit überkomme. »Nein«, sagt sie, »es gibt Kinder, die meine Hilfe brauchen. Das Wichtigste an der Schule ist doch, dass die Kinder Frühstück bekommen und Mittagessen. Viele bekommen sonst nichts. Ein Mädchen hat bei ihrer blinden Großmutter gelebt. Sie hatte nichts. Die Mutter ist auch blind und lebt viele hundert Kilometer entfernt.«

Nun lebt das Kind in der Schule, bekommt fünf Mahlzeiten am Tag, Julia zahlt dafür.

Während wir sitzen und reden, fegt und putzt das Hausmädchen stumm um uns herum. Sie wird nicht angesprochen, nicht einbezogen, einfach ignoriert, auch als wir danach aufs Sofa wechseln, um noch ein Champions-League-Spiel zu sehen. Selbst wenn man sich in Deutschland ein Hausmädchen leisten könnte – würde man es von morgens bis abends um einen herum arbeiten lassen und es völlig ignorieren?

So viele weiße Frauen idealisierten Afrika, erzählt Julia. Sie zeigt mir den Instagram-Account *masai_story* von Stephanie Fuchs, die sich 2011 während der Arbeit in einem Umweltprojekt in einen Sicherheitsmann verliebte, einen Massai, und sich entschied, zu ihm, seinem Tribe und seiner Familie »in den Busch« zu ziehen, wie sie es nennt. Die Massai sind ein sehr altes und stolzes Volk, das ausschließlich von der Viehzucht lebt und sich von Fleisch, Milch und Blut ernährt. Über 67 000 Abonnenten folgen Stephanies Posts, hauptsächlich europäische Frauen, Filme wurden über sie gedreht. Nach dem Abendessen gehe ich auf mein Zimmer und vertiefe mich in die Posts. Bilder von ihr in traditioneller Kleidung, von ihrem Mann und den Kindern.

»Afrika ist nicht schwarz und weiß«, sagte mir der Taxifahrer, der mich zum Hamburger Flughafen brachte. In Stephanies Posts schon. Die Massai bewachen unsere Erde, sie sind weise, klug und behütend; wir Weißen sind unwissend und zerstören alles. Wir sind oberflächlich, sie tief; sie leben mit der Natur, wir gegen sie; sie sind überlegen, wir unterlegen; sie haben gelernt, wir müssen umlernen. Erstaunlich, wie wenig man bei alledem über ihr konkretes Leben erfährt. Nur einmal beschreibt sie, dass sehr viel Vieh ihres Tribes in einer Dürre gestorben sei; dass sie das Vieh nun nicht mehr so liebe und ihr klar geworden sei, wie verwundbar der Massai-Lebensstil sei. Genau, denke ich, deswegen haben wir ja alle diese Dinge erfunden: Dächer, Mauern, Zäune, Blitzableiter, Öfen, Deiche, Mäntel, Medizin, Pasteurisierung – um uns vor einer gleichgültigen, widrigen Natur zu schützen. Stephanie zieht stattdessen den Schluss, dass man aus allem Schwierigen nur stärker hervorgehe, dass nichts bleibe, wie es ist, und das Leben ein steter Wandel sei.

Nur einmal erntet sie einen Shitstorm: Als sie in einem Video zeigt, wie die Massai ihre größte Ziege fesseln und ihre Vene öffnen, um einen Becher Blut abzunehmen, aus dem sie eine Arznei gegen Fieber und Erkältungen gewinnen. Ihre Follower sehen Tierquälerei, Stephanie Fuchs sieht westliche Arroganz. Ich erzähle Douglas von der *masai-story*.

»Es ist erstaunlich«, sagt Douglas. »Die Massai-Männer reden überhaupt nicht mit ihren Frauen, sie leben auch nicht mit ihnen zusammen. Sie sehen sie als Kinder an und bezeichnen sie auch so. Wieso möchte eine Frau aus dem Westen nach fünfzig Jahren Feminismus eine Massai werden? Das ist das schlimmste Patriarchat der Welt!«

Ich bin glücklich über das große, intakte Moskitonetz über meinem Bett und erinnere mich daran, was ich bei William Easterly gelesen habe in »*The White Man's Burden –*

Why the West's effort to aid the rest have done so much ill and so little good«: dass es seit 1970 ein Hauptziel der Entwicklungshilfe sei, dass jede afrikanische Familie genügend Moskitonetze besitzt. Dann würden Millionen von Kindern und Babys nicht an Malaria sterben. Nun haben wir 2021, und immer noch haben die meisten kein Moskitonetz. Verkaufen hat nicht funktioniert, verschenken auch nicht. Unsere Vision scheitert an ihrem Fatalismus: *We live in a mosquito world.*

Es regnet die ganze Nacht. Um 4.33 Uhr frage ich Sheila auf Whatsapp, ob die Radtour stattfinden kann. Sie antwortet nicht. Also stehe ich um 5.30 Uhr auf, das Hausmädchen hat Frühstück für mich bereitgestellt, der Bajaji-Fahrer wartet um sechs Uhr auf mich, er ist sogar etwas früher da, um 5.58 Uhr schreibe ich ihr, dass ich komme, um 6.22 Uhr schreibt sie: »We should delay, it's so slippery here«, aber da sind wir längst unterwegs zu ihr nach Tengeru.

Wir fahren die Hauptstraße hinunter, und der Bajaji-Fahrer erzählt mir von seiner Frau und seinen beiden Kindern. Ein Taxi nach Tengeru hätte 20 000 Shilling gekostet, er fährt mich in seinem Dreirad-Taxi für nur 10 000 Shilling ins zehn Kilometer entfernte Tengeru.

Um halb sieben geraten wir in eine Polizeikontrolle, ein großer, bulliger Polizist gibt uns Anweisung zu halten. Er studiert die Plaketten auf dem Bajaji und behauptet, die Versicherung sei abgelaufen. Mein Fahrer widerspricht. Der Polizist nimmt auch die anderen Plaketten unter die Lupe und fordert meinen Fahrer auf auszusteigen. Da ich vermute, dass die Polizisten Bestechungsgeld fordern werden, steige auch ich aus. Die beiden stämmigen, großen Polizisten in Uniform haben meinen schmächtigen, verschüchterten Fahrer in ihre Mitte genommen. Körpersprache und Gesichtsausdruck spiegeln die Machtverhältnisse erbarmungslos wider: Die Polizisten stehen aufrecht und breitbeinig da, die Hände in die Hüften gestemmt, mein Fahrer steht gebeugt da, die Hände vorm Schritt überkreuzt und sieht nach unten. Ich will meinen Fahrer durch meine bloße Anwesenheit beschützen, aber der eine Polizist befiehlt mir: »Sit in the car!« und schiebt mich ins Bajaji zurück, damit ich nicht Zeuge der Geldübergabe werde. Zwei Minuten später steigt mein Fahrer wie vernichtet wieder ein und fährt weiter. 30 000 Shilling musste er zahlen. Dreimal so viel, wie er mit mir verdient hat.

»Is normal in Tansania«, sagt er. »So much disturbance.«

In Tengeru biegen wir an der großen Kreuzung links auf einen Pfad ab, wo Sheila schon mit ihrem Rennrad wartet, um uns zu ihrem Haus zu lotsen.

Sheila hat ein Haus mit Garten. Und was für ein Haus, was für einen Garten! Schade, dass ich hier nicht übernachten konnte. Es hat Stil, Geschmack und Charme. Sheila hat ein schönes, offenes Lächeln und *liebt* Fahrradfahren – in einem Land, das dafür wenig übrighat. Ich weiß nicht, ob es in den fast eine Million Quadratkilometern auch nur einen einzigen Radweg gibt. Zwei Mountainbikes stehen in ihrem Wohnzimmer an der Wand, an der das Bild eines Fahrrades hängt und fünf Fahrradhelme. Auf dem Fußboden liegt Laminat in Holzoptik, zwei Baumstammabschnitte dienen als Ablage für Bücher und CDs, in einem selbstgebauten Regal aus Holzkisten stehen Fernseher und

Stereoanlage, die Wände sind in Pastelltönen türkis und hellblau gestrichen. Es wirkt so wohnlich und gemütlich wie eine gehobene Studentenwohnung. Noch mehr bewundere ich ihren Garten, großblättrige Pflanzen, wilde Gurken, ein Bananenbaum wächst vom Nachbarn über die Mauer, der Rasen ist gemäht, die Beete sind sorgfältig gepflegt. Afrikas Schönheit liegt in diesen kleinen, privaten Oasen. Dazu braucht es nur jemand Tatkräftigen wie Sheila. Wir fahren die Schotterpiste hinunter zur Hauptstraße, stoppen kurz in einem improvisierten Café an der Ecke zur Hauptstraße und bestellen warme Chapati mit heißem, süßem schwarzen Tee. Das perfekte Frühstück.

Wir fahren zum Lake Duluti. Warum sind Wandern und Fahrradfahren so typisch europäische Leidenschaften, frage ich Sheila, die zwischendurch Wasser aus einem Schlauch trinkt, der zu einem Wasserbeutel auf ihrem Rücken führt.

»Die Europäer lieben die Natur«, sagt Sheila. »Die Afrikaner fürchten sie.« Sie fühle sich da europäisch – auch sie liebe die Natur, möchte in ihr sein, mit ihr verschmelzen. Wir fahren mit unseren Mountainbikes durch die typisch afrikanische Farbkomposition aus durchdringendem, frischem, wucherndem, wasserdurchtränktem Pflanzengrün und dem Erdbraun der Pfade. Ich habe keine Funktionsklamotten mit, mein blaues Poloshirt ist bald durchgeschwitzt, aber auf den Fotos strahle ich unter meinem hellblauen Helm.

Plötzlich kommen wir an einem Wegweiser zu einem polnischen Friedhof vorbei. »Ja, diese Geschichte«, sagt Sheila. »Die Polen kamen als Flüchtlinge im Krieg. Sie wurden krank, viele starben.« Polnische Flüchtlinge in Tansania? Ich habe noch nie davon gehört. Ich frage sie, ob wir hinfahren können.

Der Friedhof der polnischen Flüchtlinge, die von 1942 bis 1952 in Tengeru lebten, wird von Simon Josef gepflegt: Ein freundlicher schwarzer Riese, fünfundsechzig Jahre alt. Schon neunzehn Jahre arbeitet er hier, bezahlt von der polnischen Regierung. Sein Vater habe damals mit den Flüchtlingen gearbeitet. Von den 4000 Flüchtlingen seien 150 gestorben, an Malaria, Influenza und Typhus. Sie kamen aus Kasachstan und Sibirien, wohin Stalin zu Kriegsbeginn Hunderttausende von Polen verschleppt hatte, um sie als Zwangsarbeiter zu missbrauchen. Nach dem Angriff Hitlers auf die Sowjetunion erwirkte die polnische Exilregierung die Freilassung der Deportierten, damit sie in einer eigenen Armee gegen Hitler kämpfen konnten. Mit britischer Hilfe gelangten 110 000 Polen in den Iran. Die Soldaten wurden trainiert und nach Italien verschifft; die Zivilisten wurden von den Briten in ihren Einflussbereich gebracht, nach Mexiko, Indien, Neuseeland – und Ostafrika. 1944 waren es über 14 000 Polen, die in Uganda, Kenia und Tansania Zuflucht vor den Sowjets und den Nazis gefunden hatten. Die größte Siedlung war hier in Tengeru. In tausend Hütten und Häusern lebten 4000 Polen, bauten Gemüse an, stellten Schuhe und Matten her, unterhielten Schulen und Kindergärten, Sportvereine und Chöre, gaben die Zeitungen »Pole in Africa« und »Voice of Poland« heraus und posierten stolz vor der Kamera mit frischgeernteten Papayas und Mangos. In Nairobi betrieben sie sogar einen Radiosender.

Nach Kriegsende wollten die Afrikaner sie loswerden, aber ins kommunistische Polen wollten nur die wenigsten zurück; vier von fünf gingen in die USA, nach Kanada, Argentinien, Frankreich und Australien. Ein paar hundert Polen blieben; der letzte, Edward Wójtowicz, starb friedlich in Tengeru 2015.

Was für eine Geschichte. Die weißen Steingräber sind säuberlich nach Religionszugehörigkeit geschieden. Orthodoxe, Katholiken und Juden lebten hier zwar gemeinsam, aber jeder hat sein eigenes Gebiet auf dem Friedhof. Es ist der gepflegteste, den ich auf meinen Reisen durch Subsahara-Afrika zu sehen bekomme. Es gibt eine Ausstellung mit Fotos, Tafeln und Informationen, eine feierliche Gedenkhalle mit polnischer Flagge, ein Gästebuch und ein Spendenregister. Mir schießen die Tränen in die Augen, als ich sehe, dass selbst jetzt im Lockdown fast täglich Polen diesen Friedhof besuchen und etwas spenden. Und all das mitten in der tropischen Flora und Fauna. Welcher Pole ist schon begraben inmitten von Mangos, Papayas und Bananen?

Sheila ist nicht interessiert und möchte weiter. Es wird Mittag, es wird heiß, ich bekomme einen Sonnenbrand und bin total erschöpft. Wir begegnen einem begeisterten Rennradler, der sich als Busfahrer und Massai vorstellt. Wir machen Dreier-Selfies, er fragt nach meiner Telefonnummer und ruft mich noch am selben Tag zehnmal an, ich gehe nicht ans Telefon. Wir überqueren die überwucherten Bahngleise nach Moshi und sehen ein Verkaufsschild für Land: 300 Quadratmeter kosten 1,5 Millionen Shilling, umgerechnet gut 560 Euro. 400 Quadratmeter gibt es für 2,5 Millionen Shilling und 625 Quadratmeter für 3,5 Millionen Shilling. Zwei Euro pro Quadratmeter. Mit ein bisschen Geld aus Europa kann man hier leben wie ein Aristokrat – so wie Julia und Kunta. Man muss allerdings tansanischer Staatsbürger sein, Julia dürfte hier kein Land kaufen.

Das letzte Drittel der Tour bringt mich vollends außer Atem. Braune Erdwege, in denen man um Schlammpfützen und Steinhaufen radeln muss, immer bergauf; Trampelpfade durch Obstplantagen. Wir kommen endlich bei ihr an, sie kocht mir einen Tee, ich sitze im Garten und zahle, sorgfältig trägt sie den Betrag von zweiundvierzig Dollar in ein Buch ein. Die letzte Eintragung ist Monate her. Lockdowns machen so viele Menschen arm. Hier am schmerzhaftesten.

Mein Bajaji-Fahrer will nicht mehr kommen, ich nehme einen Matatu-Bus, der so voll ist, dass der Ticketverkäufer die Tür offen und sich beim Fahren nach draußen hängen lässt. Noch einmal gehe ich nach Arusha hinein, wieder ist es mir unheimlich, wieder werde ich überall angesprochen und möchte nur nach Hause. Es ist grau, schmutzig und chaotisch, Marktstände drängen auf die Straße, wo Autos, Taxen, Bajajis und Matatus kaum Rücksicht auf Fußgänger oder einander nehmen. Ein Zitat des britischen Reisenden John Boyes aus dem Kolonialmuseum fällt mir ein. Er hatte Arusha vor dem Ersten Weltkrieg besucht. »Alles an Arusha war überraschend, die Straßen wohlgeordnet mit schönen Bürgersteigen, von der Straße getrennt durch einen Strom klaren Wassers in einem zementierten Abwasserkanal, eine Oase in der Wildnis. Die Stadt war makellos sauber, Eingeborene gingen mit kleinen Körben und sammelten Mull auf, als sei dies Berlin-Tiergarten und nicht das wilde Innere des dunklen Kontinents«, schrieb Boyes.

Abends möchte ich Kunta und Julia ins Restaurant einladen; wir lesen uns durch Tripadvisor und entscheiden uns für *Chinese Whisper* in einer luxuriösen Mall am anderen Ende der Stadt. Über fünfundvierzig Minuten fahren wir über dunkle Landstraßen, während die beiden sich über den Weg streiten. Jede zweite Geschäftsfläche ist unvermietet, die Mall fast menschenleer. Wieder eine Investitionsruine. *Chinese Whisper* liegt im ersten Stock, das beste chinesische Restaurant, das ich außerhalb Chinas, Taiwans und Hongkongs besucht habe.

Ich erzähle den beiden von meinem Bajaji-Fahrer und seiner 30 000-Shilling-Strafe. Ob das öfter vorkomme?

»Na klar«, sagt Kunta, »das kommt immer genau dann vor, wenn sie einen Muzungu als Fahrgast entdecken. Denn der hat ja Geld.«

Mir wird übel. Ich begreife, dass ich nicht Zeuge, sondern Verursacher des Zwischenfalls war.

Strahlend lächelnd lassen Julia und Kunta sich fotografieren. Während in Berlin Zehntausende gegen zu hohe Mietpreise in den beliebtesten Vierteln einer der angesagtesten Metropolen der Welt demonstrieren, haben die beiden sich hier ein kolonialherrenartiges Paradies für wenig Geld geschaffen – am Ende einer aus Schlaglöchern und Schlammpfützen bestehenden Nebenstraße in einem Vorort von Arusha am Fuße des Kilimandscharos. Nun müssen nur noch die Touristen zurückkommen, damit Kunta wieder seinem Beruf nachgehen kann.

Ich zahle die Rechnung: 95 000 Shilling. Rechne ich die Einladung zum Café (25 000 Shilling) und zum indischen Lieferdienst (45 000 Shilling) hinzu, habe ich 165 000 Shilling für die beiden ausgegeben, zweiundsechzig Euro, plus die fünfundzwanzig Dollar für das Abholen vom Flughafen. Vorm Einschlafen schaue ich mir ihre Airbnb-Anzeige an. Das Zimmer für zwei Tage zu mieten hätte mich achtzehn Euro gekostet, ohne schlechtes Gewissen. Warum denke ich in Afrika so viel mehr über Geld nach als in Europa?

18.

AUF GRAS GEBAUT

Mutalemo gehört zur Couchsurfing-Elite Arushas, über neunzig Rezensionen, alle überschwänglich, außerdem habe ich gelesen, dass er Kinder hat, eine Familie, da bin ich immer gern. Er hatte Surfer aus Japan, Südkorea, China, Finnland, Norwegen und den USA.

Er holt mich in einem Café nahe des Old Boma ab, wo ich Tee getrunken habe. Bescheiden wartet er draußen: schlank und muskulös, wenig Haare auf dem Kopf, Bartansatz. Sofort nimmt er mir meinen Koffer ab, zieht ihn für mich hinter sich her. Obwohl ich ihm anbiete, ein Taxi oder Bajaji für uns zu bestellen, besteht er darauf, zu Fuß zu gehen. Sein Viertel Kijenge sei nicht weit. Am Ende gehen wir eine halbe Stunde, erst eine Hauptstraße entlang, wo Blumen verkauft werden. Wie immer ist es mühsam, Fußgänger sind recht- und raumlos in Afrika, sie müssen sich irgendwo am Rande der (wenn überhaupt) geteerten Straße, an den abgebrochenen Kanten oder daneben, in Sand und Matsch bewegen. Irgendwann biegt Mutalemo ab, da gibt es keine Straßen mehr, nur noch Pfade, Grün, Wiese, Pflanzen, ein halber Urwald, auf Google-Maps nicht eingezeichnet, wie soll ich hier morgen oder übermorgen wieder zurückfinden, frage ich mich. Wir überqueren einen Bach, gehen eine Anhöhe hoch, da ist eine Barackensiedlung, steil geht es hinauf, überall Katzen und Gruppen von Kindern. Schließlich stehen wir in einem Innenhof mit einer Loch-Toilette und einer Außendusche mit Wasserkanister. Mutalemo führt mich ins Wohnzimmer seiner Wohnung und wuchtet meinen Koffer ins dahinterliegende Zimmer, das von einem Doppelbett, Matratzen, einem Schrank und Wasserkanistern ausgefüllt ist. Es riecht nach Staub, Moder, Tierhaaren und Allergie, ich nehme vorsichtshalber eine Cetirizin-Tablette und verlasse das Zimmer möglichst schnell, um keinen allergischen Anfall zu bekommen. Vorher schließe ich meinen Koffer ab.

Mutalemo kocht mir Tee und erzählt aus seinem Leben, während ich das Wohnzimmer betrachte und fotografiere. Seine Bescheidenheit ist mir etwas unangenehm, weil sie sich an der schmalen Grenze zur Unterwürfigkeit bewegt. Eigentlich wollte er Soldat werden, aber daraus wurde nichts, seine Mutter sei dagegen gewesen, aus Angst, ihren Sohn zu verlieren; später erzählt er allerdings, er habe die Aufnahmeprüfung nicht bestanden. Danach habe er mehrere Jahre in einem Tansaniten-Bergwerk gearbeitet. Tansaniten sind wunderschöne, blaufunkelnde Edelsteine, die durch den New Yorker Juwelier Tiffany weltberühmt wurden. Sie sind sehr selten und werden weltweit nur in einem Bergwerk bei den Gilewy Hills nahe Arusha abgebaut. Ich war mit einer Goldschmiedin zusammen, die immer von der Schönheit der Tansaniten schwärmte. Umso großer mein Schrecken über das, was Mutalemo aus seiner Zeit im Bergwerk erzählt. All der Staub sei sehr schlecht für seine

Gesundheit gewesen. »Nicht genug Sauerstoff.« Noch ein paar Jahre länger, und das wär's gewesen mit ihm. Außerdem – ich kann es kaum glauben – habe er über all die Jahre nur Kost und Logis bekommen, keinen Lohn. Die Minenarbeiter seien damit vertröstet worden, sie bekämen eine Provision, wenn sie einen Tansaniten fänden. Aber Mutalemo hat nie einen gefunden. Und in Deutschland, denke ich, gehören Bergarbeiter zu den bestbezahlten Berufsgruppen der Arbeiterschaft.

Also gab er den Job nach ein paar Jahren auf, um Tourguide zu werden. Er besuchte für ein paar Hunderttausend Shilling einen Studiengang und errang das Tourguide-Zertifikat für den Kilimandscharo. Und nun der Lockdown – an seinen letzten Kunden kann er sich kaum erinnern. Seine Frau fährt jeden Morgen ganz früh drei Stunden in einem Matatu zu einem Bauernhof, kauft dort Tomaten, Salat und Kartoffeln und fährt dann drei Stunden zurück, um sie den Rest des Tages auf dem Markt zu verkaufen.

Mutalemo möchte für mich kochen. Ich will ihm in die Küche folgen, aber es gibt keine Küche, nur einen Topf über einem Spirituskocher, den er auf dem Boden des etwa zehn Quadratmeter großen Wohnzimmers anzündet. Er schält und schneidet Kartoffeln, macht Öl heiß und frittiert die Kartoffelschnitzel darin. Dazu gibt es scharfe Soße. Es ist sehr lecker, was ich gar nicht genug betonen kann, trotzdem ist es unfassbar deprimierend in diesem kahlen Wohnzimmer: ein rotes Sofa, ein roter Läufer, ein Holzschrank mit Geschirr, darauf ein Plastikeimer und eine orangefarbene Plastikbabybadewanne; über dem kleinen Flachbildschirm lugt ein Löwe als Kuscheltier hervor; es stapeln sich Plastikeimer mit Wasser; die Wände in beiden Räumen sind tapetenlos und schmuddelig; in einer Ecke steht eine winzige Plastiktanne, um die sich die Zahnbürsten in ihren Bechern gruppieren; an der Wand wenige Bilder, unter anderem ein Foto von Mutalemos Hochzeit, golden eingerahmt. Sein zehnjähriger Sohn kommt nach Hause und freut sich über die Seifenblasen, die ich mitgebracht habe. Ich zeige ihm, wie es geht, und er mag gar nicht aufhören. Ich will für ihn und seinen Bruder ein Buch kaufen in dem Buchladen, den ich am ersten Tag entdeckt habe, also ziehen Mutalemo und ich los. Endlich bin ich aus der düsteren Wohnung heraus.

Die Buchhandlung ist für Einheimische, man erkennt es am Sortiment: Schulbücher, Fachbücher, Bibeln und Erfolgsratgeber. *Sell like crazy – Think and Grow Rich – How to stop worrying and start living.* Ich kaufe zwei Kinderbücher. Mutalemo hat erzählt, dass er ein großes Haus für seine Familie baut, eine halbe Stunde von hier, ich frage ihn, ob wir es anschauen können, und so nehmen wir ein Matatu. Das übliche Spiel: Es fährt erst los, wenn auch der letzte Platz besetzt ist. Kommen weitere Fahrgäste hinzu, sitzen wir übereinander, gehen dann wieder ein paar, müssen wir lange warten, bis wieder jeder Platz besetzt ist. Langsamer kann man nicht vorankommen. Wir haben zusätzliches Pech, unser Matatu hat einen Motorschaden. Wir steigen aus und warten auf das Ersatzfahrzeug. Es hat einen großen, blauen Davidstern und eine Jesusfigur am Heck. Damit fahren wir bis zur Endhaltestelle. Das sei Pech gewesen, erzählt Mutalemo, früher sei der Bus weiter gefahren, direkt vor sein Haus, heute ende die Buslinie früher, und es sei noch ein ganzes Stück zu laufen. Wir kommen an einer

Schule und einem Sportplatz vorbei, dahinter beginnt eine Art Wildnis, aber die Häuser hören nicht auf, die Straße wird zum Pfad, der von Pfützen und Schlammlöchern übersät ist, die immer größer und breiter werden, sodass wir nur beschwerlich vorankommen. Schließlich ist es trockenen Fußes gar nicht mehr möglich, meine Sandalen werden durchnässt. Wir gelangen an sein Haus. Es ist wirklich groß, aber die Mauern sind ohne Isolierung ins Gras gebaut. Die Außenmauern sind so gut wie fertig, innen sind ein paar Mauern angefangen, bis auf Hüfthöhe hochgemauert. Ich nehme einen kleinen Film auf, in dem Mutalemo erklärt, wie das Haus aussehen wird: Esszimmer, Elternschlafzimmer, Kinderzimmer, zwei Toiletten, ein Badezimmer und zwei Gästezimmer. Es sei nämlich furchtbar für ihn, wenn Gäste länger bleiben wollten, er sie aber wegschicken müsse, weil neue Gäste kämen – daher zwei Gästezimmer. Aber nun könne er aus Geldmangel nicht weiterbauen. Corona sei ein großes Problem. Er könne kein Geld verdienen, bekomme als Tourist Guide einfach keine Kunden. »Später kann ich vielleicht wieder weiterbauen«, sagt er, »aber nur langsam, Schritt für Schritt.«

Als ich mir das Video noch einmal ansehe, fällt mir auf, wie leise und energiearm Mutalemo spricht im Verhältnis zu mir, ich bin laut und munter. Wir besuchen noch seine Nachbarin. Hühner laufen durch den Innenhof, der von Bananenstauden gesäumt wird, die Nachbarin macht ein Foto von Mutalemo und mir, wir sehen glücklich aus, wir fahren wieder nach Hause. Während der langen Matatu-Fahrt sende ich meinem Sohn, der Bauingenieurwesen studiert, die Bilder von Mutalemos Rohbau. Er klärt mich auf, man dürfe die Mauern nicht direkt in den Boden bauen, in kurzer Zeit würden sie sich mit Wasser vollsaugen und dann verfallen. Zumindest solle er eine PP-Folie auf den Boden legen. Ich berichte Mutalemo davon, er hört aufmerksam zu, dann nehme ich mein Herz zusammen und beichte ihm, dass ich am nächsten Morgen früh losmüsse, zu einem anderen Host, ich müsse die zweite Nacht leider absagen. Die Wahrheit ist, ich halte zwei Nächte bei ihm nicht durch, es ist einfach zu trist. Er nimmt es freundlich auf. Als wir nach zwei Stunden im Matatu wieder in der Innenstadt ankommen, ist es schon fast sieben, es dämmert, insgesamt waren wir über vier Stunden unterwegs. Mutalemo hat es eilig, nach Hause zu kommen, in der Dunkelheit sei Arusha nicht sicher, warnt er mich. Zu Hause schenke ich den Jungs die Bücher und lese sie ihnen vor. Ich sehe mich im Wohnzimmer um und habe den Eindruck, es sind ihre ersten und einzigen Bücher. Schließlich wird es ganz dunkel, der Strom ist ausgefallen. Die einzige Beleuchtung ist die Taschenlampe in Mutalemos Tablet. Wir fünf sitzen in fast vollkommener Dunkelheit im engen Wohnzimmer. Es kommt kein richtiges Gespräch zustande. Ich halte die Atmosphäre nicht aus und entschuldige mich, ich sei müde und müsse schon schlafen gehen, dann verziehe ich mich nach nebenan, zu meinem Doppelbett und dem Koffer. Erst als kurze Zeit später Mutalemo reinkommt und die Matratze, die aufrecht neben meinem Doppelbett stand, ins Wohnzimmer schiebt, wird mir klar: Sie schlafen jetzt zu viert drüben. Und ich allein hier. Das ist die ganze Wohnung. Mehr ist da nicht.

Um vier Uhr morgens werde ich von einem enthusiastischen christlichen Gottesdienst ganz in der Nähe geweckt, sie singen und beten, predigen und feiern in voller Lautstärke. Um sechs stehe ich auf, Mutalemo möchte, dass ich mit einem Wasserkanister dusche, ich lehne höflich ab. Die beiden Jungs sitzen im Schneidersitz in ihren Schuluniformen auf dem Boden und essen schweigend ihr Frühstück, bevor sie kurz vor sieben das Haus verlassen. Mutalemo holt Stift und Block hervor und fragt mich nach der Folie, die mein Sohn für den Hausbau empfohlen hat. PP-Folie, diktiere ich ihm. Was das denn sein solle, fragt seine Frau, so etwas brauche man nicht, das sei überflüssig und viel zu teuer. Ja, das Geld, sagt Mutalemo. 650 000 Shilling hatte er gespart für das Haus, mit einer Million könnte er es zu Ende bauen, es fehlten 350 000 Shilling. Mir fällt ein, dass ich Julia und Kunta für 95 000 Shilling zum Chinesen eingeladen habe. Ihn habe ich gar nicht eingeladen. Er war so bescheiden, es bot sich irgendwie nicht an. Kurz überlege ich, ob ich ihm das Geld einfach geben soll, 132 Euro. Aber plötzlich packt mich das Misstrauen, ob er das möglicherweise jedem Surfer erzählt in der Hoffnung auf eine Spende, und ich lasse es. Später schäme ich mich für mein Misstrauen und erzähle einer Freundin am Telefon, dass ich mich ärgere, ihm das Geld nicht gegeben zu haben.

»Er wollte, dass du ihm Geld gibst?«, fragt sie entsetzt.

»Nein, er hat nur erwähnt, dass er es braucht«, sage ich.

»Aber du hast ihm hoffentlich nichts gegeben?«

Und jetzt, wo ich das aufschreibe, frage ich mich, ob ich ihm nicht irgendwie dies Geld zukommen lassen kann, damit er das Haus zu Ende bauen kann, damit sie nicht mehr zu viert in dieser entsetzlichen Enge leben müssen. Und dann wieder frage ich mich, ob es dafür reichen würde, das Haus zu Ende zu bauen. Und was würde ich tun, wenn er das Geld gar nicht dafür ausgibt?

Zum Abschied gebe ich ihm Jakobs Nummer wegen der PP-Folie. Und bedanke mich später noch einmal über Whatsapp bei ihm:

»Asante sana for your amazing hospitality!«

Er schreibt zurück:

»Was my pleasure my friend.«

Bei Jakob hat er sich nie gemeldet.

19.

»DU HAST KEINE AHNUNG, WIE DAS FÜR MICH WAR!«

Sheilas Freund Ignas holt mich am nächsten Morgen mit seinem Wagen ab. 30 000 Shilling hin und zurück waren vereinbart, aber frühmorgens schreibt Sheila: »Stell dir vor, er kommt mit Ausreden, er will nicht kommen!« Dann kann sie ihn doch überreden, mich abzuholen. Ignas ist groß, hager, cool angezogen, hat BWL in Arusha studiert, keinen Job gefunden und dann sein eigenes Tourunternehmen aufgemacht. Bis heute folge ich ihm auf Instagram. Unter *Slym_son* und *Slym_sontravels* postet er atemberaubende Fotos, eigentlich sieht er sich als Fotograf. Wieder jemand, der diese leise, vom Leben gebrochene Stimme hat, mit Mitte zwanzig, frühzeitige Kapitulation. Während Sheila und ich die Radtour machen, wartet er bei ihr im Haus. Sie kennen sich vom Studium.

Diesmal fahren Sheila und ich mit dem Mountainbike in die andere Richtung, nicht hinunter zur Hauptstraße, sondern den Weg hinauf in die Berge, zum Mfere-Wasserfall. Wenn man in Deutschland eine Radtour oder Wanderung macht, startet man typischerweise in einer Siedlung und kommt bald in die »Natur«, wo es nur noch Bäume, Wälder, Wiesen und Felder gibt. Nicht hier. Der erdbraune Weg schlängelt sich immer weiter durchs satte Grün, aber die Häuser hören nicht auf, nach einigen Kilometern kommt sogar das prächtigste Haus, das ich in den letzten Tagen gesehen habe, mitten im Nichts. Afrikas Schönheit ist privat und versteckt. Wir kommen an einer langen Mauer mit Stacheldraht vorbei, es ist aber kein Gefängnis, sondern die *Sakura Girl's Secondary School.* »High Quality Education for better future«, verkündet ein Schild. »Funded by the Government of Japan.« Darüber die Flagge Japans, die Flagge Tansanias und ein Umriss des afrikanischen Kontinents. Ich habe auf meinen Reisen viel häufiger das Abbild Afrikas gesehen als in Europa das Abbild Europas. So wie die Afrikaner, die mir begegnet sind, wenn etwas schiefgeht, gern mit einem Lächeln sagen: »That's Africa!« Nach meinem Eindruck fühlen sie sich viel mehr als Afrikaner, als wir uns als Europäer fühlen; ob in Spott, Ironie, Fatalismus oder Stolz, in jedem Fall scheint es so, als fühlten sie sich zugehörig.

Aus dem Wald kommt eine ältere Frau in schlichter Kleidung, wir sprechen kurz mit ihr. Über der Schulter trägt sie ein dickes Stück Holz so lang wie sie selbst, so dick wie eine ausgestreckte Hand. Das Afrika südlich der Sahara ist ein Kontinent ohne Lasttiere. Immer noch übernehmen Menschen diese Rolle. Wie schreibt Thomas Sowell: »Der farbenfrohe Anblick von Subsahara-Afrikanern, die große Lasten auf ihrem Kopf tragen, ist in Wirklichkeit ein Hinweis auf die schwerwiegenden Transportprobleme, die diese Region seit Tausenden von Jahren in ihrer Entwicklung gebremst haben.« (Economic Facts and Fallacies, New York 2011, S. 211)

Wir kommen am *Lemshuku Pub* vorbei und an einem Friseursalon. Talabwärts und hügelaufwärts quälen wir uns über die improvisierte, fahrraduntaugliche Strecke, natürlich die einzigen Radler, ungläubig angestarrt von Einheimischen, die vor ihren Häusern und Hütten sitzen, mal mehr, mal weniger wohlwollend. Nach zwei Stunden landen wir vor einem großen, sauberen, gemauerten, weiß gestrichenen Haus. Es strahlt Wohlstand aus. Sheila geht hinein und zahlt unseren Eintritt zum Wasserfall, der auf diesem Privatgrundstück liegt. Was für ein Reichtum, ein eigener Wasserfall! Wir parken die Räder, ab hier geht es zu Fuß durchs grüne Paradies, abwärts, immer weiter abwärts, bis wir an dem kleinen See ankommen, in den sich der imposante Wasserfall ergießt. Ich schwimme in Badehose zum Wasserfall, bis ich direkt darunter stehe, recke die Arme in die Luft, genieße die kalten Wassermassen, die auf meinen Kopf prasseln, Sheila lacht und fotografiert mich. Ein Moment puren Glücks.

Auf dem Weg zurück begegnen wir einem Mann, der eine braun-weiß gefleckte Kuh an einem Strick hinter sich herzieht, zu einer Schlachterei. Obwohl die Kuh brav und stoisch hinter ihm hertrottet, schlägt er sie immer wieder mit seinem Stock. Das sind ihre letzten Minuten, bevor sie geschlachtet wird.

Der Weg zurück ist lang, gewunden und so idyllisch, dass wir immer wieder anhalten, um Fotos zu machen, Sheila von mir, ich von ihr.

Ananas, Kokosnüsse, Guaven, Mangos, so süß schmeckt Afrika. Kurz vor ihrem Haus kommen wir an einem Friedhof vorbei. Weiße Steingräber wie auf dem polnischen Flücht-

lingsfriedhof, aber keine Mauer darum, kein Friedhofs-
gärtner, keine Gedenkhalle, keine Spenden, keine Flaggen.
Die Steine und Platten sind von Grün überwuchert, halb
verschluckt von den gierigen, wildwuchernden, allgegen-
wärtigen, sonnen- und wassergesättigten Pflanzen. Ich wandere herum, ich mag den Ort. Ein Friedhof, der von der Zeit,
der Natur geschluckt wird, der lebt und stirbt. Das Laub
wird nicht weggeharkt, es ist immergrün und überwuchert
die Gräber. Auf so einem Friedhof soll meine Asche einmal
begraben sein, denke ich.

Auf Bitte eines befreundeten deutschen Youtubers inter-
viewe ich Sheila und Ignas noch zum Thema Lockdown.
Sie sagen nahezu dasselbe. Beide sind dankbar, dass Magufuli keine Ausgangsbeschränkung verhängt hat: »Tansanier
müssen jeden Tag arbeiten, um überleben zu können«, sagt
Sheila. »Sie brauchen das Geld für ihren Alltag.« Ignas sagt:
»Wenn wir uns nicht jeden Tag auf die Suche nach Geld machen können, haben wir nichts zu essen.«

Sheila möchte sich auch nicht impfen lassen. »Ich bin
gesund, ich brauche das nicht«, sagt sie. Ignas holt weiter
aus: »Ich werde es nicht nehmen. Wir wissen nicht, ob es
sicher ist. Vielleicht werden wir von den Medien und der
Welt angeschwindelt. Wir wissen nicht, was sie uns Afrikanern geben. Was die Zeitungen sagen, das kann richtig oder
falsch sein. Ich weiß nicht, was wahr und was falsch ist. Es
ist verwirrend. Daher werde ich das Risiko nicht eingehen.
Die Medien erzählen so oft nur Lügen und Propaganda. Das
ist ja das Problem.«

Ignas fährt mich zurück in die Stadt. Ich erzähle ihm, wie
sehr ich Sheila bewundere, die aus Uganda kam, ohne Eltern,

verwaist, und hier so jung ihr eigenes Tourunternehmen hochgezogen hat und dieses Haus, diese Oase der Schönheit. Es ist mir peinlich, dass er mich zum Hotel bringen soll, das ich statt einer zweiten Nacht in Mutalemos Schlafzimmer für mich gebucht habe, das *Tulia Boutique Hotel & Spa*, ein Deluxe-Doppelzimmer zur Einzelnutzung. Ich schäme mich vor Ignas, dass ich mir das leisten kann. Tief in uns sind wir alle Egalitaristen, denke ich, weil wir Menschen über neunzig Prozent unserer Geschichte als Jäger und Sammler gelebt haben, und alles mit unserer Horde geteilt haben. Ich lasse mich von Ignas an einem Busbahnhof absetzen und nehme von dort ein anderes Taxi, der Fahrer muss sich vom Rezeptionisten des Hotels den Weg erklären lassen, weil es so versteckt in einer namenlosen Straße liegt.

Weil das Zimmer mir zu dunkel ist, bekomme ich eine *Executive Suite* mit roter Rückwand und riesigem runden Bett mit Moskitonetz darüber, es sieht aus wie eine Hochzeitssuite. Abends esse ich im Hotel einen griechischen Salat und gehe im Pool schwimmen. Der Pool grenzt an eine ockergelb gestrichene Mauer, über die das unverputzte, neugebaute, ärmliche Haus vom Nachbargrundstück ragt. So nah kommen sich die Gegensätze hier.

Ich mache die Facebook-Posts über meine Touren mit Sheila fertig und schicke ihr stolz die Links, da ich überschwänglich für sie geworben habe. Erbost schreibt sie zurück: Wie ich es wagen könne, Bilder von ihrer Wohnung und ihrem Garten zu posten. Private Bilder. Es war ein Bild von den Rennrädern an der Wand ihres Wohnzimmers, ich hielt das für romantisch und einen Ausweis ihrer Fahrradleidenschaft. Im anderen Bild saß sie bei ihren wunderschönen Blumen in ihrem Garten. Ich lösche die Bilder sofort, aber Sheila zürnt immer noch. Ich hätte Ignas erzählt, sie sei aus Uganda geflüchtet. Es gehe niemanden etwas an, dass sie Flüchtling sei. Ich bin verstört und versuche sie anzurufen, sie hebt nicht ab. Ich sage ihr in einer Sprachnachricht, dass ich selbst nicht einmal gewusst habe, dass sie Flüchtling sei und es deshalb auch gar nicht erzählen konnte. Sie schickt eine Sprachnachricht zurück: Ich könne meine Klappe nicht halten, ich hätte keine Ahnung, was sie durchgemacht habe, es gehe niemanden etwas an, dass sie geflüchtet sei, nun wüsste es Ignas, bald wüssten es alle. Ich könne Geheimnisse nicht für mich behalten.

Es tut mir unendlich leid. Ich entschuldige mich mehrfach. Am Ende beruhigt sie sich etwas. Ich hatte wirklich keine Ahnung. Wieso ist sie aus Uganda geflohen? Wieso ist das eine Schande? Ich mag nicht nachfragen.

Abends genieße ich die Sauberkeit meines Zimmers, den Platz, die Ruhe und vermisse doch Mutalemo und seine Familie. Und habe ein schlechtes Gewissen, dass ich hier jeden Tag entscheiden kann, ob ich in einem staubigen, schmutzigen, kleinen, kahlen Zimmer bei einem liebevollen Host oder in einer Executive Suite übernachte. Ich habe die Wahl. Sie nicht.

20.

VIRTUAL REALITY UND DIE 37-STUNDENKILOMETER-BAHN

Busse sind – von der reichen Oberschicht abgesehen – das Hauptverkehrsmittel für Fernreisen in Afrika, bequem, zuverlässig und günstig. Aber Busbahnhöfe sind nichts für schwache Nerven, vor allem nicht, wenn man weiß ist und nach einem guten Geschäft aussieht. Kaum setzt das Taxi mich am Busbahnhof von Arusha ab, werde ich umringt, bedrängt, angerufen, angerempelt, jeder will etwas von mir, fragt mich, wohin ich fahre, Moshi, sage ich, jeder will mich in seine Richtung drängen, zu seinem Bus. Jemand sagt, er wisse einen Bus nach Moshi und trägt meinen Koffer für mich, nach wenigen Metern ist der Bus erreicht, und er verlangt eine *Security fee* von 2000 Shilling. Ich schüttele nur den Kopf und kriege eine Fahrkarte nach Moshi für 3000 Shilling. Wie immer habe ich ein mulmiges Gefühl, den Koffer in einem der äußeren Gepäckfächer des Busses zu verstauen, wie immer passiert nichts.

Moshi ist entspannter, gehobener, grüner und gepflegter als das schmutzige, raue, laute, rempelige Arusha, das auf mich so latent bedrohlich gewirkt hat. Mein CS-Host ist

Sophie Agostino, die wie Kunta und Julia Couchsurfing und Airbnb parallel betreibt; Couchsurfer nimmt sie nur für eine Nacht, danach wird eine moderate Übernachtungsmiete fällig. Sie ist einunddreißig, sieht aus wie fünfundzwanzig und hat ein eigenes Tourunternehmen, *Matriarch Hill Safari*. Wie der Name schon sagt, richtet sie sich an westliche Feministinnen. Ein Teil der Einnahmen geht an *East Africa's Women's Rights* und den Kampf gegen Genitalverstümmelung. Die Organisation hat das Ziel, Frauen zu helfen, sie zu fördern und ihnen ihre Würde wiederzugeben. Die Touren selbst unterscheiden sich nicht von anderen Angeboten, es sind die klassischen Touren durch die Nationalparks: drei Tage für 1870 Dollar, fünf Tage für 2970 Dollar.

Sophie wohnt mit ihren drei Brüdern in einem großen Haus mit Garten. Am Wochenende kommt noch die kleine Schwester aus dem Internat dazu. Es ist wie bei Kunta und Julia: Hinter einem vergitterten Tor, unsichtbar von außen, beginnt ein Refugium der Aufgeräumtheit und Behaglichkeit. Sophie vermietet Zimmer, verkauft selbstgenähte Kleider und führt Touristinnen auf den Kilimandscharo – ab morgen Vincent und Griet aus Belgien. Die beiden betreiben eine kleine, private NGO, sammeln Geld im Freundeskreis und in befreundeten Schulen und bauen davon Schulen, Kindergärten und Hebammenstationen in Tansania. Viele afrikanische Frauen, berichtet Griet, hätten den Anspruch, problemlos allein Kinder zu gebären; es gelte als peinlich, dafür medizinische Hilfe in Anspruch zu nehmen. Wenn das Kind bei der Geburt stirbt, werde es aus Scham irgendwo verscharrt, niemand erfahre davon. Also gründen sie Stationen, in denen Frauen kostenlos Geburtshilfe bekommen, damit Mutter und Kind die Geburt überleben. Auf Magufuli sind sie nicht gut zu sprechen, er mache den NGOs das Leben schwer. Seit vielen Jahren sammeln sie in Belgien Medikamente, um sie hier kostenlos zu verteilen. Einen ganzen Koffer mit Medikamenten habe die Polizei bei ihrer letzten Einreise beschlagnahmt; auf die Arzneien im anderen Koffer hätten sie Einfuhrzoll zahlen müssen, obwohl sie diese ja gar nicht verkauften, sondern verschenkten. Sie verdienen keinen Cent mit ihrer NGO, sie sind Ärzte, haben kein Budget für Bestechungsgelder. Zuletzt schmuggelten sie Paracetamol in ihren Unterhosen nach Tansania. Abenteuerlich schwierig sei es auch gewesen, aus Belgien überhaupt herauszukommen. Griet hatte schon Covid und ist genesen, aber wie so oft habe der PCR-Test der Fluggesellschaft immer noch positiv ausgeschlagen. Ihr Arzt hatte attestiert, dass der PCR-Test nur Virenbruchstücke der schon überstandenen Infektion anzeige, dennoch weigerte sich KLM, sie an Bord zu nehmen. Sie mussten einen neuen Flug mit einer anderen Fluggesellschaft buchen.

Sie nehmen mich in die Innenstadt mit und setzen mich an einem Kulturzentrum ab. Das KAVI ist ein auf afrikanisch getrimmter Souvenir-Shop, es gibt alles, was der weiße Tourist zu Hause als afrikanisches Mitbringsel verschenken kann: schwarze Sandalen mit bunten Riemen, Umhängetaschen mit »afrikanischem Muster«, Bilder von Massai, die auf dem Fahrrad mit Kind in einen glühend roten Sonnenuntergang radeln, Einkaufstragetaschen in grober Holzschnitt-Optik, »afrikanisch« aussehende Gürtel und Handtaschen. Café und Restaurant sind sauber und einladend, mit wunderschönen Pflanzen drum herum.

Craig aus Los Angeles kauft sich gerade Sandalen im Afrika-Look für 55 000 Shilling. Er ist mit einer zehnköpfigen, multikulturell zusammengemischten Filmcrew aus Los Angeles hier, sie haben auf Sansibar gefilmt, in Daressalam, Bagamoyo, Ngorongoro, Arusha, der Serengeti und nun in Moshi. Morgen filmen sie noch auf einer Kaffeefarm. »Wofür?«, frage ich. »Für *iFit*«, erzählt Craig. Ein typisches Lockdown-Angebot: Man läuft bei sich zu Hause in den USA auf einem Laufband, befindet sich dabei aber in einer wunderschönen 3-D-Landschaft – zum Beispiel in Afrika. »Das Filmen ist schwierig«, verrät Craig. Kenia und Südafrika haben sie schon abgegrast. In Äthiopien gerieten sie zwischen die Bürgerkriegsfronten, aber das sieht der Kellerjogger natürlich nicht. Er erlebt das exotische Afrika ohne Malariamücken, Bürgerkrieg, erpressende Polizisten, Bettwanzen, Lochklos und Straßenüberfälle. Afrika als *virtual reality*. Auch das Filmteam kommt mit der afrikanischen Lebenswelt der Einheimischen so wenig wie möglich in Berührung, immer auf der Suche nach menschenleeren Landschaften. Afrikaner stören das Bild.

Ich laufe durch die Stadt, komme an einem Friedensmonument und einem Rotary-Denkmal vorbei. Im *Aroma Coffee House* – dunkelgelbe Wände, Holzmöbel, schwarzweißes Schachbrettmuster auf dem Boden – bekomme ich einen Toast und den besten schwarzen Kaffee meines Lebens. Der Kilimandscharo ist ein berühmtes Kaffeeanbaugebiet. Es gibt wieder einen Uhrenturm, und überall wird ein großes Konzert-Event angekündigt. Ein ekstatisch die Augen zusammenpressender unrasierter Weißer mittleren Alters auf dem Plakat kündigt den *MIRACLE GOSPEL HARVEST* an.

Ich gehe zum Bahnhof. Moshi gehört zu den wenigen Städten südlich der Sahara und nördlich Südafrikas, die einen Bahnhof haben. Das gelbe, zweistöckige Bahnhofsgebäude sieht aus wie ein deutscher Provinzbahnhof aus dem 19. Jahrhundert, tatsächlich wurde es 1911 von den Deutschen gebaut. Hinter dem Gebäude liegt das einzige Gleis, einen Bahnsteig gibt es nicht, stattdessen einen langen Stacheldrahtzaun. Dahinter steht ein in fröhlichem Graffiti angemalter, knallgelber Zug, dem man nicht ansieht, dass der Reiseführer davor warnt, darin allein – und erst recht nicht bei Nacht! – zu reisen. Beim Näherkommen entdecke ich, dass es sich bei dem Graffiti um eine riesige, flächendeckende Werbeanzeige für *Kilimanjaro Beer* handelt. Auf dem Bahnhofsschild steht MOSH, das I ist abgeblättert. Die ebenerdigen Schienen laufen gerade auf den Horizont zu. Kaum, dass ich den Zug fotografiere, fährt er auch schon unter Getöse los. Nachher sehe ich auf dem Fahrplan, dass dieser *Passenger Train Deluxe* hier nur sechsmal die Woche hält: Dienstag, Donnerstag und Samstag um 12.30 Uhr auf dem Weg nach Arusha und um 18.30 Uhr auf dem Rückweg nach Daressalam. Für die 558 Kilometer nach Dar zahlt man je nach Klasse zwischen sechs und fünfzehn Euro, die Bahn braucht fünfzehn Stunden – kaum schneller als bei der Eröffnung der Strecke 1912. Die Deutschen haben die Usambara-Bahn von der Hafenstadt Tanga nach Moshi gebaut, sie brauchten zwanzig Jahre für die 350 Kilometer, von 1892 bis 1912. Das Projekt war chronisch unterfinanziert, anscheinend glaubte niemand in Deutschland so recht, dass sich das je lohnen würde. Die Briten vollendeten die Strecke nach Arusha 1929. Seit der Unabhängigkeit kamen über Jahrzehnte keine neuen Bahnstrecken hinzu, im Gegenteil, in den Neunzigerjahren wurde der Personenverkehr eingestellt, 2006 auch der Güterverkehr. Erst Magufuli befahl eine Instandsetzung und Wiederaufnahme; seit 2019 verkehren die Züge wieder. Mit anderen Worten: die museal anmutende Bahn mit ihren siebenunddreißig km/h und ihrem Dreimal-pro-Woche-Fahrplan ist kein Relikt, sondern Zeugnis des allerneuesten Fortschrittes. Es ist deprimierend – und rätselhaft. Die Europäer haben vor dem Ersten Weltkrieg in ihren indischen und afrikanischen Kolonien Bahnstrecken gebaut, aber Indien ist heute die zweitgrößte Eisenbahn-Nation der Welt, während es in Afrika praktisch keinen Zugverkehr gibt. Dabei sind die Straßen hier hoffnungslos überlastet und überfüllt, schwere Busunfälle sind an der Tagesordnung. In Uganda kursiert das Gerücht, Präsident Museveni würden die großen Fernbusunternehmen gehören, daher sabotiere er seit Jahrzehnten den Bau einer Eisenbahn. In Tansania sollen immerhin die Chinesen eine Ostwestverbindung bauen, von Daressalam über Dodoma nach Mpanda, aber das sind vage Hoffnungen, bislang gibt es nur den kurzen, ersten Abschnitt bis Morogoro.

Ich gehe ins *Union Cafe*, das Café der Kaffeearbeitergewerkschaft, erbaut 1939, mit vielen Ölgemälden tansanischer Legenden, weißen und schwarzen. Ich bestelle Chapati mit scharfen Dips und Salat und lese in einer tansanischen Zeitung, dass Magufuli seine Landsleute gewarnt hat, importierte amerikanische Masken zu tragen, und dafür heftig kritisiert wurde. Aber am selben Tag habe die amerikanische Heimatschutzbehörde elf Millionen »fake masks« konfisziert, gefälschte, nutzlose Masken. Die Magufuli-Kritiker, so

triumphiert die Zeitung, seien blamiert. Als ob ein Betrugs-
fall in den USA beweise, dass alle amerikanischen Masken
nichts taugten; als ob nicht auch tansanische Masken fehler-
haft sein könnten. Die Hauptpointe ist, dass hier ohnehin
fast niemand Maske trägt. Die Zeitung berichtet ferner, Magufuli habe den Stadtrat von Daressalam aufgelöst, um eine
»gute Verwendung von Steuergeldern« zu garantieren. Der
»Local Government Act« erlaube dem Präsidenten, Stadträte
aufzulösen und neu zu ernennen. Was hinter der Absetzung
steht, erfährt der Leser nicht, die abgesetzten Stadträte kommen nicht zu Wort. Magufuli habe aber betont, alles sei mit
rechten Dingen zugegangen. Ein anderer Artikel sinniert
darüber, dass es kürzlich für eine Woche kein Internet in
Tansania gab. Ansonsten berät die Zeitung ihre Leserinnen
»how to look stylish at work« und gibt Onlinedating-Rat-
schläge: »Wenn er sich nach dem ersten Sex tagelang nicht
meldet – Finger weg!«

Ich streife durch Facebook und stoße auf das Foto einer
deutschen Schulband, in der jeder Schüler in einem eigenen
grünen Zelt spielt – während um mich herum die Menschen
ganz normal reden, umherlaufen, niemand eine Maske trägt
oder Abstand hält. In Deutschland sind zu diesem Zeitpunkt
alle Cafés geschlossen. Noch mehr als sonst fühlt sich Afrika
wie ein anderer Planet an.

Abends sitze ich mit Sophies Brüdern Vitalis, Simon
und Peter auf der Terrasse, sie zeigen mir ihre tansanischen
Lieblingsmusikvideos, während die Sonne untergeht. Im
Video zu dem Lied *Waah!* singt und tanzt *Diamond Plat-
numz* mit der kongolesischen Poplegende Koffi Olomide in
einer surrealen Popwelt. Koffi raunt, stöhnt und säuselt ab-

geklärt und sonnenbebrillt wie Udo Lindenberg, der junge
Diamond fackelt derweil ein Feuerwerk an grellem Mode-
design ab. Er trägt nacheinander in drei Minuten fünf verschiedene Anzüge, außerdem einen türkisen Seiden-Kimono
mit Blumenmotiven, weiße Sportklamotten, eine übergroße
weiße Pluderhose – und tanzt ununterbrochen in coolen
Massenchoreographien über ein durchlaufendes Vier-Takt-
Schema aus C-Dur, F-Dur und G-Dur. Drei Akkorde, acht
Kostüme, viereinhalb Minuten gute Laune und Selbstironie,
neunzig Millionen Klicks. So ist mir Afrika begegnet, als ich
achtzehn war, die ungetrübte, unbesiegbare, unerschöpfliche
positive Energie seiner Popmusik. Während es stockdunkel
wird und die Moskitos kommen, zeigen die drei mir immer
neue Videos. Nirgendwo fühle ich mich Afrika näher als in
seiner Musik.

Spätabends kommt Sophie, wir trinken noch ein Glas Wein
zusammen, sie erzählt von ihrer Familie. Ihr Bruder Paul ist
vierunddreißig, hat zwei Kinder und wohnt weit weg. Ihre
Schwester Monika ist dreiundzwanzig, arbeitet als Ärztin
in Daressalam, verdient aber miserabel. Simon ist fünfzehn
und geht für 700 000 Shilling im Jahr auf eine Boarding
School. Vitalis ist schon sechsundzwanzig, offiziell Tour
Guide, in Wirklichkeit tut er nichts. Ihre Schwester Lanta
ist zwanzig und studiert *Business und Life Skills* an einem
College für eine Million Shilling im Jahr. Zwei Tage später
lerne ich sie kennen, sie strahlt dieselbe Trägheit aus wie Vitalis. Der Lichtblick unter den Geschwistern ist Peter, der
mir jeden Morgen ein leckeres Frühstück zubereitet: achtzehn, wach, klug, fleißig, schnell. Er wird ab dem Sommer

für zwei Jahre auf eine *Advanced School* gehen und danach Elektroingenieurwesen studieren. Ich habe alle viel jünger geschätzt. Die Einzige, die gut verdient, ist Sophie. Sie muss vier Geschwister mitversorgen. Ab morgen früh wird sie mit Griet und Vincent den Kilimandscharo besteigen. Zu ihrem Team gehören zwei Guides, ein Koch und sieben Träger, die das Essen und die Zelte transportieren. Zehn schwarze Helfer für zwei weiße Bergsteiger, die dafür 4000 Dollar zahlen. Es geht vier Tage hoch und zwei wieder herunter, man muss langsam nach oben, um den abnehmenden Sauerstoff zu verkraften; ein Freund von mir musste deswegen die Tour abbrechen. Ein großer Teil der 4000 Dollar geht für die staatliche Gebühr drauf, das Gebiet um den Kilimandscharo überhaupt betreten zu dürfen. Sophie schielt leicht, während sie strahlt, ein Bündel positiver Energie. Sie bringt eine große Familie fast allein durch die Pandemie, eine echte Matriarchin.

21.

SCHWEINEFLEISCH MIT BANANE UND EIN ZERQUETSCHTER LASTWAGEN

Mein nächster Host ist Steven, auch ein Rezensionenkönig, ich lade ihn am nächsten Morgen in ein Café im Zentrum Moshis zum Frühstück ein. Eigentlich sollte mich ein Massai hosten, aber er hatte mir nach seiner Zusage nicht mehr geantwortet.

Steven ist ein wuchtiger, laut lachender, kräftiger Kerl mit breitem Grinsen, einem dünnen Schnurrbart und Kinnbart. Er trägt ein olivgrünes Shirt und Käppi und bestellt sich Schweinefleisch mit Bananen.

»Wir Chagga«, erklärt er, »essen alles mit Banane. Banane muss immer dabei sein!«

Plötzlich läuft eine Kapelle in langen gelben Gewändern vorbei, Percussionisten, Trommler und Bläser, sie laufen die Hauptstraße herunter und spielen immer wieder dieselben acht Takte, eine Quintfallsequenz. Afrikanische Musik lebt von der Magie endloser Wiederholungen; wir Europäer wollen immer gleich variieren. Ich laufe hin, um sie zu filmen.

»Die bereiten eine Hochzeit vor«, verrät mir Steven und grinst.

Was für eine Kraft, was für eine Fröhlichkeit verbreitet der Zug!

Nach dem Essen fahren wir ein paar Stationen mit dem Matatu und gehen dann lange einen rotbraunen Sandweg zu seiner Siedlung hinunter. Immer wieder gesellen sich Nachbarn zu Steven und fragen ihn nach dem Weißen, den er im Schlepptau hat, in einer Mischung aus Neugier und Bewunderung. Schließlich gelangen wir zu seinem Haus, geräumig und opulent im Vergleich zu Mutalemos zwei winzigen Zimmern. Steven lebt hier mit seiner Frau, seinem fünfjährigen Sohn Derrick und seiner ebenso schwergewichtig-robusten, breit lächelnden Mutter Elisabeth. Die Familie hält jede Menge Hühner und sechzehn Schweine. Die Schweine liegen von der Hitze erschöpft in kleinen Holzverschlägen. Ein kleines Schwein kann er für fünfzig Dollar verkaufen, ein großes für einhundert Dollar. Interessant, dass etwas so Wertvolles wie ein Schwein nicht in tansanischen Shilling, sondern in Dollar gemessen wird. Stolz zeigt mir Steven das Gästezimmer, das er für mich vorbereitet hat: eine Art Kammer mit einem Bett, die Wände sind kahl und mit schmutzigen Flecken übersät. Ein Haufen von Gegenständen am Fußende des Bettes ist mit einer Decke verhüllt, das Fenster verdeckt ein provisorischer Vorhang. Ich muss Steven beichten, dass ich die nächsten zwei Nächte doch noch bei Sophie schlafen werde, es stört ihn nicht weiter. Wir verabschieden seine Mutter und fahren nach Marangu. Ich hatte mit Steven auf eine Kaffeefarm gewollt, aber er will mich zu einem Wasserfall führen. Ich frage ihn nach den Kosten, er beruhigt mich, 8000 Shilling für das Matatu, 20 000 Shilling Eintritt für den Wasserfall, mehr werde es nicht kosten: »Don't worry, my friend!« Das *my friend* macht mich immer misstrauisch.

Steven war ein beliebter Host, aber wegen der Lockdowns im Ausland hatte er seit sieben Monaten keine Gäste mehr. Wir laufen zur Matatu-Station. Ein großer Lastwagen wird abgeschleppt, das Führerhaus ist zerquetscht, wie zusammengefaltet. Es muss ein schlimmer Unfall gewesen sein. »Guck mal«, Steven stößt mich in die Seite, »total zermalmt! Überleg mal, da hat bestimmt ein Typ drin gesessen. Der ist jetzt flach wie 'ne Flunder!« Er lacht schallend bei der Vorstellung, wie der Lkw-Fahrer durch den Unfall plattgedrückt wurde.

Wir nehmen ein Matatu nach Marangu. Es ist überfüllt, heiß und stickig. Immer wieder müssen wir warten, weil jemand aussteigt und niemand den frei gewordenen Platz besetzt. Endlich kommen wir in Marangu an: auffällig viele sehr gepflegte und saubere Häuser und Grünanlagen, Schulen, Kirchen, eine weiße Moschee im Stile eines englischen Landhauses, dazwischen Bananenstauden und Zitronenbäume, es fühlt sich an wie im Paradies.

»Fällt dir was auf?«, fragt Steven. »Fällt dir auf, wie reich hier alle sind? Wie wohlhabend? Wie gut das hier alles aussieht?«

»Das fällt mir total auf«, sage ich.

»Ja, aber weißt du auch, woran das liegt?«, fragt er. »Es liegt daran, dass es Chagga-Land ist. Hier wohnen wir, die Chagga. Wir sind reich, verstehst du, wir sind entwickelt, wir haben Geld. Und weißt du auch, warum das so ist?«

Ich weiß es nicht.

»Ganz einfach«, erklärt Steven. »Als die Deutschen nach

Tanganyika kamen, da kamen sie zuerst hierher. Zu uns. Wir hatten als Erste mit ihnen Kontakt. Wir lernten von euch. Wie man Geschäfte macht. Bildung. Wohlstand. Wir haben alles von euch gelernt!«

Dasselbe hat mir der Guide im Dorfmuseum über seinen Tribe erzählt, die Haya. Wo waren die Deutschen denn nun zuerst?

Wir gelangen zum Eingang des Wasserfallgeländes, ich zahle zweimal 10 000 Shilling (3,83 Euro) Eintritt für uns beide. Wir bekommen noch einen zweiten Guide dazu, Simba, ein freundlicher, rundlicher Mittzwanziger mit warmen Augen, der mir einen Ast als Wanderstock in die Hand drückt und uns hinab zum Wasserfall führt. Der Ndoro-Wasserfall ist angeblich der größte in Tansania – sein Wasser kommt von den Höhen des Kilimandscharos und mündet in den Indischen Ozean. Ich schwimme im Bassin, in das sich der Wasserfall ergießt. Auf dem Rückweg verabschiedet sich Simba von uns und kehrt zu einer Gruppe von zehn jungen Männern zurück, die unter einem Baum sitzen, alles Guides, wie mir Steven erklärt. Wenn denn Touristen da wären. Simba erwartet Trinkgeld, ich gebe ihm etwas. Einer der jungen Männer kommt mit einem Chamäleon auf mich zu, das er mir auf die Hand setzen will. Ich lehne ab, ich kenne den Trick aus Uganda, als Nächstes wird er mich um Geld bitten.

Auf dem Weg zurück zur Busstation kommen wir an einem Chagga-Museum vorbei: Chagga-Zelte, Chagga-Hütten, Chagga-Kunst und Chagga-Höhlen. Der Ort wirkt wie ausgestorben, ein Laden vollgestopft mit Chagga-Souvenirs, geschnitzte Masken und Tiere, Sandalen und Handtaschen, nur die Kunden fehlen. Diana, ein junges Chagga-Mädchen, führt uns hinab in die kühlen Höhlen, wo einmal zweiundsechzig Chagga-Familien mit ihren Tieren gewohnt haben. Düster wirken die Höhlen, kahle Wände, eine Kochstelle. Diana hat tiefliegende Augen, einen durchdringenden Blick und sehr kurze Haare. Nach den Höhlen führt sie uns oben durch die Hütten, erklärt uns die Vegetation: wilde Tomaten, Ananas, Tabak, Aloe Vera. Gottes eigenes Land, gesegnet mit Fruchtbarkeit. In einer Hütte stehen zwölf Baumstümpfe im Kreis, hier tagte der Familienrat. Diana zeigt uns die Kalebasse, aus der der Chagga-Vater sein Bananenbier trinken durfte. Sie fasst bestimmt fünf Liter, zwei Köpfe groß. Die Schlafstellen sind getrennt. Der Vater schlief allein, hinter einer Holzabsperrung schlief die Mutter mit den Kindern. Die Gesichter auf den Holzskulpturen lächeln nicht, hohe Stirn, flache Nase, wulstige Lippen, hervortretende Augen, alles ist schwarz, braun und rostrot. Steven scherzt beim Abschied, ich solle Diana heiraten, und macht ein Foto von uns beiden. Dann lotst er uns in eine Bananenbier-Bar. Drinnen eine Theke, zwei Bänke, ein paar Stühle, kahle, schmutzige, undekorierte Wände wie bei Steven. Der Fußboden ist rissig und fleckenübersät. Für 500 Shilling – zwanzig Cent – bekomme ich eine große Kalebasse Bananenbier, das scheußlich schmeckt, wie ein vergorener Smoothie. Ich nehme einen Schluck, lasse mich von Steven fotografieren, den Rest überlasse ich ihm, er trinkt stumm und konzentriert in wenigen Zügen aus. Dann gehen wir zur Busstation.

»Ihr Deutschen seid schon Teufelskerle«, sagt Steven.

»Wieso?«, frage ich.

»Na ja, überleg mal, wir Tansanier, wir sind schon ziemlich starke Jungs. Guck mich an. Wir sind Kämpfer. Wir sind
Krieger. Aber ihr – ihr habt uns in die Tasche gesteckt, habt
uns erobert. Stark. Ihr seid echt stark! Ein starkes Volk!«

Anerkennend strahlt er mich an. Ich weiß nicht, was ich
sagen soll. In Ägypten und Jordanien musste ich mir häufig folgende Kette von Komplimenten anhören: »Germany
good! Hitler good! Killed all the jews!« Ich habe dann immer
geantwortet, dass Hitler auch meinen Großvater umgebracht
habe, und dann war das Gegenüber meistens still.

Dann erzählt Steven von Martin, seinem deutschen
Freund. Martin sei so dankbar gewesen, dass Steven ihn
gehostet habe, selbst nachdem er nach Frankfurt zurück-
geflogen sei, habe er sich immer wieder gemeldet und ihm
Geld geschickt. Für die Schule von Derrick. Die Schule sei
wahnsinnig teuer. Deswegen würde Martin immer etwas
dazugeben zu dem Schulgeld.

Wir kommen an eine große Gaststätte mit Garten, ich
lade Steven noch mal ein, er nimmt ein großes Bananenbier und eine große Portion Schweinefleisch mit Bananen,
ich bestelle Chapati mit Kaffee. Einer Freundin schreibe ich
auf Whatsapp: »Jeder hier will Geld von mir, es ist so erschöpfend. Manchmal subtil, manchmal aggressiv. Ich brauche eine Pause von dieser Muzungu-Cashcow-Existenz.«

Sie schickt mir einen Sticker, das Wort MONEY, rot durchgestrichen.

»Druck es aus und hefte es dir an den Rücken«, rät sie mir.

In diesem Moment schiebt Steven mir einen Zettel rüber,
fordert mich mit einem Kopfnicken auf, ihn zu lesen. Ich ent-
falte den Zettel.

»Trinkgeld für einen Tag: 20$« steht darauf. Das sind 46 000 Shilling.

Da er gerade den großen Bierkrug vor sich stehen hat, sagt er: »Ich werde es nicht für Bier ausgeben. Sondern für die Schule von Derrick.«

Ich gebe ihm das Geld. Aber ich merke, wie ich mit der Situation hadere. »Auf Couchsurfing geht es nicht darum, Touren zu verkaufen«, schreibe ich der Freundin. »Sondern um internationale Freundschaft.«

»Aber sie werden niemals auf deiner Couch in Hamburg schlafen können«, schreibt die Freundin. »Also wollen sie dein Geld.«

Im Bus zurück rechne ich all meine Ausgaben von heute zusammen und komme auf 107 000 Shilling, vierzig Euro. Dafür hätte ich eine ganz reguläre Tour zu einer Kaffeefarm haben können, bei *GetYourGuide*. Im klimatisierten Shuttlebus.

Der Junge, der in unserem Matatu die Tickets verkauft und die Fahrgäste platziert, ist ein ziemlich kleiner, übergewichtiger Teenager.

Steven rammt mir immer wieder seinen Ellbogen in die Seite, um mich auf ihn aufmerksam zu machen. »Haha, guck mal, was für ein Zwerg«, lacht er, »so winzig! Und dann noch soooo fett! Fett und winzig! Was für ein Freak!« Er lacht sich kaputt.

Später am Abend bedanke ich mich bei Steven per Textnachricht für die Tour, erinnere ihn aber auch daran, dass ich heute Morgen explizit nach den Kosten gefragt hatte, dabei sei von den zwanzig Dollar Trinkgeld keine Rede gewesen.

Steven schreibt zurück: »Am human been Mr soren no one perfect in world. I'm sorry.«

Dann schickt er mir noch einen Link zu seiner Tourcompany:

Shira Cave Adventures. Unforgettable trip of a life time.

Bis heute bittet er mich jede Woche über Whatsapp um Geld für Derrick.

11.

MARATHON OHNE MASKEN

Kilimandscharo-Marathon. Das erste Massenereignis in Monaten, während Europa im Dauerlockdown ist. Um sechs bin ich am Startpunkt, es ist bereits überfüllt, alle sind früher gekommen, um einen Platz weit vorn in der Menge zu ergattern. Polizisten in gelben Signalwesten stehen vor der Läufermenge und halten sie zurück. Manche lassen sich in ekstatischer Positur vor dem Startpunkt fotografieren. Ein Politiker taucht auf, umringt von Sicherheitskräften und Fernsehkameras. Um 6.45 Uhr startet der Lauf unter Pfiffen, Hupen und Jubel. Die 6000 Starttickets sind ausverkauft, sie kosten für einen Tansanier 30000 Shilling, gut zehn Euro. Etwa jeder Vierte trägt eine Maske. Meine deutschen Facebook-Freunde sind entsetzt, verstehen nicht, dass der Lauf überhaupt stattfindet und nicht alle eine Maske tragen. »Habt ihr dort kein Corona, oder gab's vorher Tests?«, fragt einer. Natürlich gab es keine Tests – niemand testet sich hier – wer sollte das auch bezahlen?

Ich treffe Amadeus, der zum Zuschauen gekommen ist. Ein höflicher Mann im Anzug, klein, gedrungen, intellektuell, vielleicht Ende zwanzig, aber ich habe es schwer, hier das Alter richtig zu schätzen. Wir kommen ins Gespräch, spazieren langsam vom Startpunkt zum Ushirika-Stadion, wo die Läufer nachher einlaufen werden. Amadeus ist selbst Läufer, hat schon dreimal teilgenommen. Er hat Buchhaltung in Arusha studiert und ist nun seit drei Jahren arbeitslos. Er möchte wissen, wie das mit dem Lockdown in Deutschland ist, er hat davon gehört. Sind wirklich Geschäfte geschlossen? Schulen? Unis? Er kann es kaum glauben. Er ist gegen Masken und Lockdowns. Dann sinniert er über seine Situation.

»Ich bin arbeitslos, was soll ich machen? Sie sagen dir, mach dich selbständig. Aber um dich selbständig zu machen, brauchst du Kapital. Woher bekommst du das Kapital? Freunde, Familie, Banken, Institutionen. Aber warum sollten sie dir Geld geben? Sie geben dir kein Geld. Sie kennen dich nicht. Also kannst du dich gar nicht selbständig machen.«

Mir fällt die Autobiographie der Gründer von Fritz-Cola ein. Sie starteten mit 7000 Euro und einem alten Bulli und lagerten die Flaschen im Keller ihrer Großmutter. Aber Amadeus hat natürlich nicht einmal 7000 Euro – woher auch?

Ich lade ihn auf einen Kaffee ein, dann suchen wir uns Plätze auf den fast noch leeren Rängen, die sich nur langsam füllen. Überall stehen und hängen große Plakate mit dem Konterfei von Magufuli. Von der Tribüne aus kann man die Eiskuppe des Kilimandscharos sehen.

Als der erste Läufer ins Ziel kommt, ist es immerhin halbvoll, niemand trägt Maske, alle stehen auf, jubeln, schreien, klatschen, johlen: Augustino Paulo Sulle ist mit zwei Stunden, achtzehn Minuten und vier Sekunden der erste Gewinner des Kilimandscharo-Marathons, der aus Tansania kommt. Ein Motorrad fährt vorneweg, zwei Fahrräder hinter ihm her, kurz vor dem Ziel reißt der hochgewachsene Läufer die Arme in die Luft, die Menge tobt. Sogar die ersten zwölf Läufer kommen aus Tansania. Kein Wunder – die Laufchampions aus Äthiopien und Kenia durften ihr Land nicht verlassen. Nur aus dem nicht besonders laufstarken Uganda sind ein paar Teilnehmer angereist. Im Jahr zuvor stammten die sieben Bestplatzierten noch aus Kenia, und der Sieger war mehr als eine Minute schneller. Sulle bekommt ein Preisgeld von 4,1 Millionen Shilling, das sind 1465 Euro, immerhin fast das Jahresgehalt eines Lehrers in Tansania. Zum Vergleich: Der Sieger des Boston-Marathons bekommt 150 000 Dollar, die Sieger der Marathons in Dubai, Chicago und New York 100 000 Dollar.

Die nächsten Läufer liefern sich zum Teil dramatische Duelle noch kurz vor der Ziellinie, dann kommen die schon deutlich langsameren Kandidaten, schließlich wird es skurril bis traurig: Einige traben müde ins Ziel, andere schleppen sich mit letzter Kraft in Zeitlupe über die letzten Meter, manche können nur noch gehen, manche humpeln, manche werden von Freunden und Helfern rechts und links gestützt, einer wird auf einer Bahre getragen.

»Die Ersten waren Profis«, erläutert Amadeus, »sie waren trainiert. Jetzt kommen die Untrainierten. Sie haben große Schmerzen.« In der Tat, sie tun einem leid, sie haben sich maßlos überfordert. Warum ist es nur halbvoll beim Ziel-Einlauf, wenn es keinen Eintritt kostet?, frage ich mich. An einem Sonntag? Wir schlendern nach unten, Amadeus muss dann auch los.

»Ich habe ein Tourunternehmen«, sagt er am Schluss. »Ich bin Tour Guide. Wenn du interessiert bist, ruf einfach an.« Er gibt mir seine Karte. Afrika scheint der Kontinent der arbeitslosen Akademiker zu sein.

Ich gehe über das Stadiongelände. Auf Decken auf dem Boden wird Schmuck verkauft, Wasser für 500 Shilling, Zuckerrohr, Handyhüllen, die *Kili Smartwatch*. Ich kaufe mir eine Wasserflasche, trinke sie aus, möchte sie in einen Papierkorb werfen und brauche volle zwanzig Minuten, um einen zu finden. Kein Wunder, dass überall leere Plastikflaschen herumliegen. Der Lauf ist zu Ende, das Stadionkonzert beginnt, und jetzt wird es voll, richtig voll. Mögen Tansanier Musik mehr als Laufveranstaltungen? Oder stehen sie nicht gern früh auf? Ich schlendere um die riesige, gelbe, von *Kilimanjaro Beer* gesponserte Bühne herum, würde gern mit Leuten ins Gespräch kommen, aber obwohl ich der einzige Muzungu weit und breit bin, meiden sie den Blickkontakt. Ich komme stattdessen mit einem Kroaten ins Gespräch, der vor dem Lockdown in Europa geflohen ist. »Unglaublich«, lacht er, »um frei zu sein, muss man jetzt nach Afrika flüchten!«

Leider kommt die von mir so geliebte, unbeschwert-fröhliche afrikanische Popmusik hier nicht vor. Die Jungs auf der Bühne machen Hip-Hop über Moll-Akkorden im un-ironisch-wehleidig-klagenden Rap-Gestus, es wirkt auf mich, als wollten sie klingen wie Eminem. Auch im Publikum fehlt die Begeisterung, man steht cool in Gruppen herum, streckt höchstens mal den rechten Arm nach vorn und federt nach unten ab, die typische Hip-Hop-Geste. Am besten gefällt mir ein Rapper, der auf Swahili ganz ohne Musikbegleitung freestylt. Swahili, das habe ich oben ja schon berichtet, besteht aus Lauten, in denen immer ein Konsonant mit einem Vokal kombiniert ist. Das eignet sich bestens für rhythmischen Sprechgesang.

Die Gruppen wechseln, der Ton bleibt, ausgelassenes Festivalfeeling kommt nicht auf, ich langweile mich und gehe langsam nach Hause. Afrika will nicht immer Afrika sein, denke ich, Afrika verändert sich. Einmal so cool sein wie Eminem. Aber Eminem gibt es schon, und er ist weiß.

23.

ZUCKERROHRSCHNAPS IM EUROPA AFRIKAS

Lushoto wurde 1898 als »Wilhelmstal« von den Deutschen gegründet, wegen der idyllischen Landschaft und des milden Klimas siedelte man hier das »kaiserliche Bezirksamt« an. Damals hatte Wilhelmstal zweihundert Einwohner, heute sind es 28 000.

Der Bus ist überfüllt, der Gang steht voller Taschen und Rucksäcke, die Sitzbezüge leuchten in kräftigem Lila, in den Fernsehern, die oben an der Decke im Gang hängen, laufen Soaps auf Swahili. Der Kartenverkäufer hatte mir einen Fensterplatz versprochen, stattdessen sitze ich in der hintersten Bank in der Mitte. Links von mir ein alter Mann mit einem kleinen Mädchen, daneben eine komplett schwarzverhüllte Frau. Rechts von mir zwei Frauen mit Maske. Meine Sitznachbarin spielt abwechselnd mit einem kleinen Handy, einem mittleren Smartphone und einem großen Tablet.

Für die 253 Kilometer braucht der Bus dem Fahrplan nach fünf Stunden, es werden aber sechs. Nach einer langen Strecke über die flache Hauptstraße nach Daressalam biegen wir nach Norden ab und fahren über Serpentinen die bewaldeten Usambara-Berge hinauf, die auf mich wie ein tansanischer Harz wirken. Lushoto liegt 1376 Meter über dem Meer, die Temperatur schwankt im Jahresverlauf zwischen vierzehn und zwanzig Grad. Man kann eine Stadtführung buchen, aber die Stadt ist auch ohne Führer in einer halben Stunde erkundet: eine deutsche Kirche, das frühere deutsche Postamt, das frühere deutsche Gefängnis und ein früherer deutscher Gasthof. Nur die Kirche ist in einem guten Zustand, sie wird nach wie vor von der Lutherischen Kirche Deutschlands betrieben. Darum herum afrikanische Hütten, Kioske und Baracken. Die wenigen gemauerten Häuser schützen sich mit Mauern aus Stacheldrahtzaun. Als ich in der Mittagshitze aus dem Bus steige, werde ich umringt von Leuten, die meinen Koffer tragen oder mich zum Hotel fahren wollen. Ich lehne höflich ab, Google-Maps sagt mir, es seien nur fünfzehn Minuten zu Fuß zum Lawns Hotel, meiner Unterkunft für die nächsten drei Tage. Zwei Straßen hinter dem Busbahnhof habe ich alle ungebetenen Begleiter abgeschüttelt, bis auf einen, der hartnäckig an meinen Fersen klebt.

»Want help? Need help?«, fragt er immer wieder.

»No, I do not need any help«, wiederhole ich, »thank you.«

»But I can show you around«, beharrt er. »I am your friend!«

Er geht einfach nicht weg, es macht mich wahnsinnig.

»No, you are not my friend!«, sage ich plötzlich. »I don't even know you! YOU ARE NOT MY FRIEND!«

»What's wrong with you?«, fragt er verstört.

Es tut mir leid. Kurz vor dem Hotel kommen zwei Mädchen in blauer Schuluniform mit weißem Hemd auf mich zugelaufen, vielleicht zehn Jahre alt. »Mambo!«, begrüße ich sie höflich.

»Hey Muzungu«, sagt die eine. »Gubi me money.«

Ich bin völlig perplex. »No!«, sage ich und lache.

»For exercise book!«, legt sie nach.

»Sorry, no«, wiederhole ich.

»For pen!« Es wirkt wie eine Routine.

Auf dem Hotelparkplatz steigen gerade zwei Paare aus Litauen aus einem Jeep. Sie kommen aus Dar, haben ewig gebraucht, sind aber gut drauf. »Es ist nicht der Verkehr«, sagen sie, »es sind auch nicht die Straßen. Es ist der Jeep. Er ist Schrott! Was haben sie uns da angedreht?« Letztes Jahr sind sie im eigenen Jeep von Litauen nach Gambia gefahren, durch Marokko, Mauretanien, Senegal. Freiheit! Das Teuerste an der Reise seien die Grenzübertritte gewesen, fünfzig Euro pro Person und Grenze.

Das Lawns Hotel hat ein großes Restaurant mit typischer Deko, die unvermeidlichen Elefanten in der Steppe im knallgelbroten Sonnenuntergang, Wandbilder, Lampen, Teppiche, Tellerunterlagen, alles ist auf »bunt afrikanisch« getrimmt. Es gibt eine kleine Bibliothek, dazu überall Masken und Skulpturen und vor meinem runden Zimmer einen Balkon mit Traumausblick in den Wald, perfekt für ein Facebook-Foto zum Neidischmachen der Daheimgebliebenen. Leider ist der Balkon wegen der vielen Moskitos unbenutzbar. *Erics Gift Shop* ist genauso geschlossen wie das Büro des Wandertourveranstalters auf dem Hotelgelände.

Auf der Hotelterrasse treffe ich Luis und Ania, sie kommt aus Polen, er aus Sansibar. Sie haben gerade geheiratet, am Strand von Sansibar, und zeigen mir stolz die Fotos. Wieder ein Paar, das sich entschlossen hat, nicht in Europa zu leben, sondern hier. »Ich habe ihr gesagt, ich nehme sie nur, wenn ich auf Sansibar bleiben kann«, sagt Luis, der so blendend aussieht wie die blonde Ania. Wie kommen wir in Europa nur auf die Idee, dass alle Afrikaner zu uns wollen? Ania fand es nur schade, dass von ihrer Familie so wenige bei der Trauung waren.

Ich buche zwei Wandertouren bei der *Friends of Usambara Society*, die der *Lonely Planet* empfohlen hat. Sie nennen ihr Angebot »Cultural Tourism Programme«, auf ihrem Logo sieht man eine stolze schwarze Frau mit einem Korb auf dem Kopf vor einem grünen Berg, und ihr Plakat warnt: »Avoid unauthorised guides!« Der Chef ist ein lebenslustiger, großer, stämmiger Mann mit lauter Stimme, der mir zehn Dollar Rabatt für die beiden Touren gibt. Der Guide selbst ist Richard, ein höflicher, bescheidener, schmaler Mann Ende zwanzig, der mir zu Beginn der Tour am nächsten Morgen erzählt, ihr Verein pflanze zweiundzwanzig Millionen Bäume in zehn Jahren. Achtzehn Millionen habe man schon gepflanzt. Ich bin beeindruckt. Es klingt, als würde die *Friends of Usambara Society* im Alleingang den Planeten retten. Richard zeigt mir die Bäume: Auf einem Grundstück hinter dem verfallenen Holzhaus des Vereins sind lauter sehr kleine Schösslinge zu sehen. Plötzlich sieht es für mich eher aus wie eine PR-Idee, um europäische Wandertouristen zu ködern. Richard ist Christ, hat eine Frau und zwei Töchter, die Jennifer und Lucy heißen, und pflanzt Kartoffeln an. Es ist acht Uhr morgens, und wir marschieren langsam auf einem Feldweg in Richtung *Mugambe Peak*, ein Aussichtspunkt über dem Tal von Lushoto. Wir kommen an großen

Grundstücken vorbei, auf denen mehrere Gebäude stehen. »Hier wohnen die Muslime«, erzählt Richard mit seiner leisen Stimme. »Im Moment sind wir noch zur Hälfte Muslime, zur Hälfte Christen hier in der Region. In ein, zwei Generationen werden die Muslime in der Mehrheit sein. Sie haben zwei bis drei Frauen und acht bis zwölf Kinder. Schau mal, ich bin Christ, ich habe nur zwei Kinder.« Er lächelt resigniert.

Die Gegend sieht aus wie ein riesiger Gemüsegarten: Kohl, Karotten, Mais, Zuckerrohr, Bohnen, Süßkartoffeln, alles wächst im Überfluss. Mir fällt ein, was mein Guide in Entebbe mir sagte: »Landwirtschaft ist einfach in Afrika. Alles wächst wie von selbst.« Ich frage Richard, ob das stimmt.

»Ja, aber die Bauern haben keine Gewerkschaft«, sagt er. »Sie bekommen fast nichts für ihr Gemüse. Die Mittelsmänner verdienen zu viel. So können sie kaum davon leben.«

Wir gehen eine Stunde bergauf, immer wieder kommen uns von oben Menschen entgegen, die Holz auf den Schultern oder Körbe auf dem Kopf nach Hause tragen. In Europa, denke ich, trüge Richard als Wanderführer das komplette Outdoorfunktionsklamottenset von Jack Wolfskin. Richard trägt einen dünnen braunen Wollpullover und schwitzt trotzdem nicht. Wir kommen an einer vergitterten Höhle vorbei, die »German Cave«, die die Deutschen im Ersten Weltkrieg militärisch genutzt haben, außerdem an einem malerischen, gemauerten Haus, auch aus deutscher Hand. Dann geht es in den Regenwald, ein »Biodiversitäts«-Areal, das der Lutherischen Kirche gehört. Wir gehen immer höher, die Aussicht wird immer gigantischer. Um halb zehn erreichen wir den Aussichtspunkt. Ein großes verrostetes Schild begrüßt uns am *Kigulu Hakwewa Peak* in 1840 Meter Höhe. Ohne bezahlte Regierungserlaubnis hier zu wandern ist strafbar. Wir gehen zu der eigens dafür errichteten Hütte und zahlen den »Eintritt«. Ich trage mich ins Gästebuch ein, aus dem hervorgeht, dass ich in sechsunddreißig Tagen der einunddreißigste Gast bin. Wie soll von den Gebühren der Kassierer bezahlt werden, der hier den ganzen Tag auf Wanderer wartet? Sie sind sogar zu zweit; einer kassiert den Eintritt, der andere durchstreift die Wälder, um die Wanderer ausfindig zu machen, die die Station umgehen, um den Eintritt zu sparen. Die Aussicht aufs Tal ist phänomenal, ein Meer von Bäumen, wohin man blickt. Wo und wozu soll man hier Bäume pflanzen? Ein menschenleeres Paradies. Mein Freund Larry kommentiert das Foto auf Facebook mit einem Zitat von Steve McQueen: »I'd rather wake up in the middle of nowhere than in the middle of any city on earth.«

Richard zeigt mir einen anderen Gipfel. »Das ist der Migambo Peak«, erklärt er, »ein heiliger Ort«. Traditionelle Heiler würden dort um Mitternacht ihre Opferzeremonien durchführen, heute wie vor tausend Jahren. Wie ich mir das vorzustellen habe?

»Nun«, erklärt Richard, »du hast ein Problem, dann gehst du zum Heiler. Du zahlst ihm Geld und erzählst ihm dein Problem. Dann geht der Heiler mit dir um Mitternacht zum Migambo Peak und schlachtet dort ein Huhn, ein Schaf oder eine Kuh, die du mitgebracht hast. Je nachdem, wie groß das Problem ist. Nehmen wir an, dein Kind ist schlecht in der Schule, dann ist es ein Huhn. Oder dein Nachbar schikaniert dich, dann ist es ein Schaf. Oder deine Frau ist unfruchtbar, dann ist es eine Kuh.«

»Und das hilft dann?«

»Wenn es ein guter Heiler ist, ja«, erklärt Richard. Wenn ich wolle, könne er für morgen ein Treffen mit einem Heiler arrangieren. Für 40 000 Shilling. Aber das sei nur für das Gespräch, nicht für eine Behandlung. Ich lehne dankend ab. Jetzt, beim Schreiben, ärgere ich mich darüber.

Zum Mittagessen führt Richard mich in ein Hostel. Obwohl ich ihn mehrfach darum bitte und anbiete, ihn einzuladen, kommt Richard nicht mit in den Speisesaal. Er hat sich ein paar Brote mitgebracht, er wartet draußen. Es beschämt mich.

Im Hostel bekomme ich ein karges Frühstück, mit dem ich in dieser Form nicht gerechnet hätte: drei dicke Scheiben dunkles Vollkornbrot, drei Scheiben Schnittkäse, ein paar geschnittene Möhren, Paprika, Tomaten, Gurken, dazu winzige Portionen Frischkäse und Marmelade. Es sieht aus wie das, was wir unseren Kindern zur Grundschule mitgegeben haben. Irgendwie sehr »lutherisch«, denke ich. Ich treffe auf zwei junge Frauen, die klassischen, sonnengebräunten, partytauglichen Rucksacktouristinnen Kara und Siwi. Kara spricht breiten amerikanischen Akzent, sie hat zwei Jahre fürs Peacecorps in Mosambik gearbeitet und ist desillusioniert. In Mosambik gehe alles um diese Rubine, erzählt sie. So viel Gewalt hat sie gesehen. Wir kommen auf das Thema Belästigung und Möchtegern-Guides, die einen auf der Straße verfolgen. Ich erzähle, wie ich den Mann am Busbahnhof in Moshi nicht abschütteln konnte.

»Indirekt hilft nicht«, sagt Kara. »Du musst stehen bleiben, dem Typen ins Gesicht sehen und sagen: ›So, ich werde jetzt dorthin gehen. Und du wirst hier stehen bleiben. Hast du verstanden? Du bleibst hier verdammt noch mal stehen. Und ich gehe dorthin! Haben wir uns verstanden?‹ Anders geht es nicht.« Notfalls müsse man laut werden, dann würden einem immer ein paar Einheimische helfen.

Siwi ist Deutsch-Chinesin aus Düsseldorf und macht gerade ihr Abitur. Im Hostel in Arusha hat sie jemanden kennengelernt, der am späten Nachmittag in Arusha ausgeraubt wurde. Er bekam einen Schlag auf den Hinterkopf, verlor das Bewusstsein, und als er aufwachte, waren Handy und Portemonnaie verschwunden. Rucksackreisende, denke ich, bekommen das schlechteste Bild von Afrika. Der Pauschalreisende im Shuttle-Bus wird selten ausgeraubt, er kommt ja kaum mit Einheimischen in Berührung. Und mich beschützen meine Hosts und Guides.

Nach einer Stunde holt Richard mich ab, und wir wandern zu Irente's Viewpoint, vorbei an Yamsfeldern und japanischen Kiefern. Und plötzlich sind wir da: ein Felsen, 1500 Meter über dem Meer, von dem aus man die ganze weite Ebene überblicken kann. Ich mache Panoramafotos, ich filme, rufe aufgeregt meine Klettertochter an, Richard fotografiert mich mit ausgebreiteten Armen auf dem Felsen, im Hintergrund der Ausblick; das Foto musst du dir als Riesenposter drucken lassen, rät mir eine amerikanische Freundin später auf Facebook. Ich setze mich auf den Felsen und blicke auf die Ebene. Die wenigen Siedlungen und Straßen verschwinden fast im Gesamtbild. Hier, genau hier, denke ich, mögen unsere Vorfahren schon vor einer Million Jahren gesessen und ins Tal geblickt haben. Ich möchte gar nicht mehr weg.

Auf dem Weg zurück kommen wir an einer Schule

vorbei, es ist gerade Pause, die Schüler in den blauen Schuluniformen verlieren sich in dem riesigen Feld zwischen den Bäumen, ihrem Schulhof. Aus Ästen haben sie zwei Tore gebaut und spielen Fußball. Wir gehen weiter, Frauen waschen Wäsche mit der Hand in einem Bach, ihre kleinen Kinder baden und planschen nackt darin, auf dem grünen Gras liegen knallbunte Röcke, Kleider und Kangas zum Trocknen. Um vier sind wir zurück, ich gebe Richard Trinkgeld und esse in einem örtlichen Lokal meine geliebten Chipsi Mayai, das Kartoffelomelett mit Ketchup.

Abends sitzen wir mit allen Gästen auf der Terrasse zusammen, jeder erzählt seine Geschichte. Der Schweizer Unternehmer Markus reist mit seiner erwachsenen Tochter ein paar Wochen durch Tansania, sie haben ihre Fahrräder im Flugzeug mitgebracht und werden am nächsten Morgen mit dem Rad die Usambara-Berge runterfahren ins Tal bis zur Küste. Letztes Jahr ist Markus mit einem Pick-up sechs Wochen durch den Iran gefahren. Es war fast unmöglich, mit dem Auto über die Grenze zu kommen, erzählt er, angeblich sei der Wagen zu groß gewesen, die Schweizer Botschaft habe mehrfach mit den Grenzern telefonieren müssen, aber die Iraner selbst seien unfassbar hilfsbereit und gastfreundlich gewesen, überall seien sie eingeladen worden, selbst zur Autobahnmaut. »Schau mich an«, habe ein Mann ihm gesagt, »sehe ich aus wie ein Terrorist? Sind wir Iraner wirklich alle Terroristen?«

Michael ist Mitte dreißig und fährt moderne Löschpanzer, um Spezialfeuer zu löschen. Seine Freundin Mandy ist Krankenschwester, sie stammen aus dem Ruhrpott. Mandys Vater ist gerade an Krebs gestorben, und sie fiel aus allen

Wolken, als Covid-19 als Todesursache auf dem Totenschein gestanden habe. Er sei zuletzt noch positiv auf SarsCov2 getestet worden, habe das Krankenhaus erklärt. Ja, aber wir wissen doch alle, dass er an Krebs gestorben ist, habe sie beharrt, er hatte ja auch gar keine Covid-Symptome! Es habe sich dann herausgestellt, dass das Krankenhaus für Covid-Tote eine Reinigungspauschale von ein paar Hundert Euro bekäme – daher die falsche Todesursache auf dem Totenschein.

Michael und Mandy haben eine Tierliste, die sie abarbeiten. Letztes Jahr waren sie für 20 000 Euro in der Antarktis, nun haben sie eine Naturpark-Tour gebucht, 3000 Euro für dreizehn Tage, plus 1300 Euro für die Flüge. »Aber das war total günstig«, erzählt Michael, »das ist ein deutscher Veranstalter. Wir hätten gern bei einem Tourveranstalter aus Tansania gebucht, aber die wollten ab 8500 Euro aufwärts für die dreizehn Tage.« Ihr Guide habe ihnen erzählt, dass durch den Lockdown sechsundneunzig Prozent aller Tour Guides entlassen worden seien. Unsere Angst, ihre Armut. Michael zeigt mir auf einer Kamera die Tiere, die er fotografiert hat, die *Big Five*, und erzählt ausführlich vom Höhepunkt seiner Safari: wie ein Löwe eine Gazelle gejagt, erlegt und gefressen habe. Am Ende aßen die Hyänen, was übrigblieb – ich als Vegetarier kann Michaels Schwärmerei nicht nachvollziehen. 4300 Euro für ein paar selbstgeschossene Löwenfotos. Genau umgekehrt operiert Freddy, ein Österreicher in meinem Alter, der vor zehn Jahren seine Webdesignfirma verkauft hat. Seitdem lebt er davon, drei von vier Zimmern seiner Wiener Wohnung zu vermieten – und von den Renditen seiner Aktien. Im Sommer verbringt er drei

Monate in Wien, den Rest des Jahres in wärmeren Breiten, wobei er nie mehr als 1500 Euro im Monat ausgibt. »Das geht natürlich nur in billigeren Weltgegenden«, erklärt er, »Südostasien, Afrika, Lateinamerika.« Er hat auf Madagaskar gelebt und ist von Südafrika nach Malawi gereist. Wenn er irgendwo ankommt, vergleicht er sorgfältig die Hotels und Restaurants, um das beste Preis-Leistungs-Verhältnis zu ermitteln. 1500 Euro im Monat würde er in Wien auch ausgeben, so gesehen reise er umsonst. Vom Geld des Ruhrpottpärchens wäre er ein Vierteljahr unterwegs.

Freddy ist die Ruhe selbst. Auf Madagaskar zirkuliere die Pest, ja, aber das sei eine gut heilbare Krankheit, man nehme Antibiotika, und die Sache sei in Kürze ausgestanden. In Tansania hatte er einen Abszess unter der Achsel und war in einer örtlichen Krankenstation. Für 36 000 Shilling (13,80 Euro) hätten sie ihm unter lokaler Betäubung den Abszess rausgeschnitten, einen Verband angebracht und ihm dreißig Antibiotika-Tabletten gegeben. Überhaupt habe er mit lokalen Ärzten gute Erfahrungen gemacht, auch als er einen Hakenwurm hatte und von Zecken gebissen wurde. Freddys Blick auf Afrika könnte desillusionierter nicht sein. »In Madagaskar«, erzählt er, »zahlst du ein bis zwei Jahresgehälter Bestechungsgeld, um eine öffentliche Stelle zu bekommen. Hast du die Stelle, verlangst du natürlich für jede Dienstleistung ein Extrageld, um das wieder reinzubekommen. Und so geht das immer weiter.« In dem Dorf, wo er gelebt habe, habe die EU einen Generator finanzieren wollen für zwei Millionen Euro. Davon habe der Bürgermeister eine Million für sich behalten wollen, die EU habe abgewunken, nun gebe es dort immer noch keinen Strom.

»Dasselbe mit Straßen. Und wenn die EU sich weigert, dann macht er's halt mit den Chinesen, die haben kein Problem damit. Die Hilfsorganisationen müssen Schmiergelder zahlen, um da überhaupt arbeiten zu dürfen, sonst kriegen die Mitarbeiter keine Visa mehr.« Ich bin fassungslos und rufe am selben Abend Douglas an, um zu fragen, was von solchen Geschichten zu halten ist.

»Willkommen in Afrika!«, sagt er. »Überrascht dich das? Woanders zweigen Politiker vielleicht fünf Prozent Provision für sich ab, hier sind es gern mal neunzig Prozent. Was glaubst du, warum es hier noch keine funktionierenden Straßen gibt nach fünfzig Jahren Entwicklungshilfe?«

Freddy macht sich über die beiden Wandertouren lustig, die ich für neunzig Dollar gebucht habe. »Ich komme aus Österreich«, lacht er. »Brauche ich hier einen Führer? Das sind so leichte Strecken, die finde ich doch selbst!«

Plötzlich sitzen wir im Dunkeln: Stromausfall. Das Hotel möchte den Ersatzgenerator anwerfen, aber der ist kaputt, und der Techniker müsse erst anreisen. Wir gehen frustriert in unsere dunklen Hütten. Nachts um drei springt plötzlich das Licht an. Der Techniker ist noch gekommen. Mitten in der Nacht. *That's Africa.*

Am nächsten Tag wandern Richard und ich zum Mkuzi-Wasserfall. Gleich zu Beginn kommen uns auf der Landstraße zwölf in Orange gekleidete Sträflinge im Gänsemarsch entgegen. Es wirkt wie eine Szene aus einem Coen-Brothers-Film. Mindestens zehn Meter hinter ihnen schlendern zwei Polizisten. »Bei uns müssen Gefangene arbeiten«, erläutert Richard. »Wahrscheinlich hier irgendwo auf dem Feld.«

»Aber wieso rennen sie nicht weg?«, frage ich Richard. »Hier ist ein Hügel, hier eine Kurve, die Polizisten sind so weit weg ...«

»Oh, die würden nicht weit kommen«, lacht Richard. »Und dann würde es ihnen schlecht ergehen.«

In Afrika herrscht Respekt vor staatlichen Autoritäten, denke ich. Ein Respekt, der vorausgesetzt werden kann. Ich frage Richard, wie das denn vor Ankunft der Weißen geregelt gewesen sei mit Strafen. Vor 1880. Im traditionellen Leben der Tribes. »Oh, das war auch nicht ohne«, sagt Richard in seinem emotionslosen Tonfall. »Wenn du etwas geklaut hattest, dann bekamst du siebzig Schläge mit dem Stock. Vor allen anderen. Danach warst du erst mal krank, so weh tat das. Wenn du dann noch mal geklaut hast, wurdest du an einem Finger aufgehängt.«

»Okay, das war für Stehlen«, sage ich, »was passierte denn, wenn du jemand umgebracht hast?«

»Oh, da gab es nur zwei Möglichkeiten. Entweder du bist sofort weggerannt und nie wiedergekommen. Oder du wurdest auf der Stelle erschlagen.«

Die Pflanzenwelt gleicht wieder einem Paradies. Wir kommen an Yams- und Kohlfeldern vorbei, an Eukalyptusbäumen, riesigen Maisfeldern, einem Schweizer Bauernhof, wildem Tabak und gezüchteten Rosen in einer staatlichen Baumschule. In einer Holzhütte schneidet ein Friseur die Haare, 1000 Shilling (vierzig Cent) für einen Erwachsenen, 500 Shilling (zwanzig Cent) für ein Kind. Wir passieren ein traditionelles, fensterloses Lehmhaus. Dann sind wir mitten im Regenwald. Überdimensionales, unbändiges Grün. An einem Waldrand sehen wir Rauch. Ein Feuer?

»Ja, um die Affen zu vertreiben«, erläutert Richard. »Ihr Weißen liebt die Affen. Ihr bewundert sie im Naturpark. Aber die Bauern fürchten sie. Die Affen stehlen ihren Mais. Also legen sie Feuer, um die Affen zu vertreiben.«

Plötzlich fordert mich Richard auf, stehen zu bleiben. Er hat ein Chamäleon entdeckt. Es streckt sich, es hat seine Zunge ausgefahren, ich schieße die Bilder des Tages. Ich kann mich gar nicht loslösen von dem kleinen Tier mit der schlechtgelaunten Grimasse. Wir sehen Eichhörnchen. Das Lushoto-Tal, erklärt Richard, gelte als das Europa Afrikas. Es ist als Kompliment gemeint. Wir kommen zu einer Boha-Bar, die Zuckerrohrschnaps ausschenkt. Ich darf ein paar Minuten mithelfen, den Schnaps herzustellen. Während eine alte Frau mit gelbem Kopftuch und orangefarbenem Kleid das Zuckerrohr langsam in ein Drehgewinde schiebt, schieben zwei Frauen und ein Mann eine große Holzstange im Kreis, um den Saft aus dem Zuckerrohr zu pressen. Die Arbeit besteht also darin, stundenlang die Stange vor sich herschiebend im Kreis zu gehen. Ich kann kaum fassen, wie archaisch diese Produktionsmethode ist. An den großen Haufen von ausgepressten Zuckerrohrstangen um uns herum kann man ermessen, wie viele Tage sie hier schon im Kreis schieben. Ein paar Minuten schiebe ich mit, Richard macht Fotos von mir. Eigentlich schiebe ich nur für die Fotos, aber die Einheimischen freuen sich, sie lächeln mich an, ein Zeichen der Bescheidenheit ist besser als kein Zeichen der Bescheidenheit, denke ich.

»Nach dem Pressen«, erklärt mir Richard, »wird der Saft gereinigt, mit Wasser verlängert und drei Tage fermentiert.« Dieses Zuckerrohrbier heißt *Boha* und kostet 1000 Shilling pro Liter. Ich darf einen kleinen Pappbecher mit orange-farbenem Boha trinken. Es schmeckt sehr süß, aber deutlich besser als das Bananenbier der Chagga. Als Höhepunkt gelangen wir mittags zum Wasserfall. Ich bade wieder im kühlen Auffangbecken des Wasserfalls, während Richard mein Mittagessen für mich zubereitet. Chapati mit Guacamole, die er aus mitgebrachten Avocados, Tomaten, Limonen und Paprika für mich frisch zubereitet, das leckerste Essen meiner Tansania-Reise. Wir kommen noch an einer Mädchenschule vorbei, und ich denke daran, dass es Mädchenschulen in Deutschland schon seit Jahrzehnten kaum noch gibt.

Am Ende hilft mir Richard, das Busticket nach Daressalam zu lösen für den nächsten Tag, und ich verabschiede mich mit einem großen Trinkgeld. So viele Stunden haben wir geredet, geduldig hat er mir jede Frage beantwortet. Aber wenn ich es vergleiche mit meinen Gesprächen mit den Gästen aus der Schweiz, Österreich und dem Ruhrgebiet, wird mir klar, dass da eine Art Schleier geblieben ist zwischen Richard und mir, ein unsichtbarer Abstand. Richard redet nicht einfach los, er offenbart sich nicht, er bleibt unpersönlich, ungreifbar, fast unsichtbar. Was er von mir denkt, werde ich nie erfahren. Er lebt in einer anderen Welt. Wir sind uns begegnet, aber nicht nahegekommen. Das ist der Unterschied zum Couchsurfen, denke ich. Dort sehe, begreife, fühle ich die Menschen. Das ist es, was Couchsurfing so einmalig macht. So unersetzlich.

24.

ALBTRAUM FERNBUS

Abends fällt der Strom wieder aus, nachts bekomme ich Durchfall, sitze endlos lang auf der Toilette, schlucke eine Kohletablette nach der anderen, versuche zu schlafen, muss wieder zur Toilette. Morgens um sieben habe ich alle meine Kohletabletten geschluckt, esse beim Frühstück trockenes Brot und gehe dann mit Koffer, Rucksack und Bauchtasche zum Busbahnhof. Alles scheint auf meinen Magen zu drücken, die Bauchtasche, die Gehbewegungen. Wie soll ich die Busfahrt durchstehen? Fünf bis sechs Stunden, hieß es. *Imodium akut* habe ich nicht dabei. Der Bus ist voll. Die Frau neben mir redet aggressiv auf Swahili auf mich ein, ich verstehe nicht, was sie will. Sie hustet erst in den Arm, dann in die Luft. Um 8.30 Uhr fahren wir los, es ist noch kühl. Ab zehn Uhr wird es heiß draußen, drinnen ist es wie ein Glutofen ohne Klimaanlage, ich schiebe mein Fenster auf, um etwas Luft zu bekommen, merke aber, dass es zu sehr zieht. Als ich es wieder schließen will, klemmt das Fenster, ich bekomme es nicht mehr zu. Ein scharfer Wind bläst in mein linkes Ohr. Ich schließe die Augen und konzentriere mich darauf, dass mein Magen und Darm ruhig bleiben. Im

Busfernseher laufen unüberhörbar Seifenopern auf Swahili, deren Ton sich mit merkwürdig quietschenden Geräuschen des Busses und Babyheulen vermischt. Zwei Szenen aus den Serien bleiben mir im Gedächtnis. Einmal schenkt eine Tochter ihrer Mutter einen Wagen. Die Mutter trägt ein buntes, traditionelles Gewand und bestaunt den blitzblank gewienerten, fabrikneuen Wagen, wie einst die Einheimischen die mitgebrachten Perlen der ersten portugiesischen Händler bestaunt haben mögen. Sie schaut in den Innenraum des Wagens. Ledergarnituren, blitzendes Chrom. Sie strahlt. Erfüllung, Lebensglück, Familien-Happy-End: ein Neuwagen. Die zweite Szene: Ein junger Mann mit seiner Freundin auf dem Bett, sie macht ihm Vorwürfe, fordert, klagt, schimpft. Plötzlich hält er ihr mit dem Zeigefinger den Mund zu, steckt seine Hände in seine Taschen und holt Geldscheine hervor, bewirft sie mit Geldscheinen, hört gar nicht mehr auf, sie juchzt, außer sich vor Freude: Geld, Geld, Geld! Wäre es in einer westlichen Serie überhaupt erlaubt, sich so über Geld zu freuen? Betonen wir nicht immer im Gegenteil, Liebe und Glück könne man nicht kaufen, Geld mache nicht glücklich, das Immaterielle sei entscheidend? Damit will ich nicht sagen, dass bei uns im Westen Geld keine Rolle bei der Partnerwahl spiele. Es kann sogar eine große Rolle spielen. Aber gleichzeitig müssen wir uns immer gegenseitig versichern, dass das Geld keine Bedeutung hat, dass es »reine Liebe« ist, unbefleckt von materiellen Interessen. Unsere eingeübte westliche Schizophrenie, so scheint mir, erschrickt vor der offenen Geldbegeisterung dieser Serienszene.

Bei jedem kleinen Halt wird der Bus augenblicklich umringt von Frauen, die Avocados, Äpfel, Birnen und Pflaumen anbieten, sie in mein offenes Fenster hineinreichen und hineinschreien. Manche Passagiere handeln über mich hinweg mit Verkäuferinnen, ich bin sozusagen der Kassenschalter, bis der Bus wieder losfährt.

Vielleicht hätte ich sogar eine Pflaume gekauft, wenn mein Hauptziel nicht gewesen wäre, meine Verdauung unter Kontrolle zu halten. Um 14 Uhr, als wir schon am Ziel sein sollen, hält der Bus erst auf dem Parkplatz einer Raststätte. Männer sitzen unter einem Baum im Schatten, neben ihnen warten Boda-Fahrer auf ihren Motorrädern vergeblich auf Fahrgäste. Wir dürfen kurz draußen auf die Toilette und etwas zu essen oder trinken kaufen. Ich entdecke, dass Siwi, die Deutsch-Chinesin, ganz vorn hinterm Fahrer sitzt. Als wir alle wieder im Bus sitzen, verzögert sich die Abfahrt noch einmal wegen einer Verkaufsshow für Zahnbürsten und Zahncreme. Niemand kauft, wir fahren weiter. Je näher wir Daressalam kommen, desto voller wird die Landstraße. Auf Google-Maps heißt sie »Autobahn«, aber eine Autobahn hat zumindest zwei Spuren in jeder Fahrtrichtung, diese Straße, die einzige nach Dar, hat nur eine. Sobald wir hinter einen langsamen Laster geraten, verharren wir dort für Kilometer. Wenn Afrikaner glauben, dass das der Normalfall von »Reisen« ist, verstehe ich auch, dass sie kein Interesse daran haben. Wieso hat Tansania nach sechzig Jahren Unabhängigkeit und fünfzig Jahren Entwicklungshilfe nur eine zweispurige Landstraße zwischen seinen beiden größten Siedlungsgebieten?

Nach acht Stunden kommt der Bus endlich in einem riesigen Busbahnhof in einem Außenbezirk von Dar an. Niemand beschwert sich über die zwei Stunden Verspätung, das kleine Kind vor mir hat nicht einmal geschrien, aber vielleicht war das ja auch gar keine Verspätung, sondern die übliche Fahrtzeit. Sechs Euro haben mich die acht Stunden gekostet. Siwi und ich wollen uns ein Taxi nach Dar nehmen, wir kämpfen uns zur Kofferausgabe durch und werden dann wieder umringt von aufdringlichen Taxifahrern, die Mondpreise aufrufen. Wir rufen einen Wagen über *Bolt*, endlich sitzen wir in einem Bajaji, eine weitere Stunde bis ins Zentrum, wo ich sie an einem Ledermarkt absetze.

Am nächsten Morgen um sechs Uhr treffe ich Sandeep vor meinem Hotel. Wir wollten uns unbedingt noch einmal treffen und wandern eine halbe Stunde zum Meer, um den Sonnenaufgang zu sehen. Auf dem Rückweg werden wir von einem jungen Mann angesprochen, der uns seine Bilder verkaufen will. Es ist derselbe, der mir am ersten Abend in Dar solche Angst eingejagt hatte mit der Frage, warum ich so ängstlich gucken würde, er werde mir schon nichts tun, ich müsse ihm nur ein Bild abkaufen. Noch ehe ich das Sandeep erzählen kann, blickt dieser dem Belästiger mit seinem klaren Blick in die Augen und sagt: »Ich kenne dich. Wir haben uns schon einmal getroffen.«

»Nein«, sagt der Maler.

»Doch. Erinnere dich. Kannst du dich erinnern?«

»Nicht im Geringsten.« Der Maler ist perplex.

»Wir haben uns vor anderthalb Jahren in einem Einkaufszentrum getroffen. Ich habe dir ein Bild abgekauft.«

»Ich erinnere mich nicht«, wiederholt der Schlaks, »ich treffe so viele Leute.«

»Aber ich erinnere mich. Es war bei einem Zuckerrohrsaftladen. Bei der Kisutu-Busstation.«

»Keine Ahnung.«

»Gehe in Frieden, Bruder«, verabschiedet ihn Sandeep.

Ich erzähle ihm, was ich mit dem Mann erlebt habe.

»Mir hat er damals erzählt, er habe IT in Südafrika studiert, aber wegen seiner Familie habe er das Studium nicht fortsetzen können. Diese Straßenkinder sind schlau. Sie erzählen dir die Geschichten, die erst dein Herz öffnen und dann dein Portemonnaie. Ich gebe ihnen einfach 10 000 Shilling und wünsche ihnen alles Gute.«

Sandeep muss zu einer Hochzeit nach Indien. 110 Dollar muss er für den Covid-Test zahlen. Das heißt, er muss zehn Dollar für den Test zahlen, einhundert Dollar für das Zertifikat. »Aber sie bieten dir gleich noch eine andere Variante an: nämlich nur ein Zertifikat, ohne Test, für fünfzig Dollar. Also, wer macht dann noch den Test?«, lacht Sandeep. *That's Africa.*

25.

WUNDERSCHÖN IST DIE INSEL

Sansibar: Gewürzinsel und Sehnsuchtsort. Es ist nicht klar, ob der Name von »Zangh barr« (*Land der Schwarzen*) kommt oder von »Zayn Za'l Barr« (*Wunderschön ist die Insel*). Sansibar gehört zu Tansania, aber es ist ein halbautonomer Teilstaat mit eigenem Präsidenten und oberstem Gericht. Schon im zehnten Jahrhundert ließen sich hier persische Händler nieder, die den Islam mitbrachten, bis heute fast die einzige Religion auf der Insel. Von 1698 bis 1861 gehörte Sansibar zum Sultanat Oman.

Sansibar wurde reich durch den Handel mit Elfenbein, Gewürznelken, Vanille, Schildkrötenpanzern und Sklaven. Noch Jahrzehnte nachdem Europa den Sklavenhandel abgeschafft und geächtet hatte, gingen arabische Sklavenhändler von Sansibar aus auf Sklavenjagd an der Ostküste Tanganyikas. 1890 fiel Sansibar an Großbritannien und wurde 1964 für vier Monate unabhängig; dann revoltierte die schwarze Mehrheitsbevölkerung gegen die arabische Oberschicht, und Sansibar vereinigte sich mit Tanganyika zu Tansania.

Heute ist den Trauminseln nur der Tourismus geblieben.

Das ehemals prachtvolle Stonetown mit seinen Moscheen, Gassen, Hotels, seiner einmaligen Sammlung weißer Gebäude und kunstvoller alter Türen verfällt. Die weißen Wände sind mit grauen und schwarzen Flecken und Schlieren übersät, Kabel hängen wie dadaistische Kunstwerke über die Straße.

Zum ersten Mal von Sansibar gehört habe ich 1993. Meine Studienfreundin Kerstin besuchte ein ehrenamtliches Workcamp in Tansania, zum Abschluss fuhren alle Teilnehmerinnen für zwei Tage nach Sansibar, nur Kerstin nicht, sie wollte einen Tag später nachkommen. Das rettete ihr das Leben, denn alle ihre Kameradinnen ertranken, als die überladene Fähre auf der Überfahrt sank. Was ich besonders in Erinnerung behalten habe, war das Nachspiel: Die deutschen Eltern flogen nach Sansibar und verlangten Aufklärung von den Behörden, aber die verstanden die Aufregung nicht. Es war eine Fähre. Sie war überladen. Sie sank. So etwas komme halt vor. Was es daran zu untersuchen gebe?

Als ich im *Mizingani Seafront* einchecke, treffe ich an der Rezeption auf Daniel, wir kommen ins Gespräch. Er hat eine hellbraune Haut, Vollglatze und eine spitze, nach vorn gebogene Nase, seine Schultern sind breit, er ist, wie er sagt, »stark wie ein Ochse«. Daniel ist arabischer Herkunft, aber geboren und aufgewachsen in Schweden. Er ist evangelikaler Christ auf Mission in den gefährlichsten Gegenden der Welt. Daniel ist einundvierzig, hat eine Frau und drei Kinder. Die Mutter seiner Frau wurde von der Familie erschossen, Ehrenmord. Er ist umgeben von bärtigen jungen Männern, die aussehen, wie ich mir Taliban vorstelle, aber es sind überzeugte Christen auf Mission.

»Guck mal hier«, sagt Daniel, indem er auf seine Reise-
gefährten zeigt, »Josh war Krimineller, Hassan war im Knast,
ich war gewalttätig. Ich war sehr gewalttätig, alle haben mich
gehasst. Irgendwann fing ich an zu beten. Und eines Nachts
kam Jesus zu mir. Er nahm mich in den Arm und flüsterte
mir ins Ohr: *Mein Sohn*. Ich musste weinen. Zum ersten
Mal in acht Jahren konnte ich weinen. Da wusste ich meinen Weg. Ich überbringe die Botschaft. Jesus kann heilen!«

Er erzählt von den *Healing Festivals,* die sie in Pakistan
veranstalten, mit zehn- bis zwanzigtausend Menschen. Sie
würden schwere Krankheiten heilen. In Pakistan seien sie
zu ihrem Schutz immer mit vierzig schwerbewaffneten Soldaten unterwegs.

»Gerade hatten wir eine Frau, die schwer krank war. Sie
hatte Bauchschmerzen und seit einem Jahr keine Regel.
Plötzlich warf sie sich im Gottesdienst auf den Boden und
versuchte, die Dämonen loszuwerden. Wir brachten sie in
den Nebenraum. Wir dachten, sie sei tot. Nach einer Stunde
erwachte sie. Es hat sich etwas verändert, sagte sie. Am
nächsten Tag bekam sie ihre Regel. So etwas überzeugt die
Menschen. ›Wenn Euer Gott so mächtig ist, dass er Krankheiten heilen kann‹, sagen sie, ›dann ist er auch mein Gott.‹«

Daniel war im Grenzgebiet zwischen Afghanistan und
Pakistan, im Südsudan, im Kongo. Wie es scheint, hat er
vor nichts und niemandem Angst. »Ich fragte den Bischof
im Kongo, einen alten Mann, welchen Rat kannst du uns
geben. ›Ich gebe dir einen Rat‹, sagte der Bischof. Als der
Bürgerkrieg ausbrach, da flohen Tausende aus der Stadt
vor den Rebellen, packten das Nötigste. Aber da sprach der
Herr in der Nacht zum Bischof: *Kehre zurück in die Stadt*

und hilf denen, die dageblieben sind. Der Bischof sagte es seiner Frau. Die Rebellen hatten alle vergewaltigt, Frauen, Kinder, Babys. ›Ist das dein Ernst?‹, fragte seine Frau. ›Ja‹, sagte
der Bischof, ›der Herr hat zu mir gesprochen.‹ – ›Dann lass
uns zurückgehen‹, sagte seine Frau. Sie gingen zurück. Bis
heute hat niemand seine Frau angerührt. Aber die Rebellen gingen den Flüchtenden hinterher, sie wurden alle vergewaltigt.«

Im Südsudan sei es am härtesten gewesen.

»Ich haderte mit meinem Herrn. ›Herr, soll ich gehen?‹,
fragte ich ihn im Gebet. Auf einer Straße waren gerade vierzehn UN-Soldaten erschossen worden. Der Herr sprach zu
mir: ›Ich werde dich beschützen. Auf meinem Weg bist du sicher.‹ Ich ging dorthin – und mir ist nichts passiert.«

Daniels Geschichten sind fast zu unglaublich, um wahr
zu sein.

»Ich arbeite mit Rebellen. Die Truppen dürfen ihnen nicht
hinter die Grenze folgen. Sie sind verlorene Seelen. Sie brauchen Hilfe. Ich habe mit Mördern gearbeitet. Mit Dieben.
Räubern. Dies hier sind meine Jünger.«

Ich frage ihn, ob es nicht ein unfassbarer Kontrast sei, das
sichere Schweden, und dann der Kongo, Südsudan, Rebellen, Krieg, Tod.

Daniel zuckt nicht mal kurz.

»Du kannst der schlimmste Sünder sein. Das alles zählt
nicht. Jesus ist für dich gestorben. Wenn du dich ihm an-
vertraust, dann werden deine Sünden dir vergeben. Er ist
für dich gestorben. Das ist die Frohe Botschaft. Wir arbeiten
hier, auf Sansibar, obwohl es hier fast nur Muslime gibt. Viele
Menschen hier hassen mich. Und wenn der Tag kommt und

der Herr mich zu sich holt, dann werde ich den Tag fröhlich begrüßen.«

Wir machen noch ein Foto zusammen. Ich sehe schmächtig aus neben Daniel, mein Lächeln wirkt gezwungen. Afrika ist der Kontinent der unglaublichen Geschichten.

Um drei bin ich mit Shara Khamis in ihrem Vorort verabredet, meiner letzten Couchsurfing-Gastgeberin auf dieser Reise. Es ist dasselbe Erlebnis wie mit Jacob in Dar, das Taxi fährt mich weg von den Repräsentationsbauten, der geordneten Innenstadt ins ursprüngliche Sansibar. Vorbei an Plattenbauten, die in Zwickau oder Breslau stehen könnten – die klassische, schmucklose, hässliche, quaderartige sozialistische Architektur der Sechzigerjahre, unter dem ersten Präsidenten Nyerere erbaut. Ein geschlossener Vergnügungspark mit Riesenrad, angeblich am Wochenende geöffnet. Dann wieder holprige Pfade, Schlammwege, und nach einer langen Weile sind wir da. Sharas Haus liegt hinter einem großen Sicherheitstor. Im Eingangsbereich viele Grünpflanzen. Ich begrüße sie, will ihr die Hand geben, sie weicht aus, gibt mir den Handrücken. Covid oder Islam, frage ich mich und komme mir dumm vor.

Sie hat gekocht und bittet mich, Platz zu nehmen. Blau sind die Wände, aufgeräumt ist die Wohnung. Ihre geistig behinderte Adoptivtochter ist da, 24 Jahre alt, sieht viel jünger aus und spricht nicht. Sharas Wohnung ist ein sauberes Elysium inmitten eines zugemüllten, heruntergekommenen Viertels. Shara ist Muslima, trägt ein Kopftuch in leuchtenden Farben und hat ein gelassenes, lebenserfahrenes, lebensgesättigtes Lächeln. Es gibt Auberginen und Kartoffeln in Kokosnuss-Sauce, aber vorher gebe ich ihr die Ge-

schenke, damit ich mich besser fühle in diesem Armenstadt-
teil: Merci-Schokolade, eine große Tüte mit Süßigkeiten und
Wunderkerzen. Sie geht nach draußen und ruft, schon kommen zehn Kinder herein, manche mit noch kleineren Kindern und Babys auf dem Arm. Ich mache ihnen vor, wie das
mit den Wunderkerzen geht, hole ein Mädchen nach vorn,
zünde ihre Kerze an. Die Kinder staunen. Dann verteile
ich die Wunderkerzen und Süßigkeiten. Immer mehr Kinder drängen herein. Manche zeigen auf das Baby auf ihrem
Arm, fangen an zu argumentieren, warum und für wen sie
noch mehr Süßigkeiten bräuchten. Arglos verteile ich die Geschenke. Shara erklärt mir, so wie ich verteilt habe, hätten einige Kinder drei Süßigkeiten bekommen, manche nur eine,
manche nichts. Nun werde gestritten. Auch Geschenke können Unheil stiften, denke ich. Die Kinder ziehen ab.

Wir setzen uns und essen, ich frage sie nach ihrem Leben,
sie fängt an zu erzählen. Sie ist sechsundfünfzig, geboren
1964, muss ihr Alter aber nachrechnen, »Geburtstag ist nicht
Teil unserer Kultur«, sagt sie und schmunzelt. Sie kümmert
sich neben dem behinderten Mädchen noch um einen behinderten Jungen, außerdem hat sie drei eigene Kinder großgezogen, zwei Mädchen und einen Jungen. Über den Vater
oder die Väter erfahre ich nichts. Ich mag auch nicht fragen,
weil ich immer die Sorge habe, übergriffig zu sein.

Erst war sie Lehrerin, dann hat sie sich auf eine Stelle im
Kultusministerium beworben und fand zwei Mentoren, eine
Holländerin und eine Engländerin. Sie wollten sie zur Chefin
der Umwelterziehung machen. Also schickten sie Shara zum
Studieren nach Europa, ein Jahr in Glasgow, eins in Dublin,
dort machte sie ihren Master und arbeitete danach für die

Regierung auf Sansibar. Doch dann kam es zum Bruch. Eine Insel aus dem Sansibar-Archipel mit wertvollen natürlichen Ressourcen sollte an einen privaten Investor verkauft werden, sie war dagegen, sandte Dokumente ans Parlament. Auf einen Schlag wurden sie alle gefeuert: die Engländerin, die Holländerin und sie. Polizisten stürmten in ihr Büro und versprühten Tränengas, sie musste ihre kleine Tochter in Sicherheit bringen, der Geheimdienst verhörte sie in ihrer Wohnung. »Aber sie waren so dumm, das war einfach nur witzig.«

So viel habe ich über Korruption gehört, seit ich in Afrika bin, das ist nun ein konkreter Fall, und er zeigt, welche dramatischen Folgen sie haben kann. Sharas Karriere wurde mit einem Schlag zerstört, weil sie sich mit einem Investor angelegt hatte. Sie musste sogar von Sansibar fliehen, es wurde ihr zu gefährlich auf der Insel, also schickte sie ihre Kinder aufs Internat in Uganda, ging nach England und verdiente dort als Putzfrau und Altenpflegerin das Geld für die Schulen ihrer Kinder. 2010 kehrte sie nach Sansibar zurück, seitdem lebt sie von Kochkursen für Touristen. Sie ist gegen einen Lockdown. »Ich hatte kein Geld mehr für Essen«, sagt sie, »kein Geld mehr für Medikamente für die Adoptivtochter. Sie hatte große psychische Probleme und war sechs Jahre lang aggressiv. Andere wären verzweifelt in dieser Situation. Was denken sich die Europäer? Sie denken nicht nach. Sie sehen nicht, wie wir unter ihrem Lockdown leiden. Wir leiden fürchterlich.«

Außerdem kümmert sie sich um drei Kinder in der Nachbarschaft. Der Vater sei zu seiner neuen Frau gezogen, der Mutter sei es irgendwann zu viel geworden, ohne Geld und Unterstützung, dann sei auch sie weggezogen und habe die Kinder sich selbst überlassen. Sie habe den Vater angezeigt, die Behörden seien zu ihm gekommen, er habe gesagt: »Ich brauche mehr Zeit.« Sie kann es nicht fassen. Zeit wofür?

Ich erinnere mich daran, was Kathleen, eine amerikanische Krankenschwester, meinem Sohn und mir im Nile River Camp am Weißen Nil in Uganda erzählte: dass sie einen Jungen in einem Hospital bis zu seinem Tod begleitet hat, den seine Mutter vor zwei Jahren verlassen hatte. Sie wohnte nur eine Stadt weiter, aber weigerte sich bis zum Schluss, ihren Sohn, der sich das so sehr gewünscht hatte, noch einmal zu besuchen. Das hat ihr fast das Herz gebrochen.

Shara erzählt mir von ihrer Vision: Sie will ein Asyl für Katzen gründen. Für viertausend Katzen. Mehr als 100 000 gebe es auf Sansibar. Zu Zeiten ihrer Eltern habe man Katzen noch verehrt und gut behandelt, aber das sei lange vorbei. Heute gebe es einfach zu viele Katzen, man werfe mit Steinen auf sie oder stecke sie in einen Sack, um sie zu ertränken. Jeden Morgen seien 16 Katzen zu ihr gekommen, sie habe sie gefüttert. Ein Kind habe gerufen: »So viele Katzen!« Das habe wohl die Nachbarn alarmiert, die hätten das Katzenfutter vergiftet. Seitdem sind keine Katzen mehr gekommen, sie hasst ihre Nachbarn dafür. Per Crowdfunding habe sie für ihr Katzenasyl geworben, 150 Pfund seien zusammengekommen, aber mindestens 1500 Pfund seien nötig, für den Bau, die Medikamente, den Tierarzt. Selbst das erscheint mir eigentlich viel zu wenig für viertausend Katzen. Später mache ich auf Facebook Werbung für ihr Projekt.

Ich frage sie, ob wir durch die Siedlung gehen können. Immer wieder kommt die Adoptivtochter herein, nur notdürftig mit einem Handtuch bekleidet. Shara schärft ihr ein, dass wir jetzt weggehen und bald wiederkommen werden.

Die Siedlung ähnelt denen, die ich auf meinen Reisen durch Afrika kennengelernt habe. »Hier hat früher ein Fotograf gewohnt«, erzählt sie, die Schilder hängen noch da. Wir kommen an einer Moschee vorbei, die wie ein Wohnhaus aussieht. Sie ruft in Ritzen und halb offenstehende Tore hinein, Kinder rufen und antworten. Nebeneinander stehen traditionelle Hütten und ärmlichste Wellblechbehausungen auf der einen Seite (»Dieser Nachbar kann sich keinen Zaun leisten, bei ihm brechen sie immer wieder ein«) und modern gemauerte Häuser auf der anderen. Die Ungleichheit, denke ich, ist viel größer und sichtbarer, als ich es aus Europa kenne. Wie dieses Nebeneinander zustande komme, frage ich sie. So etwas hätte ich überall in Afrika gesehen.

»Manche hier leben oberhalb der Armutsgrenze«, erwidert sie. »Manche darunter.«

Wir machen einen kleinen Rundgang, aber zu sehen gibt es wenig – bunte Kangas auf Wäscheleinen, Katzen schlafend, schleichend, mitten auf dem Weg, sich verkriechend. Sie schildert mir ihr Projekt.

Als wir vom Sparziergang zurück sind, hat die Tochter gerade geduscht. »Hast du es bemerkt?«, fragt Shara. »Wahrscheinlich hast du es nicht bemerkt. Sie hat schon fünfmal geduscht und sich fünfmal umgezogen, seit du da bist. Weißt du, wie teuer hier das Wasser ist?«

Später zeigt sie mir ihr Konzept für das Katzenasyl auf ihrem Computer. Ich bewundere das BBC-Englisch, das sie spricht, das beste, das ich bislang in Tansania gehört habe. Plötzlich fällt ihr ein, dass sie es verpasst hat, ihre Kochgäste, die sie eigentlich selbst betreuen wollte, korrekt an ihre Tochter weiterzuleiten. Und der Akku ihres Handys ist leer.

Ich schließe ihr Samsung an meine Powerbank an, es dauert ewig, bis es auch nur bei zwei Prozent ist. Dann schaltet sie es an, aber das bloße Anschalten ermüdet das Handy so sehr, dass es sofort wieder ausgeht. Sie befürchtet, dass die Gäste ihre Tochter nicht finden und der Kurs ausfällt.

»Es geht gar nicht um das Geld für den Kurs«, sagt Shara, »es geht um das Vertrauen, die Reviews.« Die Verlässlichkeit, auf die komme es an. Die müsse man behalten. Unbedingt müssen wir die Gäste erreichen. Wir starren gemeinsam auf den Ladefortschritt ihres Handys, warten nervös, bis ihr einfällt, dass sie die Telefonnummer auf ihrem Computer hat. Ich tippe sie in mein Handy, rufe die Gäste an, alles ist gut. Sie haben die Tochter an einem Treffpunkt getroffen und sind jetzt auf dem Weg zum Kochkurs. Ich entschuldige mich im Namen von Shara. Sie ist erleichtert.

Ich frage Shara nach der Theorie aus *The White Man's Burden*: dass es zu wenig Vertrauen in Afrika gebe. Und dass das alles so erschwere, Interaktion, Handel, Arbeit, Politik. Sie seufzt.

»Ja, das ist es«, sagt sie. »Vertrauen. Daran mangelt es in Afrika. Die Mutter belügt den Vater. Der Vater belügt die Mutter. Das lernen die Kinder. Sie lernen schon von ihren Eltern zu lügen. Und dann ist eben alles zu spät. Letzte Woche war eine Konferenz, zu der Magufuli kommen sollte. Er kam nicht, nur sein Vize. Aber man hatte den Präsidenten erwartet. Also wurde für die Zeitungen Magufulis Gesicht in das Konferenzfoto hineinmontiert. Die Regierung lügt. Die Eltern. Alle. Ein ganzes Land. So entsteht kein Vertrauen.«

Ich bin schockiert, wie wenig sie ihre Aussagen relativiert. Für sie ist das allgemeine Misstrauen eine Tatsache. Und sie möchte mir unbedingt noch sagen, dass es auf dem Festland noch viel schlimmer sei als auf Sansibar – dort müsse ich wirklich aufpassen. Sie erzählt zwei Geschichten, die sie von ihren Couchsurfern gehört hat. Ein Mädchen wurde in Dar angesprochen, ob sie zu einem Konzert mitkommen wolle. Tolle Idee! Sie stieg ein. Da waren vier Männer, einer hatte ein Messer. Das Auto war von innen nicht zu öffnen. Sie fuhren weit weg, fragten nach ihrer Kreditkarte. Sie gab sie ihnen. Dann musste sie ihre PIN verraten. Die Männer hoben alles Geld von der Karte ab und warfen sie dann aus dem Auto, irgendwo im Nirgendwo.

Ein anderer Surfer von ihr besuchte in Daressalam einen Markt. Er wunderte sich, dass ein Taxi ihn verfolgte. Er stoppte, das Taxi stoppte. Er ging, das Taxi fuhr. Plötzlich stürzten Männer aus dem Auto, packten ihn, schleppten ihn ins Auto. Dasselbe Spiel: Kreditkarte, PIN, alles Geld weg. Es ist etwas anderes, solche Schilderungen in der Zeitung zu lesen oder sie von seiner Gastgeberin zu hören. Es rückt plötzlich nah. Wieso habe ich selbst mich in Dar vergleichsweise sicher gefühlt, frage ich mich. Selbst Douglas, dem ich später davon erzähle, hat von solchen Vorfällen noch nie gehört. Sind es »Geschichten über das Festland«? Oder ist es eine Realität, die ich nicht wahrhaben möchte?

Auf Sansibar, schließt Shara, sei es besser. Auch weil hier achtundneunzig Prozent Muslime lebten. Aber mittlerweile kämen immer mehr vom Festland herüber und würden hier alles kaputtmachen. Auf dem Festland müsse ich aufpassen. Da könne ich niemandem vertrauen. »Das ist sehr gefährlich«, schärft sie mir ein.

Abends gibt es im großen Garten im Stadtzentrum ein

Musikfestival zum *Happy Women's Day*, daher muss ich schon los. Ich fotografiere sie noch einmal vor ihrem Haus, blühend und stolz sieht sie aus. Joy, Tinna, Xaveria, Naomi, Sophie und Shara: Mir sind in Afrika viele starke Frauen begegnet.

Am Tag danach schreibt mich Shara noch einmal an. Sie habe ihr Katzenasylprojekt auf einer öffentlichen Sitzung vorgetragen. Da habe sich jemand gemeldet und behauptet, diese Idee schon lange gehabt zu haben. »Wie ich es hasse«, sagt Shara, »wenn andere mir die Ideen klauen und sich damit wichtigmachen!«

26.

MAUI IN DER HÖLLE

Abends besuche ich mit Joy, einer sächsischen Studentin, die ich im Swahili Coffee House kennengelernt habe, das Musikfestival des Internationalen Frauentags. Leider besteht es hauptsächlich aus quälend langen Soundchecks. Später gehen wir etwas trinken in die legendäre *Tatu Bar* unweit des Park Hyatt Sansibar, wo man für 350 Dollar übernachten kann. Die Bar erstreckt sich über drei Ebenen, zwei Ebenen mit Poolbillard, Tischen und Bar, eine zum Tanzen. Über wackelige Treppen geht es nach oben, es ist dunkel, ein paar bunte Lichter blinken. Joy und ich setzen uns in den unteren Stock nach draußen, am Nebentisch eine Prostituierte, daneben noch eine, ebenso am Tisch gegenüber, drinnen spielen Männer Poolbillard.

Ich bestelle einen *Zanizbar Disire* (so heißt der Cocktail auf der Karte), Joy einen Mojito, und dann stößt Maui dazu, den Joy morgens auf einem Boot kennengelernt hat. Sie hatte schon von ihm erzählt, ein Tansanier, der keine Wohnung und kein Zimmer auf Sansibar findet, weil er vom Festland kommt.

Maui ist siebenundzwanzig, sieht aber jünger aus,

muskulös, enges Shirt, wildes Gesicht, grimmige Mimik. Er lächelt fast gar nicht und lässt sich nicht beim Reden unterbrechen – jede Entgegnung, die in eine andere Richtung geht, bügelt er ab. Ich spreche über Kriminalität hier und auf dem Festland, die Geschichten von Shara im Hinterkopf, ich vermute, dass die Polizei auf Sansibar leichteres Spiel habe als auf dem Festland. »Die Polizei?«, fragt Maui. »Die Polizei? Ich sage dir, was das für Typen sind, die Polizei auf dem Festland. Hör mal gut zu.«

Er lädt uns ein, holt für sich ein Bier, für mich ein Wasser, für Joy einen Cider.

»Die Polizei ... hier guck mal. Siehst du diesen zerbrochenen Zahn hier? Das waren sie. Die Festlandpolizei. Weil die irgendwas von mir wollten. Wollten mich irgendwohin mitnehmen in ihrem Polizeibus. Angeblich wegen Drogen oder irgendwas. Also sagt er mir: ›Los, steig ein.‹ Ich setze mich, aber auf den falschen Sitz. Auf den Sitz, der für den Polizisten war. Aber woher sollte ich das wissen, Mann? Woher, verdammt, sollte ich das wissen? Ich hätte das nicht wissen können. Woher auch? Er hätte mir einfach sagen können: *Hey Dude. Nicht der Sitz. Hier. Auf diese Bank hier.* Aber nein. Er langt mir eine. Schlägt mir voll ins Gesicht. Das macht er. Er haut mir ins Gesicht. Dabei hätte er einfach sagen können: *Hey Dude. Nicht hier. Nein, da.* Verstehst du? Ich bin ein Mensch! Ein menschliches Wesen! Warum behandelt er mich nicht so? Warum schlägt er mich wie einen Hund? Da bin ich völlig ausgerastet. Ich bin auf ihn los und habe ihn vermöbelt. Und dann kamen die anderen Polizisten. Die habe ich auch vermöbelt. Mann, ich habe sie getreten, geboxt, die haben richtig was abbekommen. Wenn man mich nicht mehr wie einen Menschen behandelt – das endet böse. Ich sage es dir. So behandelt man Maui nicht. Sie waren solche Schwächlinge, sie konnten mich nicht mal festhalten. Nein, sie brauchten einen Gewehrkolben. Zwei haben mich festgehalten, und der dritte rammt mir den Gewehrkolben direkt in die Fresse. So. Das war es mit dem Zahn. Dann ab auf die Polizeiwache. Ich sage dir. Glaubst du an Gott? Glaubst du an den heiligen Gott? An den Himmel und die Hölle? An das Jüngste Gericht? Glaubst du, es gibt die Hölle? Aber so was von, Bruder. So was von. Die Hölle. Ich habe sie gesehen. Ich war da. Bruder, sie haben mich da reingesteckt. Und das war die Hölle. Weißt du, es war ein Raum, der war so groß.«

Er steht von seinem Stuhl auf und misst den Raum ab. »Vielleicht so groß. Vielleicht zwölf Quadratmeter. Und da waren dreißig Leute drin. In dieser winzigen Zelle.«

»Gab es da Betten?«, frage ich.

»Betten?« Er wird wütend. »Sagtest du Betten, Bruder? Woher soll es da Betten geben? Natürlich gab es keine Betten. Man konnte nur auf dem Boden hocken. Es stank. Entsetzlich. Es war dunkel. Und dann hatten sie ein Fenster auf. Sie haben extra ein Fenster aufgelassen, damit die Moskitos reinkamen. Also waren da all diese Moskitos. Und dann diese Insekten. Ungefähr 4000 von denen. Sie waren überall. Vielleicht 5000. Es war die Hölle. Ich war in der Hölle gelandet. Aber steckt man Maui in die Hölle? Nein. Ich habe geschrien. Bruder, habe ich geschrien. So behandelt man Maui nicht. Die anderen haben gesagt, ich soll leise sein. Keine Ahnung, wie lange die da schon drin waren, in dieser Hölle, in diesem Verlies. Vielleicht sind sie da immer noch. Ich schreie also. Und irgendwann holen die Wärter mich raus. Ich will telefonieren, brülle ich. Aber wen soll ich anrufen? Soll ich meinen Vater anrufen? Ich sage dir, mein Vater, das ist ein richtiger Choleriker. Aber richtig. Nicht so wie ich. Wenn mein Vater gekommen wäre, und er hätte gesehen, wie sie mich behandelt haben, wie sie mich da reingesteckt haben, in diese Hölle, er hätte eine Knarre genommen und alle erschossen. Hundert Prozent. So ist mein Vater. Deswegen konnte ich meinen Vater nicht anrufen.«

Plötzlich erscheint ein anderer Schwarzer am Tisch, größer, freundlicher, Halskette, britisches Englisch, aus Südafrika.

»Hey, how are you guys doing?«, begrüßt er uns wie auf einer Cocktailparty. Wir stellen uns vor. Es hat etwas Amerikanisches, wie er uns Fremde wie alte Freunde begrüßt. Maui lässt sich nicht abhalten und erzählt seine Geschichte zu Ende.

»Also hab ich meine Freundin angerufen. Ich sage: ›Schatz! Ich bin hier. In der Hölle. Auf der Polizeistation. Du musst mich hier rausholen! Verstehst du? Sofort!‹ Also kam sie. Und holte mich raus.«

»Wie lange warst du insgesamt in dem Loch?«, frage ich.

»Sechs Stunden, Alter. Nicht länger als sechs Stunden. Und sonst wäre ich auch verreckt. So viel ist sicher. Das ist die Festlandpolizei. Nur mal so. Guck mal, mein Zahn. Gewehrkolben. Was für Feiglinge.

Also kommt der Polizist rein, meine Freundin hat ihn bequatscht.

›Hey, da ist jemand, der will dich abholen‹, sagt der Polizist. ›Ja‹, wimmere ich, ›Sir, es tut mir so leid. Ich wollte Sie nicht angreifen! Es war alles ein Missverständnis‹, jammere ich. ›Ich war betrunken! Ich war einfach nur betrunken, das war der ganze Grund. Sir. Ich werde so etwas nie wieder tun. Bitte! Lassen Sie mich frei! Es tut mir so schrecklich leid!‹ So jammere ich und lüge rum. Ich meine, natürlich war ich betrunken. Ich war sturzbetrunken. Warte ...«

Der Südafrikaner ist schon wieder gegangen, Maui holt noch ein Bier für sich, noch einen Cider für Joy und noch ein Wasser für mich, dabei habe ich mein Wasser noch gar nicht getrunken.

»Ich war betrunken. Ja. Sagen wir, wie es ist. Aber ich war klar im Kopf. Bruder, ich war klar im Kopf. Total. Ich habe das registriert: Er hat mich nicht wie einen Menschen behandelt. Wenn ich also stocknüchtern gewesen wäre, hätte ich ihm ebenso heftig ins Gesicht geboxt. Ich hätte ihn zertrümmert. Es ging nicht um den Alkohol. Es ging darum, wie er mit mir gesprochen hat. Das lässt Maui nicht mit sich machen. Nüchtern oder besoffen. Aber davon erzähle ich ihm natürlich nichts. Nein, ich jammere: ›Sir, Sir! Es tut mir so leid!‹ – ›Na gut‹, brummt er, ›es tut dir also wirklich leid?‹ – ›Total‹, jammere ich. Und er lässt mich raus. Natürlich, meine Freundin hat ihm wahrscheinlich Geld gegeben. Er ist so dumm und lässt mich raus. Mann, ist er dumm. Er hätte mich töten müssen! Verstehst du, wer mich so behandelt, der muss mich töten. Wenn du mich tötest, dann hast du es geschafft. Fair enough. Dann warst du stärker. Aber nein. Er lässt mich leben, der Dummkopf. Wenn ich den Typen treffe, wenn ich ihn nur einmal treffe, das schwöre ich dir – ich bringe ihn um. Ich bringe ihn um. Hundertprozentig. Mir ins Gesicht schlagen ohne Grund? Mir einen

Gewehrkolben in die Fresse schlagen? Mich in die Hölle stecken, die blanke Hölle? Nein, das tust du nicht ungestraft. Er hätte mich töten müssen. Denn jetzt werde ich ihn töten. So viel steht fest. Ich werde ihn töten. Das schwöre ich.«

Maui war schon bei seiner Ankunft betrunken, nun fällt es ihm immer schwerer zu sprechen. Vor allem fällt es ihm schwer zuzuhören; er kann eigentlich nur selbst reden. Ich gehe in die nächsthöhere Etage. Sie ist leer. Dann in die Tanzetage. Hübsche, junge schwarze Frauen, ihrer Aufmachung nach möglicherweise Prostituierte, tanzen mit älteren weißen Männern, und weiße, ältere Frauen tanzen ekstatisch, umgeben von entspannt lächelnden, jungen schwarzen Männern, die nie so tanzen würden, die Karikatur einer Multikulti-Idylle. Ich kehre zurück zu Joy und Maui, der schon die nächste Geschichte erzählt, ich ertrage seine Monologe nicht mehr und verabschiede mich. Es ist eins, ich wimmele die Boda-Fahrer vor dem Tatu ab und gehe durch die dunklen Straßen zu Fuß nach Hause. Dass Maui hier keine Wohnung findet, denke ich, liegt möglicherweise nicht nur daran, dass er vom Festland stammt.

27.

DIE SCHILDKRÖTENRETTERIN

Cheetah's Rock ist eine Tierrettungsstation und eine der
größten, beliebtesten und teuersten Touristenattraktionen
auf Sansibar. Die Gründer Sandro und Jenny sind Freunde
eines Freundes von mir, daher werde ich eingeladen und
spare die 160 Dollar Eintritt. Mittags holt Sandros Fahrer
mich ab. Ein Gespräch ist leider kaum möglich (»English
only very small!«). Nach einer Stunde kommen wir an, es
sind sechsunddreißig Gäste da, die meisten aus der Ukraine
und Russland.

An der Wand des Foyers hängen Sinnsprüche:

*If you (c)annot teach me to fly, teach me to sing. Until the
lion learns how to write every story will glorify the hunter.*

Interessant, denke ich, ist es in Europa nicht längst umgekehrt? Wer würde sich in einer deutschen Talkshow als
Jäger outen?

Blaine und Leaveil sind unsere Guides, weiße Südafrikaner, sie leben hier mit den Tieren. Viele der Tiere sind
so wertvoll, dass das gesamte *Wildlife Rescue Conservation*

Center von Massai-Kriegern Tag und Nacht bewacht wird. Ich begegne ihnen öfter im Laufe des Tages, niemals lächeln sie, in ihrer traditionellen Massai-Tracht stehen sie Wache mit vergifteten Speeren.

Die Tour ist ungewöhnlich: Es gibt nur wenige Tiere, zu denen sehr viel erklärt wird. Aus Sicherheitsgründen wäre all das, was wir hier machen, in Deutschland bestimmt verboten: mit Löwen rennen, die Zunge eines Tigers spüren, mit einem Gepard fotografiert werden, einen Erdbeertiger streicheln. Ich erinnere mich, wie ich mit meinen Kindern Hagenbecks Tierpark besuchte, höchstens durfte man einem Wärter dabei zusehen, wie er die Robben fütterte. Der Löwe in Hagenbeck liegt träge und schläfrig in seinem zu kleinen Gehege.

Uns werden nacheinander vorgeführt: Chaka, das Zebra, mit dem dieses Projekt begann, vier Buschbabys, vier Affen, ein Puma, madegassische Lemuren, Dikdiks, eine gestreifte Hyäne, Schnabelbrustschildkröten, zwei weiße Löwen, ein Tiger, ein Gepard, am Ende der Erdbeertiger.

Es gibt eine klare Hierarchie in Cheetah's Rock: Ganz oben steht Jenny, die Hausherrin und Gründerin. Dann die Tiere. Dann die weißen Guides aus Südafrika, die perfekt britisches Englisch sprechen. Dann die schwarzen Helfer aus Tansania. Dann die Massai-Wachen. Und dazwischen wir, die weißen Besucher – ja, es sind nur Muzungus gekommen, eine Veranstaltung von Weißen für Weiße, auf einer Insel, die zu neunundneunzig Prozent von Schwarzen bewohnt wird. Ich erinnere mich daran, was mir Douglas 2012 erzählte: Die meisten Afrikaner sehen in ihrem Leben keinen Löwen und kein Nashorn. Welcher Schwarze kann sich 160 Dollar Eintritt leisten? Und hat sentimentale

Gefühle gegenüber Tieren? Sheila fällt mir ein: »Europäer lieben die Natur. Afrikaner fürchten sie.«

Blaine hat für einen privaten Sicherheitsdienst im Kruger Nationalpark in Südafrika gearbeitet. Er hat ein großes Tattoo auf seiner Schulter, ein Nashorn, drei Blätter, zwei Wanderschuhe und ein Gewehr. Es ist eine Erinnerung an einen Freund, erzählt Blaine. Die Nashörner seien extrem gefährdet durch Wilderer.

»Warum?«, frage ich. »Könnte man nicht einfach einen Zaun um den Nationalpark ziehen?«

Blaine lacht. »Könnte man. Tut man auch. Aber da ist ja so viel Geld drin. Die Wilderer bezahlen die Wachen an den Eingängen. Sie bezahlen die Regierung. Sie haben das Geld.« Das Horn eines Nashorns sei das perfekte Geschenk unter Geschäftsfreunden in Asien. Jedenfalls waren sein Freund und er Wilderern auf der Spur, sie erkannten es an den Fußspuren, sie seien tiefer, weil sie Waffen tragen oder erbeutete Tiere. Sie waren ihnen dicht auf den Fersen. Aber plötzlich trennten sich die Spuren, und ihnen wurde schlagartig klar, dass sie in eine Falle gelaufen waren. Die Wilderer hatten zwei voneinander entfernte Positionen eingenommen, um sie ins Kreuzfeuer zu nehmen. Und da fielen auch schon Schüsse. Sein Freund sei so wütend gewesen, er sei vorausgelaufen und umgefallen. Er, Blaine, hinterher. Hinten am Kopf des Freundes sah er eine kleine Öffnung mit Blut. Da habe er noch Hoffnung gehabt. Dann aber habe er seinen Freund umgedreht und das Gesicht sei zerschossen gewesen. In diesem Moment hätten die Wilderer auch schon auf ihn geschossen und ihn direkt neben das Knie getroffen. Er zeigt mir die Stelle. Er habe sich fallen lassen, im Fallen auf die beiden geschossen und sie beide erwischt. Ein Zwischenfall, drei Tote. Drei Jahre lang habe er vor Gericht beweisen müssen, dass es Notwehr war. »Die Gerichte glauben den Wilderern, nicht uns«, sagt er. Danach sei er hierhergekommen, das sei ein Waldspaziergang gegen den Kruger Nationalpark.

Viele Europäer besuchen Afrika wegen seiner Tiere, aber hier erfahre ich, wie unsentimental viele auf dem Kontinent mit seinen Tieren umgehen. Buschbabys – das sind kleine Feuchtnasenaffen mit riesigen Augen – werden wegen ihres Fells getötet und an Hunde verfüttert. Starfische werden gefangen und erstickt, sodass sie an Touristen verkauft werden können. Sogenannte »Beachboys« – junge Einheimische, die am Strand Geschäfte mit Touristen machen – fangen Affen, kastrieren sie und ziehen ihnen die Zähne, damit sie weniger gefährlich und aggressiv sind. Dann benutzen sie die Tiere, um Touristen Souvenirs, Touren und Fotos mit dem verstümmelten Geschöpf zu verkaufen. Rocky ist so ein Affe; eine Touristin kaufte ihn dem Beachboy ab und brachte ihn hierher. Eine Heldentat, gewiss, aber nicht zur Nachahmung empfohlen, erklärt Blaine, weil die Beachboys dann noch größeres Interesse bekämen, Affen zu fangen und zu verstümmeln. Tail, ein anderer Affe, war von einem Barkeeper in Stonetown benutzt worden, um Kunden zum Bestellen zu animieren. Immer wenn der Gast Alkohol nahm, bekam auch Tail Alkohol, und das ging dann richtig lustig zu mit dem betrunkenen Affen. Ein Gast wandte sich an den Besitzer der Bar, der angeblich von nichts gewusst hatte, und Tail landete hier.

Dikdiks sind Zwergantilopen, kaum größer als Hasen –

aus ihnen lassen sich gute Handschuhe machen, ein Tier ein Handschuh, und so werden auch sie gejagt und getötet.

Am spektakulärsten sind die Geschichten um die Brustschnabelschildkröten. Sie heißen so, weil die Männchen unter dem Kopf einen Schnabel haben, mit dem sie sowohl ihre Konkurrenten als auch das begehrte Weibchen auf den Rücken drehen und hilflos machen können. Auf der ganzen Welt weiß man nur noch von sechsundsiebzig Brustschnabelschildkröten, dreiundzwanzig davon befinden sich hier. Sie waren in Madagaskar gestohlen worden, Jahre später tauchte ein Mann in einem Tierladen mit so einer Schildkröte auf, darauf schaltete sich Interpol ein und fand die Herde Brustschnabelschildkröten in einem Containerschiff im Hafen von Stonetown und brachte sie zu Cheetah's Rock. Drei Tage später stand eine Abordnung der Armee vor der Tür, um die Tiere zu konfiszieren.

Wozu denn, fragte Jenny die Soldaten. Der Fall solle vor Gericht in Daressalam untersucht werden, entgegnete der Offizier. Dann machen wir eben Fotos, erwiderte Jenny, dazu brauche man die Schildkröten ja nicht mitzunehmen. Im Gegenteil, schnauzte der Offizier, man habe strikten Befehl, die Schildkröten umgehend mitzunehmen. Ach ja? Jenny rief ihre Kontakte in der Regierung an; natürlich war alles gelogen, es gab keinen Befehl. Sie habe den Mann von der Regierung mit dem Offizier verbunden, nach deren Gespräch seien die Soldaten erstaunlicherweise sofort abgezogen. In Afrika müsse man immer wissen, wen man anrufen müsse. Eine Brustschnabelschildkröte kostet Jenny zufolge in Asien auf dem Schwarzmarkt 50 000 bis 100 000 Dollar.

»Könnte man nicht wenigstens eine dieser Schildkröten

verkaufen?«, frage ich Jenny später. Von 100 000 Dollar könne sie das ganze *Conservation Center* neu bauen! Sie lacht. Keine einzige Schildkröte werde sie hergeben.

»Aber irgendwann sterben sie einfach«, wende ich ein.

»Auf keinen Fall!«, sagt Jenny.

Die Brustschnabelschildkröten kriechen sehr, sehr langsam umeinander und ahnen nichts davon, wie wertvoll sie sind.

Noch teurer sind nur die weißen Löwen. 150 000 bis 300 000 Dollar ist einer wert. Es gibt nur noch dreihundert von ihnen weltweit. In Südafrika ist es erlaubt, sie zu jagen; man nennt es *canned lion hunting*. Die eigens dafür gezüchteten Löwen sind in einem kleinen Gehege, man selbst steht mit einem Gewehr außerhalb des Geheges und erschießt den eingesperrten Löwen für eine Gebühr von 50 000 Dollar.

Die Ironie bei alledem ist, dass die Löwen selbst natürlich auch vor keiner Grausamkeit zurückschrecken. Übernimmt ein neuer Löwe das Rudel, tötet er zuerst alle Babys, die sein Vorgänger gezeugt hat, und hat dann drei Tage Sex mit allen Weibchen des Rudels, alle fünfzehn Minuten.

Von dem Tiger, den wir sehen, gibt es nach Angaben der Wärter auch nur noch fünfzig Exemplare, und bei Löwen wie Tigern ist eine Fortpflanzung im Zoo äußerst schwierig; es bestehe immer die Gefahr, dass der Löwe die Löwin erst vergewaltigt und dann tötet oder gleich tötet. Man könne das nicht vorhersehen, erzählt Blaine.

Nach der Führung lerne ich Sandro und sein Haus kennen, das natürlich kein Haus ist, sondern ein Anwesen, eine Villa auf mehreren Ebenen. Er führt mich auf die Dachterrasse, dort sieht es aus wie in Stonetown, schöner, alter, weißer Stein mit schwarzen Flecken überall. »Weil die Leute hier mit Holzkohle heizen«, verrät er mir. Es ist Asche von der Holzkohle. Wir machen Fotos vom unglaublichen Ausblick aufs Meer. Was denn um Himmels willen mit Stonetown los sei, frage ich, warum das nicht renoviert werde, das sei doch eine Perle. Ja, ihn habe die Stadtverwaltung auch schon zu einer Gebäudepartnerschaft überreden wollen. Aber *Cheetah's Rock* benötige auch ständig Geld, so habe er sich rausreden können. Das *House of Wonder* habe der Sultan von Oman renovieren wollen und ein paar Millionen dafür zur Verfügung gestellt. Aber wie das in Afrika so sei – dieses Geld sei »versickert«. Und zwei Jahre später, statt in neuem Glanz zu erstrahlen, sei das *House of Wonder* zusammengebrochen. Seitdem arbeiteten sie daran, es wiederaufzubauen. Oder auch nicht. So laufe das hier.

Er habe zum Beispiel ein Kühlhaus gebaut, um Tierfutter in großen Mengen kaufen zu können, statt in kleinen Mengen sehr teuer vom örtlichen Lieferanten. Und seitdem sei der örtliche Lieferant um fünfundsiebzig Prozent im Preis runtergegangen. In der Ecke steht eine zerfledderte Sitzecke, anscheinend ist nie jemand auf der Dachterrasse. Er bittet mich, sie nicht zu fotografieren. Er ist Ende fünfzig, weißes Poloshirt, schlank, entspannt. Er hat genau die Art von ruhiger Freundlichkeit und Zugewandtheit, die ich von erfolgreichen Männern seines Alters kenne.

Dann zeigt er mir den Rest des Hauses, sein chemisches Labor, sein teures Mikroskop. Chemie, das hat er mal studiert, dann hat er fürs Finanzministerium gearbeitet, dann für McKinsey, dann eine eigene Beratungsfirma aufgemacht und Ölfirmen beraten. Besonders stolz ist er auf seine Bibliothek. Es ist das erste Mal, das ich persönlich in ein Haus eingeladen bin, in dem ein ganzer Raum einer Bibliothek gewidmet ist. Und kein kleiner Raum; ich schätze ihn auf dreißig bis vierzig Quadratmeter.

»Das war ein kleines Experiment«, erzählt Sandro. »Ich brauchte die Bücher ja nicht dringend. Also habe ich sie hierhergeschickt. Drei Tage brauchten sie von Frankfurt nach Hamburg. Zehn Tage von Hamburg nach Sansibar. Und dann dreieinhalb Monate vom Hafen in Sansibar zu mir.«

»Dreieinhalb Monate?«

»Ja, weißt du, es liegt da, Zoll, Kontrollen ... das dauert.«

Er führt mich hinunter an seine Bar, ich bekomme Tequila.

Auftritt Jenny. Sie wurde mir als »verrückt« und »exzentrisch« angekündigt, und das ist nicht mal gelogen. So sachlich und zurückhaltend Sandro auftritt, so ausladend und impulsiv ist Jenny. Ein schwäbischer Vulkan.

»Sorry, ich musste erst mal den Staff zusammenscheißen. Aber richtig. Ich meine, das ist ein Tierfutterraum. Was stellen die da alles rein? Ihr Essen? Müll? Abfall? Staff! Wo soll man hier vernünftigen Staff herkriegen?«

»Na, wir haben schon auch einige gute Einheimische«, wiegelt Sandro ab.

»Einige gute. Ja. Aber die anderen schlechten, und so ist das ja immer, die ziehen die runter! Oh, ich habe Hunger, ich muss was essen. Aber erst mal lass uns was singen!«

Karaoke. Jennys eigentliche Leidenschaft sind gar nicht Tiere. Sondern Pop, Jazz, Musical. Wir singen zusammen *Love lifts us up where we belong.* Sie hat eine tolle Stimme.

Dann erscheint Ennio, ihr Sohn, der gerade Abitur gemacht hat. In Filmen sind Kinder reicher Leute arrogant, verzogen und unhöflich. Ennio ist das Gegenteil: lieb, brav, wohlerzogen, zielstrebig. Im letzten Jahr hat er angefangen, für *Cheetah's Rock* zu arbeiten. Seine Idee war zum Beispiel das Kühlhaus.

»Und das hat sich bereits in zwei Jahren amortisiert.« Außerdem hat er die Internetseite für Cheetah's Rock neu gestaltet. »Damit haben wir die Returnquote von fünf Prozent auf sieben Prozent gesteigert, also eine Steigerung um vierzig Prozent!« Der McKinsey-Vater scheint durch.

Ich bekomme Tequila, dann Amarula, dann noch einen Amarula. Ich bin Alkohol nicht gewohnt, mir wird schwummrig. Wir setzen uns auf die Terrasse, Jenny hat vegetarisches indisches Essen bestellt.

Wir sitzen und essen aus Aluschachteln. Dann stelle ich endlich die entscheidende Frage: wie sie denn in Gottes Namen zu diesem *Animal Rescue Center* am Ende der Welt gekommen sei.

Eigentlich hat Jenny Jura studiert. Und gesungen, das war ihre Leidenschaft. Sie gewann Talentwettbewerbe, hat im Fernsehen Barbra Streisand imitiert. Dann bekam sie einen Job im *Phantasialand* Köln, wohnte in einem billigen Zimmer auf einem Bauernhof, hat alles Geld gespart und sich davon ihr erstes Pferd gekauft. Irgendwann eilte ihr der Ruf voraus, sie könne Pferde zureiten. Und so wandte sich ein Zoo an sie, ob sie nicht ein einjähriges Zebra haben wolle, das würden sie sonst töten. Zoos, das wurde uns schon auf der Tour erzählt, wollen kleine, niedliche Kuscheltiere, keine ausgewachsenen. Sie nahm das Zebra und versuchte, es zu zähmen. Eigentlich lassen Zebras sich nicht reiten, sie sehen jeden als Angreifer. Das war das Problem. Aber irgendwie gelang es ihr trotzdem, das Zebra zuzureiten – das war Chaka. So sei ihr Ruf gewachsen. Eines Tages habe sie einen Brief bekommen, den sie für einen Witz hielt. Der Sohn des Scheichs von Dubai bat sie, ihr beim Zureiten seines neuen Pferdes zu helfen. Der Brief war echt. Sie flog hin, ritt das Pferd in zwei Wochen zu und wurde dann immer wieder eingeladen. Und als kleines Geschenk – bekam sie einen Geparden. Der hatte schon ordentlich Ärger gemacht und Sofas zerfetzt. Das war eigentlich kein Problem für den Scheich, er hatte ein ganzes Lager voll mit diesen Sofas. Hatte der Gepard eines zerfetzt, wurde das Sofa sofort ersetzt. Aber irgendwann wurde es doch ärgerlich. Und deswegen schenkte er ihr den Geparden. So wurden Chaka, das Zebra, und dieser Gepard der Grundstein für Cheetah's Rock.

Meine alte Theorie, denke ich: Erfolgreiche Projekte werden nicht geplant, sie entwickeln sich.

»Der Witz ist, in Tansania kann man kein Land kaufen«, erläutert Sandro. »Als Ausländer ist das unmöglich. Aber man kann eine Firma aufmachen, ein Unternehmen. Und wer, wenn nicht ich, wäre in der Lage, einen Businessplan zu schreiben? Also schrieb ich einen Businessplan für *Cheetah's Rock*. Damit wir dieses Haus hier bauen konnten. Der Plan ging durch. Das Einzige, was wir niemals gedacht hätten, war, dass es funktioniert. Das war die größte Überraschung.«

»Es hieß«, frage ich Jenny, »dass du mit dem weißen Löwen gekuschelt hast, als er noch klein war?«

»Gekuschelt?«, fragt sie. »Machst du Witze? Ich habe mit

ihm in einem Bett geschlafen! Was meinst du, wie sauer er war, dass er da nicht mehr schlafen durfte! Ich bin mir auch sicher, wenn ich heute in den Käfig ginge, mir würde nichts passieren. Aber Ennio hat mir das Versprechen abgenommen, das nicht zu tun.«

Ennio lächelt.

Jenny beginnt, sich über die Behörden aufzuregen. Es gebe eine rote Affenart, die nur hier auf Sansibar vorkomme. Irgendwann sei die Regierung auf die Idee gekommen, dass es die Affen nur in einem Naturpark im Süden geben dürfe. Und sie musste ihren Affen hergeben. Kurze Zeit später erfuhr sie, dass der Affe gestorben war. Um die Affen sei es der Regierung gar nicht gegangen. Nur darum, dass niemand anderes den Affen habe. Sie hört gar nicht auf, sich aufzuregen. Korruption, Willkür, Autokratie. Das Übliche.

»Was denkst du«, frage ich Ennio. »Du bist doch hier zur Schule gegangen, mit den einheimischen Jungs. Siehst du da Hoffnung, wird diese neue Generation Afrika in eine neue Zukunft führen?«

Ennio lacht. Also, erst mal seien das ja keine normalen Einheimischen gewesen, sondern die Kinder von Hotelbesitzern. Einige davon wollten einfach das Geschäft der Eltern übernehmen und es dann besser managen, ökonomischer arbeiten. Die Mehrheit wolle nur das Geld, das die Eltern verdient hätten, verplempern. Kein Einziger habe die Idee, in die Politik zu gehen, um etwas zu ändern.

Wir trinken, singen und reden darüber, wie man die Lage der Dinge in Afrika verbessern könnte und woran es hapert.

»Erst mal müsste man ja alle rausschmeißen«, sagt Sandro. »Alle, die damit zu tun hatten, meine Bücher über drei

Monate im Hafen zu behalten. Jeder würde sich unschuldig fühlen. ›Ich brauchte noch diese Unterschrift und jene. Ich wollte ja!‹«

Das ist es eben, denke ich, die Weißen wollen immer alles verbessern. Mehr Effizienz, mehr Wohlstand, mehr Arbeit, mehr Bildung, mehr Sauberkeit, mehr Verkehrssicherheit. Unsere Macke. Mit den Einheimischen ergeben sich diese Gespräche nie. Nur mit den Expats, den NGO-Leuten, den Touristen. Es ist unsere ganz spezielle Macke, mit der wir hier, wo man schon ein paar Hunderttausend Jahre länger lebt als sonst wo, gegen eine Wand laufen.

»Wollt ihr denn nicht irgendwann zurück nach Europa, nach Deutschland?«, frage ich am Ende.

»Auf keinen Fall!«, lacht Jenny.

Sandro pflichtet ihr bei.

»Und warum nicht?«, frage ich.

Sie überlegen.

»Es ist die Freiheit«, sagt Sandro. »Letztlich bist du hier viel freier als in Deutschland. Du kannst eigentlich tun und lassen, was du willst. Dieses Haus hier zum Beispiel, das konnten wir genauso bauen, wie wir es wollten. Kein Bauamt redet dir hier rein. Das möchte ich nicht missen.«

28.

»MEHR KANN ICH NICHT TUN.«

Mein letzter Tag in Tansania. Ich frühstücke Omelett und Gingertee auf dem Hotelbalkon, mein Magen ist immer noch nicht in Ordnung, eigentlich nicht mehr, seit ich den Zuckerrohrschnaps, den *Boha* in Lushoto, getrunken habe. Wie üblich nehme ich eine Malarone gegen Malaria, eine Kohletablette gegen Durchfall und eine Ibuprofen.

Am Nachbartisch sitzt ein leutseliger älterer, weißer Gast, Mitte sechzig schätze ich ihn, neben ihm eine gutaussehende Schwarze, Mitte zwanzig, mit vollen Lippen und kunstvoller Frisur. Seine Energie kontrastiert auffällig zu ihrer Trägheit. Er plaudert auf Englisch mit österreichischem Akzent, erzählt Geschichten, sucht und gibt Unterhaltung. Sie kann sich kaum motivieren, auch nur zu lächeln, mitzureden, zu reagieren. In ihrem Gesicht tut sich so gut wie nichts, nur einmal stellt sie eine Frage.

Ich schlendere in der fürchterlichen Mittagshitze zum Hafen. Auf dem Schiff hilft mir jemand, den Koffer zu meinem Platz zu tragen, erwartet ein Trinkgeld, bleibt stehen, ich zahle nichts, ich hatte nicht um Hilfe gebeten und in den letzten Wochen gelernt, unfreundlich zu sein. Stumme

Unfreundlichkeit, Ignorieren. Das Schiff ist viel kleiner als das auf der Hinfahrt. Es geht auch viel schneller. Die Kellnerin serviert zweimal schwarzen Tee und leckere indische Kartoffelbällchen.

Am Hafen in Dar erlebe ich wieder das Spießrutenlaufen durch die Menge vor dem Terminal. Ich laufe die Straße hinunter, die zum *Tiffany Diamond* führt, wo noch Gepäck von mir lagert. Ein Typ kommt hinter mir her, »Taxi, Taxi, need help, my friend, Rafiki«, und dann drehe ich mich endlich zu ihm um und höre mich zum ersten Mal die Sätze sagen, die Kara mir in Lushoto beigebracht hat: »Listen, man, I will go there, and you will stay here, you understand? I go there, you stay here!«

Er guckt mich ungläubig an, ich ziehe weiter, er bleibt stehen, es funktioniert. So weit ist es mit mir gekommen, denke ich.

Tiffany Diamond. Es ist kühl. Die Klimaanlage funktioniert. Das WLAN auch. Mein Sack mit den Sachen ist noch da. Nächstes Mal werde ich ganz anders packen. Viel weniger. Keine Bücher. Nur sehr dünne Klamotten. Nicht mehr als zwölf Kilo. Mit leichtem Gepäck durch ein sehr heißes Land.

Ich verbringe den Tag am Meer, verderbe mir den Magen an einer Kartoffelsuppe, kriege wieder Durchfall und Magenschmerzen, verbringe meine letzten Stunden vor Mitternacht auf der Toilette, hocke mich sogar auf die Schüssel, schlucke noch einmal fünf Kohletabletten (die wichtigste Arznei hier!), trinke Minztee, versuche, das eindringende Bakterium loszuwerden. Und damit nun ins Flugzeug?

Kurz vor Mitternacht bestelle ich das Bolt zum Flughafen. Ich beginne das übliche kleine Gespräch (»How is life?«), aber der Fahrer bleibt still. Ich gebe auf, fürchte, dass es so ist wie bei Sandros Fahrer gestern (»English only very small!«). Aber dann fängt der Fahrer an zu sprechen. Er möchte nach Amerika. Nach Texas.

»Warum?«, frage ich. »Warum Texas?«

»Da lebt meine Freundin«, erzählt er.

»Oh, wo hast du sie kennengelernt?«

2018, verrät er, sei sie hier gewesen. Sie hätten zusammen Urlaub gemacht. Ich frage ihn, wie sie sich seitdem gesehen hätten.

»Über Whatsapp.«

Ob er nicht mal hinfahren könne, sie besuchen?

»Nein«, sagt er, »ich habe ja keinen Reisepass.«

Ich kann es nicht glauben. »Du hast keinen Pass?«

»Die meisten Tansanier haben keinen Pass. Ist viel zu teuer.«

»Was kostet es denn?«

»150 000 Shilling.« Das sind 62,50 Euro. Vermutlich kostet ein Reisepass bei uns auch 62,50 Euro. Aber hier ist das mehr als der Monatslohn eines Hausmädchens. Das ist so, als ob bei uns ein Reisepass 3000 Euro kosten würde.

»Das ist echt teuer«, sage ich.

»Nach Kenia und Uganda kommt man auch so«, sagt er. »Nur eben nirgendwo sonst hin.«

Deprimierend. Die meisten Tansanier haben keine Pässe. Sie kommen gar nicht weg. Wir erreichen den Flughafen.

»7000 Shilling«, sagt er. Drei Euro für eine Fahrt von fünfundvierzig Minuten. Ich gebe ihm alles tansanische Bargeld, das ich noch habe. 20 000 Shilling. Er guckt ungläubig.

»Aber es sind nur 7000«, sagt er.

»Für den Pass«, sage ich.

Er sieht mich verwirrt an. Ist er wirklich überrascht? Oder spielt er es nur? Erzählt er jedem die Geschichte mit dem Pass und der verlorenen Freundin?

Mein Flugzeug startet mit fast einer Stunde Verspätung um vier Uhr in der Nacht. Die Frau neben mir heißt Doria, ist Französin, wohnt in Paris und lebt davon, Texte ins Russische und aus dem Russischen zu übersetzen. Mit ihrem Freund, einem gutverdienenden Informatiker, war sie gerade sechs Wochen in Tansania, auf der Flucht vor dem Lockdown.

»Was ist das Besondere an Afrika?«, frage ich.

»Die Idee von Zeit«, sagt sie. »Die ist genau richtig. Immer ist genug Zeit da. In Europa: Karriere, Stress, Ziele, hetz, hetz. In Afrika das Gegenteil.«

Natürlich werde man als Weißer immer übervorteilt. Sie habe einen Italiener getroffen auf Sansibar, der sei auf Sansibar geboren, habe sein Leben dort verbracht, spreche perfektes Swahili, aber immer noch werde er von den Einheimischen als Muzungu gesehen. Er zahle immer ein Mittelding zwischen dem Muzungu-Preis und dem Einheimischen-Preis. Muzungu bleibt Muzungu. Und alle Muzungus sind reich. So ist es nun mal.

Sie war mit ihrem Freund in den großen Naturparks. In der Serengeti gebe es Straßenschilder, die seien von Ästen und Bäumen überwuchert. Man könne die gar nicht sehen. Also, entweder müsste man die Äste abschneiden oder das Schild woanders aufstellen. Keins von beiden geschehe. »Es ist einfach eine völlig andere Lebenseinstellung«, sagt sie. »Du lebst, du stirbst, und du machst kein Aufhebens davon. Der Tod gehört zum Leben. Du beschwerst dich nicht. Du nimmst die Dinge hin.«

Der Italiener auf Sansibar sei lange Hubschraubermechaniker gewesen, sogar für den Präsidenten. Inzwischen betreibe er ein Restaurant. Er habe ein Experiment abgehalten. Ein Jahr lang habe er jeden Tag 5000 Shilling vom Lohn zurückgehalten. Und am Ende des Jahres habe er alle zusammengerufen und jedem einzelnen das gesparte Geld ausgezahlt: über eine Million Shilling für jeden. Die Leute waren völlig überrascht. Erstens hatten sie gar nicht gemerkt, dass er das Geld zurückgehalten hatte. Und nun hatten sie so viel Geld auf einmal, so viel wie noch nie zuvor.

»Und«, frage ich, »hat er was erreicht? Haben sie das Geld gespart, investiert?«

Sie lacht. »Natürlich nicht. Sie haben es in Lichtgeschwindigkeit ausgegeben.«

Afrikaner wollen nicht erzogen werden, denke ich. Erst recht nicht von Weißen. Warum hängen wir so an dieser Idee? Wir lassen uns doch auch nicht gern erziehen.

Nach einer Woche in Hamburg ist Afrika schon wie hinter Nebel. Ich rufe Douglas an.

»Afrika ist so schnell so weit weg«, sage ich. »Ein anderer Planet mit anderen Sorgen. Und ich bin ein anderer. Ich bin plötzlich kein Muzungu mehr. Das ist es doch, was uns Weiße in Afrika so zusammenschweißt, dass wir andere sind, dass wir nie eingemeindet werden.« So wie es Julia erzählte, die Frau von Kunta, die darüber verzweifelt ist nach so vielen Jahren.

»Aber wir können ja auch gar nicht dazugehören«, sagt Douglas. »Wie denn? Dass wir da sind, dass wir dort leben, teilweise sogar in Armut – ich habe dort in Armut gelebt –, das war eine Entscheidung. Meine Entscheidung. Ich habe eine Kreditkarte. Ich habe Freunde. Ich könnte jederzeit dort weg. Das nächste Flugzeug nehmen. Sie nicht. Es ist nicht ihre Entscheidung. Und sie können es nicht verstehen. Denn sie würden nicht so entscheiden. Charity. Die meisten Europäer kommen wegen Charity. Sie wollen helfen. Das verstehen die Afrikaner nicht. Sie denken, es muss noch ein anderes Motiv geben. Ich habe das in Mtwara mal jemandem vorgehalten: ›Weißt du, was ich für euch aufgegeben habe? Worauf ich für euch verzichtet habe? Ist euch das klar? Nur um euch zu helfen?‹ Und er sah mich an und sagte: ›Du bist ja noch viel dümmer, als ich gedacht hatte.‹«

»Und warum bleibst du da?«, frage ich Douglas. »Warum?«

»Weil ich es nicht schaffe wegzugehen«, sagt Douglas. »Ich habe es versucht, so oft versucht. Ich bin immer wieder zurückgekehrt. Vor zwei Jahren unterhielt ich mich mit Gott, und er sagte: ›Warum stellst du es immer wieder in Frage? Das ist dein Leben, das ich für dich bestimmt habe.‹ Seitdem ist es einfacher für mich.«

»Alle Muzungus in Afrika«, sage ich, »leiden daran, Muzungus zu sein, sie leiden an Afrika und daran, dass sie es nicht verbessern können.«

»Nein, nicht alle«, sagt Douglas. »Es gibt ganz andere. Solche, die Diamanten wollen, Edelsteine, Gold, Kupfer und Öl. Die interessieren sich nicht für die Afrikaner.«

»Solchen bin ich nie begegnet«, sage ich.

»Weil du nicht in ihren Hotels bist, weil du nicht da bist, wo sie sind.«

Ich erzähle Douglas von dem Taxifahrer in Ghana, der mich fragte, was unser Geheimnis sei. »Wir in Ghana haben Kupfer«, sagte er, »Gold, Öl, alles, ihr habt nur ein bisschen Kohle. Warum seid ihr so viel reicher?«

»Und«, fragt Douglas, »was hast du ihm geantwortet?«

»Natürlich ist es die Technologie«, sage ich. »Die Erfindungen.«

»Nein«, lacht Douglas, »das ist doch ganz oberflächlich, ganz unwichtig. Nein, wir in Nordeuropa, in Nordamerika, wir setzen unsere Ehre darein, dass wir verlässlich sind. Ein Nein ist ein Nein, ein Ja ist ein Ja. Wir lügen nicht. Man kann uns vertrauen. Das ist uns wichtig. Das ist hier nicht so. Das ist das Problem. Die Leute denken, sie müssten lügen, um voranzukommen, um erfolgreich zu sein. Und daher können sie sich nicht vertrauen. Sie wissen, dass niemand ihnen vertrauen kann und dass sie niemandem vertrauen können. So aber kann nichts blühen. So kann sich nichts entwickeln. Der Polizist bestiehlt dich. Die Verwaltung bestiehlt dich. Dein Ehemann bestiehlt dich.«

»Aber was tust du dagegen?«, frage ich. »Was ist dein Plan?«

Douglas überlegt nicht lange. Darüber hat er schon zu oft nachgedacht.

»Ich halte mein Wort. Ich bin ehrlich. Mehr kann ich nicht tun.«

NACHWORT: WAS AFRIKA FÜR MICH IST

Ich bin durch sechs afrikanische Länder gereist, um Afrika selbst zu sehen. Um es so zu sehen, wie es ist – ohne den Wunsch nach Verbesserung oder Rettung, der für uns Muzungus so typisch ist. Ohne den Wunsch, dort das Paradies zu finden, der für uns ebenfalls typisch ist.

Was also ist Afrika? Es ist der Kontinent, dessen Einwohner regelmäßig sagen: *That's Africa.* Es ist der Erdteil, der zum Verallgemeinern einlädt, Europäer wie Afrikaner. Afrika ist Sex und Musik, sagt Tembo. Afrika ist Mangel an Information, sagt Jacob. Afrika sind Führer, die nicht gehen wollen, sagt Jonathan. Afrika ist Freiheit, sagt Sandro. Afrika ist Mangel an Vertrauen, sagt Douglas. Afrika ist der Ort, an dem du zum Muzungu wirst und es für immer bleibst, sagt Julia. Afrika hat Respekt vor Autoritäten, sagt Tinna. Afrikaner fürchten die Natur, sagt Sheila. Afrikaner haben immer genügend Zeit, sagt Doria.

Und ich sage: Afrika, das sind Hunde und Vögel in der Nacht. Es sind unwegsame Wege und überwucherte Friedhöfe. Es ist die Angst vorm Dunkelwerden. Schulen mit

Mauern und Stacheldraht. Gewienerte Schuhe und prachtvolle Kleider. Streunende Kinder. Herumsitzen im Schatten. Laute und lange Gottesdienste. Arbeitslose Akademiker. Hauspersonal. Indisches Essen. Stromausfall und Wassereimer. Bananenbier und Zuckerrohrschnaps. Matatus und Bodas. Improvisation mit Wellblech. Strikte Grenzkontrollen. Riesige Familien. Weite Flächen. Unglaubliche Geschichten.

Afrika ist die Gleichzeitigkeit der Gegensätze: öffentlicher Müll und private Oasen. Archaische Technik und moderne Smartphones. Evangelikale Kirchen und alter Zauberglaube. Brautpreis und Fremdgehen. Überschäumende Energie und träger Service. Korrupte Regierungen und fröhliche Popmusik.

In Afrika hat alles begonnen. Es ist sehr alt und sehr jung. Es ist anders als wir und anders, als wir glauben.

Um Geschäfte zu machen, ist Afrika vermutlich nicht der beste Ort. Der Wunsch nach »Entwicklungshilfe« wird mit einer gewissen Wahrscheinlichkeit enttäuscht werden. Für einen Erholungsurlaub ist man woanders vielleicht besser aufgehoben.

Aber um zu reisen, dem Unbekannten zu begegnen, dem Ungewohnten, Unerwarteten, Unglaublichen, Unvorstellbaren, das verspreche ich nach allem, was ich erlebt habe: Dafür gibt es nichts Besseres.

DANKSAGUNG

Dies ist mein zwölftes Buch, und an keinem haben so viele Menschen mitgewirkt. Ich kann gar nicht alle nennen! Ich danke meiner Agentin Nina Arrowsmith für die Idee, aus meinen Couchsurfing-Erfahrungen ein Buch zu machen. Ein sehr großes Dankeschön geht an meine Lektorin und meinen Redakteur, die mir geduldig geholfen haben, meine Gedanken präziser zu formulieren, wodurch das Buch sehr gewonnen hat. Ich danke von Herzen allen Gesprächspartnern in Afrika, die ihre Geschichten mit mir geteilt haben, und allen Gastgebern, die mich so großzügig aufgenommen haben. Ich danke der weltweiten Couchsurfing-Community, die diese tolle Form des Reisens möglich macht. Ich danke meinem Vater Wolfgang Sieg für lebenslange Inspiration. Und ich danke Douglas McFalls, der mir den Mut gegeben hat, nach Afrika zu reisen. Wenn Sie spenden möchten: Seine Organisation heißt ADEA, man findet sie unter www.adeafoundation.org.